SPEICHERBIBLIOTHEKEN – DIGITALE BIBLIOTHEKEN

SPEICHERBIBLIOTHEKEN – DIGITALE BIBLIOTHEKEN

WISSEN VERTEILEN UND BEWAHREN

Herausgegeben von
Elisabeth Böllmann

VITTORIO KLOSTERMANN · FRANKFURT AM MAIN

ZEITSCHRIFT FÜR BIBLIOTHEKSWESEN UND BIBLIOGRAPHIE
SONDERHEFTE
Herausgegeben von Jürgen Hering

SONDERHEFT 70

Die Deutsche Bibliothek – CIP-Einheitsaufnahme

[Zeitschrift für Bibliothekswesen und Bibliographie / Sonderhefte]
Zeitschrift für Bibliothekswesen und Bibliographie. Sonderhefte. –
Frankfurt am Main : Klostermann
Früher Schriftenreihe. - Früher angezeigt u.d.T.: Zeitschrift für
Bibliothekswesen und Bibliographie / Sonderheft
Teilw. u.d.T.: Zeitschrift für Bibliothekswesen und Bibliographie /
Sonderheft
Reihe Sonderhefte zu: Zeitschrift für Bibliothekswesen und
Bibliographie
ISSN 0514-6364
70. Speicherbibliotheken – digitale Bibliotheken. – 1998
Speicherbibliotheken – digitale Bibliotheken : Wissen verteilen und
bewahren / hrsg. von Elisabeth Böllmann. – Frankfurt am Main :
Klostermann, 1998
(Zeitschrift für Bibliothekswesen und Bibliographie : Sonderhefte ; 70)
ISBN 3-465-02949-6

Satz: Fotosatz L. Huhn, Maintal
Druck: Hubert & Co., Göttingen
Gedruckt auf alterungsbeständigem Papier ∞ ISO 9706
Printed in Germany

Inhalt

DIGITALE MEDIEN UND TECHNOLOGIEN

ENTWICKLUNGEN BEI BIBLIOTHEKSSYSTEMEN

BENÜTZUNG

[illegible] SYSTEMEN

VORWORT

Vorliegender Band beinhaltet die Vorträge, die anläßlich der Tagung „Speicherbibliotheken – Digitale Bibliotheken", die in der Zeit vom 1.-3. April 1997 an der Universitätsbibliothek Graz stattfand, gehalten wurden. Der Abdruck entspricht den eingelangten Vorlagen; lediglich interne Vermerke zum Vortrag selbst sowie Tippfehler wurden bereinigt.

Veranstalter der Tagung waren die Universitätsbibliothek Graz, die Vereinigung Österreichischer Bibliothekarinnen & Bibliothekare (VÖB) und die Alps-Adria Working Group for Libraries. Unmittelbarer Anlaß war neben dem aktuellen Thema der Aufbewahrung und Speicherung von Medien aller Art die im September 1996 erfolgte Fertigstellung des Neu- und Zubaus zur Universitätsbibliothek.

Ich hoffe, daß die vorliegende Publikation die Themenvielfalt und das breite Interesse widerspiegelt, auf das die Tagung gestoßen war.

Graz, im Juli 1997 Elisabeth Böllmann

GEDANKEN ZUM THEMA „SPEICHERBIBLIOTHEKEN – DIGITALE BIBLIOTHEKEN“

CHRISTINE DESCHAMPS

Welcoming Speech

It is my privilege, as a member of the Executive Board of the International Federation of Library Associations, to convey to you a message of cooperation for your work during this Conference.

Electronic libraries are currently at the heart of the major preoccupations of all modern institutions. Doubtless, because it is the logical development of:

- the automation of the library catalogues and circulation systems
- access to information stored electronically online, on compact diks, or on the Internet
- the existence of rapidly expanding high-speed networks
- the use of client-server architectures for information retrieval
- use of hypertext and SGML facilities.

Our major problem is to find a way of applying library practices to research networks. Another one is ensuring authentication, text integrity, copyright electronic payment through encryptation, and storage and archival compatible with new emerging hardware and software technologies. You will all certainly mention the word «virtual» at least a dozen times per minute, and this is indeed the future for library development.

I would like to stress some point for your discussion:

Copyright

As you all know, the copyright issue is a major one, and the existing laws on intellectual property rights are lagging behind in the matter of information technology acceptance and recognition. In this environment, there always seems to be a contradiction between the author's rights (intellectual, moral and financial) and the editor's rights (more exclusively financial, though essential for the wide dissemination of information). Then these two also conflict with the concept of «fair use» copying for the researcher or the individual, or with the lending rights within libraries.

Obviously, while editors must find their interest in publishing, if we want a future for the book trade, and authors must be able to get some decent money out of their creations, libraries must be able to go on with their basic duty of giving access to information to the wider public, and allowing free access to all documents, on all media. Legislation must be adapted to ensure that these needs do not conflict any more. After all, libraries are the best customers for the editors and the publishers, buying regularly high quantities of documents and making them widely available, thus promoting them. We had a meeting in France last month on the theme «Reading books in libraries is a promotion tool for book sellers; the books sales increase!» Should libraries have to pay copyright and lending right fees, they would then inevitably have less money to buy new books and documents...

Scholarly communication issue

In the traditional system, long delays were traditionally experienced between the moment the scholar had sent his manuscript and its publication. Nowadays, in some fields, the peer reviewing is by-passed through the use of informal electronic online journals. The explosion of the number of titles published, and the decreased ability for libraries to purchase and maintain subscriptions, is another barrier to scholarly communication. If scholars communicate together online directly, publishers will gradually lose their role of arbiter and judge, which will fall back on the university-based publishing network.

Standardization

Creating a new electronic periodical, means work in the following directions:

- defining a suitable architecture for delivery of full-text information in a distributes networking environment with heterogeneous workstations
- studying the elements of full-text interface functionalities necessary to serve the needs of scholars in a network document delivery environment
- advancing the definition of a suitable document markup language

All these points need severe standardization on data elements, character sets coding, protocoles and services definitions, bibliographic formats, markup languages, hypertext software, and client-server architectures and Internet standards.

Everyone is nowadays linked to others, throughout the world. To better communicate, it is essential that everyone should speak the same language. If we do not want to get back to «Babel time», we need standards, accepted and implemented worldwide.

Training

As for other techniques, training is critical here as well. You must train your own staff, your library users, and manufacturers and vendors must learn more about our ways and practices. This is a time- and energy-consuming task, but one which is absolutely necessary. Librarians have to become trainers as well, in new, exciting fields of activities.

In conclusion, I would like to say that this cannot be achieved immediately, by all. It is quite possible that, again, at the beginning, only the rich and developed libraries will be richer and more developed, because they alone have the time and money necessary to achieve new information processing. But little by little, we shall see that smaller libraries will use these methods, and that we may hope for a brilliant future for all. This is the wish of the International Federation of Libraries Associations, and one of its objectives. With the help of all parties involved, I am sure that you will all be part of it.

SIGRID REINITZER

Speicherbibliotheken – Digitale Bibliotheken
Einführung zum Thema

Die Entwicklung einer großen Universitätsbibliothek und ihrer Speicherprobleme kann man an der Harvard Library anschaulich verfolgen. 1871 war das Gebäude gerade überfüllt der Zuwachs verdoppelte sich alle 20 Jahre, und der Universitätspräsident Charles Eliot begann eine Debatte, die das Problem aufgriff und die Auslagerung der sogenannt wenig benützten Bestände zum Inhalt hatte. Er schlug die Errichtung einer „Cooperative Storage Library" für Harvard und andere Bostoner Bibliotheken vor. Was dann wirklich geschah, war der Bau eines mächtigen Bibliotheksgebäudes, der berühmten Widener Library, für Harvard. Später folgte ein eigenes Gebäude für die Handschriften- und Raraabteilung, die Houghton Library und noch später eine eigene Studentenbibliothek oder „Undergraduate Library" mit dem Namen „Lamont Library", die durch eine unterirdische Bibliothek erweitert wurde. Eliots Vorschlag einer „Storage Library" wurde erst nach etwa 50 Jahren aufgegriffen. 1942 entstand unter der Leitung des Harvard Librarian Keyes D. Metcalf die „New England Deposit Library" für Harvard und 15 weitere Bibliotheken in und um Boston.

In den anglo-amerikanischen Ländern wurden im Laufe der Zeit vielerorts Formen kooperativer Speichereinrichtungen für die Archivierung selten benützter Literatur entwickelt, wie zum Beispiel das „Center for Research Libraries" in Chicago für 200 Mitgliedsbibliotheken oder das „British Library Document Supply Centre" in Boston Spa für alle englischen Bibliotheken. Auch in der Bundesrepublik Deutschland gibt es Ansätze zur Errichtung von bibliothekarischen Speichereinrichtungen. So hat das Land Nordrhein Westfalen für seine wissenschaftlichen Bibliotheken 1995 in Bochum eine Speicherbibliothek eingerichtet, die vorerst nur Zeitschriften und Zeitungen aufnimmt. In Garching bei München ist ein großes Ausweichmagazin für die Bayerische Staatsbibliothek entstanden, das später nach weiterem Ausbau auch Bestände anderer Bibliotheken aufnehmen soll.

In Österreich geschah die Unterbringung wachsender Literaturbestände bisher vielfach durch Magazinserweiterungen, wodurch das Umarbeiten von Katalogen, das Neuadaptieren von Büchern und der zusätzliche Dienst in dezentralen Depots vermieden werden konnte. Beispiele hierfür finden wir bei der Österreichischen Nationalbibliothek und an der Universitätsbibliothek Graz. Ansätze zur Verwendung als Speichereinrichtung, die Teile ihrer Magazinserweiterung für zeitlich befristete Auslagerungen anderer Wiener Bibliotheken zur Verfügung stellt, finden sich an der Österreichischen Nationalbibliothek.

In Planung befindet sich eine Magazinserweiterung unter der Reichstratstraße für die Universitätsbibliothek Wien. Magazinserweiterungen bieten auch die Möglichkeit, das bisher vorhandene Magazin auf den Stand der Technik mit Buchförderanlage und dazugehöriger digitaler Technologie zu adaptieren.

Speichereinrichtungen für Bibliotheken haben bereits eine eigene Terminologie:

- Ausweichmagazine werden in Verantwortung der abgebenden Bibliotheken am Ort betrieben. Die ausgelagerten Bestände bleiben im Besitz der abgebenden Bibliothek und werden weiterhin in deren Katalog und im zugehörigen Regionalkatalog nachgewiesen.
- Speichermagazine sind keine eigenständigen Institutionen, sie werden von mehreren Bibliotheken lokal oder regional genützt. In einem gemeinsamen Speichermagazin verfügt jede Bibliothek über gesonderte voneinander abgegrenzte Stellflächen. Die ausgelagerten Bestände bleiben im Besitz der Bibliothek und werden weiterhin in deren Katalog und im zuständigen Regionalkatalog nachgewiesen.
- Speicherbibliotheken sind selbständige bibliothekarische Einrichtungen. Sie werden von mehreren Bibliotheken einer größeren Region zur Abgabe wenig benützter Bestände verwendet. Die Literatur geht in den Bestand der Speicherbibliothek über. Dabei erfolgt eine zentrale Bearbeitung und eine Aussonderung von Dubletten.

Der deutsche Wissenschaftsrat hat in seinen Empfehlungen „Zum Magazinbedarf wissenschaftlicher Bibliotheken“ auch bibliotheksinterne Möglichkeiten zur Verminderung des Magazinsbedarfs empfohlen:

1. Einschränkung der Aufnahme von Geschenk- und Tauschsendungen.
2. Abgaben aus Institutsbibliotheken an die Hauptbibliothek, welche die Aufgabe erhält, die abgegebenen Bestände zu sichten sowie Dubletten und wertloses Material auszusondern.
3. Aussonderung von Beständen. Der Wissenschaftsrat empfiehlt den Bibliotheken, die Bestände regelmäßig auf auszusonderndes Material zu prüfen, um die Magazine zu entlasten. In Nordrhein Westfalen und in den meisten anderen Ländern Deutschlands wurde die Aussonderung in Erlässen geregelt. Als entbehrlich gelten: Dubletten, soferne sich eine Aussonderung

nicht wegen häufiger Benützung verbietet. Werke, die dem historisch gewachsenen Charakter des Bestandes nicht oder nicht mehr entsprechen, Werke, die dem Sammelauftrag oder der Versorgungsfunktion der Bibliothek nicht oder nicht mehr entsprechen. Druckschriften, die verfilmt sind, insbesondere Zeitungen, unbrauchbare Werke, die nicht mehr zu nützen sind oder mit vertretbarem Aufwand nicht mehr restauriert werden können und zum Verbrauch bestimmtes Informationsmaterial.

4. Eine weitere Entlastung geschieht auch durch eine Neuordnung der Veröffentlichungspraxis von Dissertationen. Die Herstellung von Dissertationen in Mikroformen (Film oder Fiches) wird empfohlen. Im deutschsprachigen Raum beträgt der Zuwachs an Dissertationen jährlich ca. 1 Million Bände.
5. Weitere Empfehlungen des Wissenschaftsrates betreffen ein koordiniertes Programm für die Archivierung selten genützter Bücher oder die Aufgaben der zentralen Fachbibliotheken.

Diese Empfehlungen sind von der Fachwelt zum Teil kritisch aufgenommen worden, da das Aussondern nach diesen Kriterien arbeitsintensiv ist und fachkundiges Personal benötigt. Das Ausscheiden eines Buches ist ebenso zeit- und personalaufwendig wie die Einbringung eines Werkes

Über den Einfluß neuer Medien und Techniken auf dem Magazinbedarf werden zwar immer wieder Vermutungen angestellt, ohne daß die praktischen Ergebnisse bisher eine große Rolle gespielt hätten. Die Verfilmung gedruckter Literatur in nennenswertem Umfang durch eine einzelne Bibliothek ist bekanntlich nicht wirtschaftlich, es sei denn es handelt sich zum Beispiel um größere Mengen von voluminösen Zeitungsbänden, die auf kommerzieller Basis verfilmt sind. Eine Rolle spielt dabei auch die längere Haltbarkeit von Filmen gegenüber Zeitungspapier, ganz zu schweigen von den hohen Bindekosten. Auch die Präsentation von Millionen Kunstgegenständen oder biographischen Artikeln auf Mikrofiches hat sich bewährt. Ein Verzeichnis aller Mikroformen befindet sich am Rechner der Staats- und Universitätsbibliothek Göttingen (=EROMM – European Register of Microform Masters). Die Mitarbeit Österreichs erfolgt über die Österreichische Nationalbibliothek. Auf Basis des Projekts DIEPER (= Digitalisierung Europäischer Periodika) werden auch digitale Dokumente in EROMM aufgenommen. Die elektronische Datenverarbeitung ist aber in der modernen Großbibliothek generell zur Bewältigung der Routinearbeit unersetzlich geworden. Das gilt in erster Linie in den Universitätsbibliotheken mit ihren rasch wechselnden Standorten in Abteilungen der Hauptbibliothek in 100 und mehr Institutsbibliotheken, in Lehrbuchsammlungen, Kliniken usw., die neben der Bewältigung der Standorte von Millionen Büchern mit ihrer Fluktuation auch einen allerorts funktionierenden Zutritt zu den Katalogen fordern. Die Kataloge sind überdies vernetzt und erschließen die Buchbestände aller Universitätsbibliotheken und wissenschaftlichen Bibliotheken Österreichs, die sie neben den 100.000en von Lesern auch für die Katalogisierungs- und Verwaltungsarbeit nützen. Vernetzt innerhalb der Universität ist auch eine Reihe von CD-ROM Datenbanken, die jede wissenschaftliche Arbeit sehr erleichtern. Universitätsbibliotheken sind ausleiheintensiv, wobei sowohl die Ortsausleihe mit Selbstverbuchung wie auch die Fernleihe unter dem Aspekt von Sparbudgets immer mehr an Bedeutung gewinnen. Keine der Abteilungen ist so stark von einer störungsfrei funktionierenden EDV abhängig wie die Leihstelle, und kein System erfüllt so vielerlei Funktionen wie ein Ausleihesystem. Letztlich verwenden alle Abteilungen der Bibliothek die verschiedenen EDV-Systeme, ohne die der ganze Betrieb im heutigen Umfang gar nicht mehr möglich wäre.

Über Speichereinrichtungen und die digitalisierte Bibliothek in Österreich und im benachbarten Ausland werden Ihnen jetzt gut informierte Fachkollegen berichten. Ich wünsche Ihnen einen interessanten und angenehmen Verlauf des Kolloquiums in Graz.

BIBLIOTHEKSBAU- UND BAUTEN

GÜNTHER DOMENIG, HERMANN EISENKÖCK

Erweiterung Universitätsbibliothek Graz

Der Gebäudekomplex der Grazer Universitätsbibliothek ist gekennzeichnet durch additiv zueinandergefügte architektonische Strukturen. Um den Ende des 19. Jahrhunderts errichteten Hauptbau gruppieren sich zahlreiche im Laufe der Zeit aus Raumnot entstandene Erweiterungsbauten. Die im Jahre 1895 fertiggestellte Hauptbibliothek bestand aus dem Hauptlesesaal, ost- und westseitigen Magazinzubauten, sowie nord- und südseitig an den Hauptlesesaal angegliederte Lesesaalzubauten. Der nordseitige Anbau wurde 1918 um ein Geschoß mit Büroräumen erhöht. In den fünfziger Jahren kam auf der Ostseite ein weiterer Magazinzubau – das Hauptmagazin – in historisierender Bauweise hinzu. Schließlich wurde das Gebäude 1971 westseitig um einen dreigeschossigen Zubau erweitert, wobei das Erdgeschoß mit der Eingangshalle, Ausleihe und Katalog vorwiegend öffentliche Nutzungen enthält, die darüberliegenden beiden Geschosse Büroräume.

Der im Rahmen des ReSoWi-Zentrums neu errichtete Erweiterungsbau greift den additiven architektonischen Charakter des bestehenden Gebäudekomplexes auf, versucht darüberhinausgehend jedoch, die vorhandenen, voneinander unabhängigen Ordnungen und Strukturen aufzunehmen und miteinander zu verknüpfen. Dadurch ist der neue Zubau ein einerseits eigenständiges und durchaus architektonisch zeitgemäßes Gebäude, das auch die Verbindung zum angrenzenden ReSoWi-Zentrum herstellt, andrerseits ist er ein komplexer, das Bestehende integrierender Erweiterungsbau.

Der Bibliothekszubau ist in drei horizontale Hauptbereiche gegliedert. Unterirdisch befindet sich ein zweigeschossiger Bücherspeicher mit einer Gitterrostzwischendecke, wo in Verschubregalanlagen eine halbe Million Bücher gelagert werden können. Dieser Bücherspeicher grenzt direkt an denjenigen der Fakultätsbibliothek an und ist auch räumlich und funktional mit diesem verbunden. Durch die Einrichtung eines vollautomatisch gesteuerten und EDV-unterstützten Bücherliftes können die vom Benutzer gewünschten Bücher in kürzester Zeit zur Ausleihe transportiert werden.

Im Erdgeschoß und 1.Obergeschoss ist der Lesesaalbereich situiert. Im nordseitig an den Hauptlesesaal angrenzenden Altbautrakt wurde die Zwischendecke mit den Büroräumen aus dem Jahr 1918 entfernt und durch zwei Galerien ersetzt. Zusammen mit dem Zubau entsteht eine interessante Raumabfolge, wobei die alte Außenfassade nunmehr als freistehender Raumteiler eine vielschichtige Gliederung schafft. Ein Glasdach zwischen dieser Fassade und dem Zubau sorgt für angenehmes Tageslicht auch für die Leseplätze in der Erdgeschossebene. Die fließende Dynamik des Lesesaalbereiches wird zusätzlich durch eine geschwungene Glasfassade betont, die ihr gestalterisches Pendant in den ebenfalls geschwungenen Decken findet.

Im 2. und 3. Obergeschoss des Erweiterungsbaus befinden sich Büro- und Besprechungsräume. Sie sind funktional an die Verwaltungsräume des 70er Jahre Zubaus angebunden und architektonisch ruhiger gegliedert als der Lesesaalbereich. Um eine optimale Belichtung der Räume zu gewährleisten, springen die zwischen den Büroräumen situierten Nebenräume in der Fassade zurück. Dadurch bilden die Büroräume 3 kubische Elemente, die über der ausschwingenden Lesesaalfassade zu schweben scheinen und ihr gestalterischen Halt geben.

ILSE DOSOUDIL

Bedrohliche Raumnot für die Informationsmedien der Universitätsbibliothek Wien

Die Universitätsbibliothek Wien steht seit ihrer Gründung 1365 zum zweiten Mal vor einer Katastrophe.

Die erste Katastrophe fand 1756 statt. Maria Theresia hatte 1753 einen Neubau für die Universität Wien beschlossen. Anläßlich der Raumverteilung durch das Universitätskonsistorium konnten keine Räume für die Universitätsbibliothek gefunden werden. Die Bücher lagen unter dem Dachboden und im Keller. Daher beschloß im Jänner 1756 das Universitätskonsistorium, die Universitätsbibliothek „Ihrer Majestät zur Verfügung zu stellen, weil kein Ort vorfindig sei, wohin sie transferiert oder zum öffentlichen Gebrauch aufgestellt werden könne." Die wertvollen Handschriften und Inkunabeln wurden der Hofbibliothek übergeben, der Rest der Bücher in den Räumen der Professoren aufgestellt oder, weil unbrauchbar geworden, vernichtet. Wenige Jahre später war der Mangel einer Universitätsbibliothek schmerzlich bewußt geworden. Die Auflösung des Jesuitenordens kam Maria Theresia zu Hilfe. Sie vereinigte die drei Bibliotheken des Ordens und widmete das Gebäude des Jesuitenkonvents der so wiedergegründeten Universitätsbibliothek, die 1777 eröffnet wurde.

Seither ist die Geschichte der Universitätsbibliothek Wien geprägt von Raumnot und von Kompromißlösungen zur Behebung derselben. Wohl wurden in den letzten 140 Jahren mehrmals großzügige Planungen eines Neubaues für die Bibliothek vorgelegt, doch scheiterte deren Verwirklichung an den fehlenden finanziellen Ressourcen und an der mangelnden Unterstützung seitens der Universität.

Ein Entwurf von Van der Nüll und Siccardsburg für den Neubau der Universität Wien 1856 sah für die Bibliothek ein eigenes Gebäude vor.

Der Entwurf Heinrich von Ferstels für die neue Universität, der auch tatsächlich verwirklicht wurde, integrierte die Bibliothek in das Universitätsgebäude und wies ihr einen Trakt an der Rückseite des Gebäudes zu. Die Magazine sollten Platz für 500.000 Bände bieten. Diese Forderung der Bibliotheksdirektion wurde von Semper als überzogen kritisiert. Ferstel folgte dieser Kritik und baute Magazine für 350.000 Bände. Das Ende der Stellraumkapazität war daher schon beim Einzug mit einem Bestand von 299.000 Bänden 1884 vorhersehbar, und so wurde die systematische Aufstellung der Bestände durch eine Numerus currens – Aufstellung ersetzt.

1904 wurde auf Grund der inzwischen erschöpften Stellraumreserve – die Bücher mußten bereits zwei- und dreireihig aufgestellt werden – die Errichtung eines großen Ausweichmagazins erwogen. Das Professorenkollegium lehnte die „Zerreißung" der Universitätsbibliothek ab. Die Bestände der Bibliothek waren inzwischen auf 660.000 Bände angewachsen.

1910 konnte Otto Wagner für die Ausarbeitung eines Entwurfes für den Neubau der Universitätsbibliothek gewonnen werden. (Abb. 1)

Es war dies ein großzügiger Entwurf. Die Magazine sollten 3 Millionen Bände fassen, und die Lesesäle sahen Leseplätze für 1850 Leser vor. Wäre dieser Bau verwirklicht worden, hätte die Universitätsbibliothek Wien mit den heute zur Verfügung stehenden Regalanlagen noch Stellraumreserve für Jahrzehnte. Die 1850 Leseplätze würden für 2,4% der rund 77.000 Studierenden an der Universität Wien Platz bieten. Die derzeit zur Verfügung stehenden 350 Leseplätze reichen nur für 0,4% der Studierenden.

Neuerlich plante man einen Neubau, diesmal auf den Grünflächen vor der Votivkirche. Der Entwurf des Architekten Ohmann aus dem Jahr 1910 enthielt neben Lesesälen und Arbeitsräumen einen Bücherspeicher für 1,7 Millionen Bände. Aus städtebaulichen Gründen wurde auch dieser Plan verworfen.

Architekt Werner Theiß präsentierte 1933 einen Entwurf für eine wissenschaftliche Zentralbibliothek. In dieser wissenschaftlichen Zentralbibliothek sollten die Bestände der Universitätsbibliothek, der Nationalbibliothek, der Bibliothek der Technischen Universität und anderer Hochschulbibliotheken zusammengeführt werden. (Abb. 2)

Der Plan sah einen 26-stöckigen Magazinturm vor, um den sternförmig Lesesäle und Sondermagazine angeordnet waren. 4,5 Millionen Bände sollten in diesem Bau Platz finden.

Die Universität war aus prinzipiellen Gründen dagegen.

Der nächste Plan für einen Neubau der Universitätsbibliothek wurde nach einem Architektenwettbewerb, den das Architektenteam Dreier und Nobis gewann, 1952 vorgelegt. (Abb. 3)

Der Bücherspeicher sollte 3 Millionen Bände fassen. Als Bauplatz stand das Areal des im Krieg schwerbeschädigten Gebäudes des Stadtkommandos in der Universitätsstraße zur Verfügung. Die Baubewilligung wurde erteilt, der Baubeginn zögerte sich allerdings hinaus. Da beschloß 1955 der Akademische Senat der Universität Wien einen Antrag auf Umwidmung des Bauplatzes zur Errichtung eines Gebäudes für die Institute der Philosophischen Fakultät. Das Unterrichtsministerium akzeptierte diesen Umwidmungsantrag, das Gebäude wurde umgeplant und errichtet. Neuerlich war die zum Greifen nahe Chance für ein Bibliotheksgebäude zunichte gemacht.

Wie hat es nun die Universitätsbibliothek geschafft, daß sie, nachdem sie 1884 mit einem Bestand von 299.000 Bänden in das neue Gebäude eingezogen war, bis heute 2,288.782 Bände untergebracht hat?

Zunächst wurden Keller und Gänge in Magazine umgebaut. Nach dem ersten Weltkrieg wurden die Bücher wieder zwei- und dreireihig aufgestellt. 1923 wurde das Universitätsgebäude mit elektrischer Beleuchtung ausgestattet. Dadurch waren in den Magazinen die breiten Mittelgänge, die das Tageslicht von außen durch die Rostböden einfallen ließen, nicht mehr notwendig und es konnten zwischen den Holzregalen Metallregale aufgestellt werden. Wenige Jahre später wurde das Magazin unter dem Lesesaal mit Metallregalen ausgestattet. So konnten 5.700 Laufmeter Stellraum gewonnen werden. Inzwischen hatte der Bestand der Universitätsbibliothek die Millionengrenze überschritten. 1947 begann man, die hohen Ferstelschen Räume durch das Einziehen von Zwischendecken zu unterteilen. Der Boden des großen Lesesaals wurde gehoben und darunter ein Magazin für 80.000 Bände geschaffen. Weitere Unterteilungen schufen Katalogräume und Verwaltungsräume. Die gewonnene Stellraumreserve reichte für höchstens 8 Jahre. 1960 mußte der Katalogsaal baupolizeilich gesperrt werden, da die Regale von den Galerien in den Raum zu stürzen drohten. Im Zuge der notwendigen Sanierung wurde auch im Katalogsaal eine Zwischendecke eingezogen.

Inzwischen war das ursprünglich der Bibliothek gewidmete Gebäude fertiggestellt worden und wurde von den Instituten der Philosophischen Fakultät besiedelt. Der Universitätsbibliothek wurden Räume der abgesiedelten Institute zugesprochen. Diese wurden 1963 von Architekt Boltenstern renoviert. Dieser etwa 4 Jahre dauernde Umbau schuf 30.000 Laufmeter Stellraum. Ein Stiegenhaus wurde in einen 11-stöckigen Bücherturm umgebaut. Der Haupteingang und das Foyer mit einer Garderobe wurden neu gestaltet. Der Zeitschriftenlesesaal wurde in das Hochparterre verlegt. In den Räumen des ehemaligen Zeitschriftenlesesaals wurde die Entlehnabteilung untergebracht. Insgesamt ergab der Umbau einen Gesamtzuwachs an Nutzfläche von 5000 m^2. Die Kosten des Umbaues betrugen ca. 45 Millionen Schilling.

Der jährliche Bestandszuwachs der Universitätsbibliothek betrug in den folgenden Jahren zwischen 25.000 und 30.000 Bände. Es war vorhersehbar, daß trotz dieses großen Umbaues die Universitätsbibliothek neuerlich von drückender Raumnot geplagt werden würde.

1984 übersiedelte die Juridische Fakultät in das neuerbaute Gebäude „Juridicum". Der Universitätsbibliothek gelang es, einen Teil der Räume der ehemaligen Fakultätsbibliothek für Rechtswissenschaften im 1.Stock, die an die bestehenden Räume der Universitätsbibliothek angrenzten, sowie einen Hörsaal zu erkämpfen. Der letzte Teil des Magazins unter dem Großen Lesesaal, im Anschluß an die 1983 eingerichtete Selbstbedienungsgarderobe, wurde aufgelassen und darin eine Lehrbuchsammlung eingerichtet. Die ehemaligen Lesesäle der Fakultätsbibliothek für Rechtswissenschaften blieben Lesesäle, die den Studierenden zum Lesen mitgebrachter Literatur dienen und für Arbeitssitzungen der Universität und der Universitätsbibliothek verwendet werden. Außerdem wurden 1.000 Laufmeter Stellfläche gewonnen, sodaß sich der freie Stellraum auf 4.586 Laufmeter, bei einem Gesamtstellraum von 64.428 Laufmetern, erhöhte. Damit konnte eine Stellraumreserve für ca. 6 – 7 Jahre gewonnen werden.

Im Jahr 1986 überschritt der Bestand der Universitätsbibliothek die Zweimillionengrenze. Jährliche umfangreiche Bücherrückaktionen schufen immer wieder zusätzlichen Stellraum. Ein Gang vor den Referentenzimmern wurde 1991 mit einer Regalanlage, die 25.000 Bände faßte, adaptiert. Mit dem Einbau einer Kompaktregalanlage anstelle der Fixregale konnte 1996 in einem Kellermagazin Stellraum für 60.000 Bände geschaffen werden. Der Gesamtstellraum der Universitätsbibliothek umfaßte Ende 1996 70.635 Laufmeter. 68.295 Laufmeter waren belegt. Der freie Stellraum beträgt 2.340 Laufmeter. Bei einem Jahreszuwachs von 40.000 Bänden ergibt dies eine Stellraumreserve für ca. 1,5 Jahre!

Nach Auszug der Institute für Mineralogie und Kristallographie in das neuerbaute Universitätszentrum Althanstraße II, konnte die Universitätsbibliothek ca. 500 m^2 dieser Institutsräume erringen. In diese Räume soll die Lehrbuchsammlung verlegt werden, die über keine Erweiterungsmöglichkeiten mehr verfügt. Derzeit stehen den ca. 77.000 inskribierten Studierenden 41.000 Lehrbücher zur Verfügung. Für den Umbau der Räume fehlen aber noch die Budgetmittel, so werden die Räume behelfsmäßig für die Buchaufstellung genützt.

Erwähnt muß noch werden, daß auf Grund der räumlichen Gegebenheiten der Einbau einer Buchförderanlage nicht möglich ist. Die Bücher müssen auf Bücherwagerln durch die weitläufigen Magazine transportiert werden. Diese langen Transportwege, die separierte Lage des Zeitschriftenlesesaals, der mangelnde Raum für Benützer-PCs etc. führen zu hohem Zeit- und Personalaufwand. Die Raumsituation erlaubt auch nicht eine den modernen Anforderungen entsprechende Erweiterung des Serviceangebotes wie z.B. die Einrichtung von Räumen zur Benutzung von AV-Medien.

Die katastrophale Raumsituation ist dem Rechtsträger der Universitätsbibliothek seit langem bekannt! Bereits im Jahr 1974 wurde dem Bundesministerium für Wissenschaft und Forschung ein Bericht zur räumlichen Situation der

Universitätsbibliothek übermittelt, in dem die Schaffung von Tiefspeichern unter dem Arkadenhof oder unter dem Rathauspark mit unterirdischem Zugang zur Universitätsbibliothek vorgeschlagen wurde.

Die Bibliotheksdirektion ließ 1989 vom Architektenbüro Melicher & Schwalm – Theiss eine Studie für einen Bücherspeicher unter dem Grünstreifen an der Universitätsfront Reichsratstraße erstellen. Das Projekt sah 5 Tiefgeschoße vor und sollte Raum für 2,5 Millionen Bücher bieten. Die reinen Baukosten wurden auf ca. öS 181 Millionen geschätzt. Dieses Projekt wurde aus Kostengründen nicht in die Liste der Bauvorhaben aufgenommen.

1993 beauftragte der Akademische Senat die Architekten Purr und Sprinzl mit einer Studie für eine multifunktionale Universitätserweiterung. Unter der Grünfläche des Arkadenhofes sollte ein Hörsaalzentrum und ein Bücherspeicher für ca. 2 Millionen Bände gebaut werden. Die Kostenschätzung belief sich auf ca. 700 – 900 Millionen Schilling. Seitens des Bundesministeriums für Wissenschaft, Forschung und Kunst wurde dieses Projekt als nicht finanzierbar ad acta gelegt.

Da die Stellraumreserven unabdingbar zu Ende gehen, wurde 1996 seitens der Universität und der Universitätsbibliothek massiv in der Presse, bei der zuständigen Abteilung im Bundesministerium für Wissenschaft, Verkehr und Kunst und bei Bundesminister Dr. Scholten persönlich der Bau eines Tiefspeichers gefordert. Trotz der bedrohlichen Situation wurde eine Grundsatzdebatte zur Lösung der Raumfrage wissenschaftlicher Bibliotheken geführt. Es wurde eine Kommission mit Experten aus der Bundesrepublik Deutschland, der Schweiz, Vertretern der Universität Wien, Vertretern des Bundesministeriums für Wissenschaft, Verkehr und Kunst und Bibliotheksdirektoren unter dem Vorsitz von Hofrätin Dr. Reinitzer eingesetzt, die die Aufgabe hatte, Lösungsvorschläge zur langfristigen Behebung der Raumnot der Universitätsbibliothek Wien und anderer Wiener Universitäts- und Hochschulbibliotheken zu erarbeiten. Man erwog, Bestände der Universitätsbibliothek auszusondern. Um Stellraum für 10 Jahre freizumachen, müßten mindestens 400.000 Bände ausgesondert werden. Bei nach dem numerus currens aufgestellten Beständen, die nicht EDV-mäßig erfaßt sind, eine mit ungeheurem Aufwand und enormen Kosten verbundene Aktion!

Nach welchen Kriterien sollten die Bestände ausgesondert werden? Bestände, die heute selten benutzt werden, können schon morgen stark nachgefragt werden, wenn sich ein neuer Forschungsschwerpunkt ergeben hat. Im übrigen wird in fast allen an der Universität Wien gelehrten Wissensgebieten historisch geforscht.

Die nächste Überlegung betraf die Auslagerung von Beständen in eine zu errichtende Speicherbibliothek für Wiener wissenschaftliche Bibliotheken.

Gemeinsam mit dem Budget- und Baureferenten der Fachabteilung des Bundesministeriums für Wissenschaft, Verkehr und Kunst wurde von der Bibliotheksdirektion ein Anforderungsprofil erarbeitet. Man ging davon aus, daß bis zum Jahr 2005 die erste Ausbauphase der Speicherbibliothek irgendwo auf der „grünen Wiese" errichtet wird. Sie müßte Platz für 2 Millionen Bände bieten. Garderobe, Leseplätze, Räume für Entlehnung und Fernleihe, Verwaltungsräume etc. ergaben einen Raumbedarf von 5.912 m^2 ohne Verkehrswege. Die Bestände würden in Kompaktanlagen untergebracht und mittels Buchförderanlage in den Benützungsbereich transportiert werden. Die ausgelagerten Bestände müßten auf Dubletten überprüft werden und dann, da es sich um ältere Bestände handeln würde, EDV-mäßig erfaßt werden. Daraus resultiert ein Mindestpersonalbedarf, bei einer Öffnungszeit von 7 Stunden täglich, von 25 Planstellen, deren Kosten jährlich ca. 7,8 Millionen Schilling betragen würden. Dazu kommen noch geschätzte 6 Millionen Schilling an Betriebskosten. Die Baukosten konnten mangels eines Planes nicht geschätzt werden. Die Errichtung einer Speicherbibliothek ist daher dem Neubau einer Bibliothek gleichzusetzen, wobei hier von Anfang an z.B. bei der Bauplatzwahl, auf regelmäßig notwendig werdende Zubauten Bedacht zu nehmen ist.

Eine weitere Variante der Lösung der mangelnden Stellraumkapazität ist die Auslagerung der Bestände der Universitätsbibliothek in ein Ausweichmagazin. Im Zusammenhang mit der Pressekampagne wurden der Universitätsbibliothek verschiedenste Depots angeboten. Die Palette reicht von Räumen in einem Schloß bei Melk über Lagerhallen bis zum Hafen Wien mit eigenem Bahnhof. Eine Auslagerung von Beständen ist aus Gründen der Numerus currens-Aufstellung nur en bloc möglich, z.B. die Signaturen 1 – 500.000. Die Benützung dieser Bestände könnte nur durch einen Hol- und Bringdienst erfolgen. Da sich die großen wissenschaftlichen Bibliotheken meist im Zentrum der Großstädte befinden, so auch die Universitätsbibliothek Wien, wo es keinen Platz für ein Ausweichmagazin gibt, sind längere Fahrtzeiten bedingt durch das Verkehrsaufkommen und die damit verbundene Umweltbelastung zu bedenken. Hier besitzt die Universitätsbibliothek schon jetzt Erfahrung, da sie zahlreiche dislozierte Fachbibliotheken mit einem Bring- und Holdienst für die Buchbearbeitung zu betreuen hat. Der häufige Transport der Bücher führt zu Beschädigungen. Der Reparaturaufwand steigt an. Der Hol- und Bringdienst erfordert Personal, das mit der Bewegung der schweren Bücherkisten physisch belastet wird. Die Benützer müssen auf die von ihnen benötigte Literatur länger warten. Ein Ausweichmagazin erhöht, wenn es nicht die Dimension zur Magazinierung von mehreren Millionen Bänden hat, die Stellraumkapazität nur sehr kurzfristig, gleichsam als Zwischenlösung bis zur Realisierung der längerfristigen Lösung des Raumproblems.

Zur Problematik der Auslagerung von Beständen in ein Ausweichmagazin verfügen wir über internationale Erfahrungen. So hat z.B. die Universitätsbibliothek Heidelberg Bestände an den Stadtrand ausgelagert. Die Folge waren enorme Büchertransporte, die hohe Transportkosten, einen entsprechenden Personalaufwand und erhöhte Reparaturkosten erforderten. Die Auslagerung mußte wieder rückgängig gemacht werden und ein Tiefspeicher zu weit höheren Kosten, als dies vor der Auslagerung möglich gewesen wäre, gebaut werden.

Eine bisher nicht diskutierte Variante der Lösung der Raumfrage soll hier nicht unerwähnt bleiben, nämlich die Konvertierung von Beständen. Um eine fühlbare Entlastung der Stellraumnot herbeizuführen, müßten bis zu einer Million Bücher verfilmt oder verficht werden. Die Kosten und den Zeitaufwand dafür kann ich nicht beziffern. Voraussetzung dafür wäre ein kommerzielles Unternehmen, daß über die notwendige Produktionskapazität verfügt. Sicher würde die Durchführung eines solchen Projektes mehrere Jahre in Anspruch nehmen.

Die Verfilmung bzw. Verfichung der österreichischen Tageszeitungen z.B. ist schon lange ein Desiderat. Im Vordergrund stehen konservatorische Gründe. Das säurehaltige Papier zerfällt, die Bestände müssen mit Kopierverbot belegt werden. Eine Verfilmung bzw. Verfichung könnte aber auch zu einem, im Falle der Universitätsbibliothek Wien sicher bescheidenen, Zuwachs der Stellraumkapazität führen. Ebenso könnte die Verfilmung von Dissertationen und Diplomarbeiten zu einer Stellraumentlastung der Universitätsbibliotheken beitragen.Vielleicht ist es möglich, dieses Projekt in der Form eines Gemeinschaftsunternehmens der österreichischen Bibliotheken zu realisieren.

Auch die Digitalisierung von Beständen wird im internationalen Bibliothekswesen erwogen bzw. wurden bereits Projekte gestartet, wie z.B. das Projekt „Memory of the World". Die British Library hat begonnen, Bestände zu digitalisieren. Abgesehen von den enormen finanziellen Mitteln, die eine Digitalisierung größerer Bestände verschlingt, muß auch die beschränkte Lebensdauer der digitalen Medien bedacht werden. Der heutige Stand der Technik erlaubt es, ein ganzes Buch in 2 Stunden einzuscannen. 500.000 Bände, das ist der Zuwachs von 10 Jahren der Universitätsbibliothek Wien, zu digitalisieren, würde 1 Million Arbeitsstunden erfordern. Die Arbeitskosten allein würden die Höhe der geschätzen Baukosten für den Tiefspeicher erreichen. Eine alte Universitätsbibliothek wie die Universitätsbibliothek Wien verfügt über einen großen Bestand alter, wertvoller Drucke, Erstausgaben bedeutender Wissenschafter etc., die trotz Digitalisierung aufbewahrt und der Forschung zur Verfügung gestellt werden müssen.

Kehren wir nun nach diesen kurzgefaßten grundsätzlichen Überlegungen zu möglichen Lösungen der Stellraumprobleme von wissenschaftlichen Bibliotheken zurück zur Universitätsbibliothek Wien.

Die Expertenkommission stellte fest, daß der Bau eines Tiefspeichers unter der Reichsratsstraße für die Universitätsbibliothek die günstigste Lösung wäre. Die Bundesimmobiliengesellschaft (BIG) überarbeitete die Pläne des Architekturbüros Melicher & Schwalm – Theiss und legte im Sommer 1996 eine Studie vor, die einen erweiterten Speicherbau bis zur Reichsratsstraßen – Mitte als die kostengünstigere wie auch kapazitätsgünstigere Variante vorsieht. (Abb. 4)

Dieser 5-geschoßige Speicher würde eine Nutzfläche von 11.750 m^2 umfassen. Nach ersten Berechnungen könnten darin in Kompaktanlagen etwa 5 Millionen Bände untergebracht werden. Dies würde bedeuten, daß, unter der Annahme eines Jahreszuwachses von 40.000 Bänden, der gesamte Zuwachs der Hauptbibliothek und ab dem Jahre 2000 Bestände von Fachbibliotheken, deren Stellraumkapazität zu diesem Zeitpunkt erschöpft sein wird, mindestens bis zum Jahr 2030 Platz finden würden. Die Baukosten, ohne Bücherförderanlage, Einrichtung, etc. werden auf 200 Millionen Schilling geschätzt. Planung und Bauzeit würden etwa 4 Jahre erfordern. Mit dem Speicherbau wären auch einige Umbauten im alten Gebäude verbunden. Die Bibliotheksdirektion erarbeitete ein vorläufiges Raum- und Funktionsprogramm für den Erweiterungsbau, das auch eine Verbesserung der Infrastruktur des Altbaues zum Inhalt hat. Die Verlegung der Entlehnabteilung zur Anbindungsstelle des Tiefspeichers z.B. ermöglicht nicht nur den Einbau einer Buchförderanlage in den neuen und den alten Magazinen, sondern schafft auch die Voraussetzung zur Einbindung des Zeitschriftenlesesaales in den Benützungsbereich im 1. Stock, wobei eine Verdoppelung der Leseplätze erreicht werden könnte. Sollten die finanziellen Mittel für den Speicherbau noch 1997 bereitgestellt werden, ist mit einem Bezug des Speichers 2001 zu rechnen.

Ein erster Schritt wurde bereits gesetzt. Die Bundesimmobiliengesellschaft (BIG) wurde mit der Planung beauftragt. Wie aber die Geschichte der Universitätsbibliothek zeigt, wurde schon oft geplant, aber nicht gebaut.

Die Stellraumreserve der Universitätsbibliothek reicht aber nur bis maximal Ende 1998. Es muß also eine Zwischenlösung gefunden werden. Im Universitätsgebäude stehen keine Räumlichkeiten mehr zur Verfügung. Die noch vorhandenen Kellerräume wie z.B. der ehemalige Öltankkeller, könnten auch bei aufwendiger Adaptierung nicht ca. 200.000 Bände fassen. Ins Auge gefaßt wurde die Anmietung der in Universitätsnähe gelegenen Räumlichkeiten der Niederösterreichischen Landesbibliothek, die im Jänner dieses Jahres in die Landeshauptstadt St. Pölten übersiedelt ist. Die verbliebenen Regalanlagen könnten genützt werden. Mit der Aufstellung zusätzlicher Regale könnten ca.

230.000 Bände aufgestellt werden, die mittels eines Hol- und Bringdienstes benützbar wären. Eine Benützung bzw. Entlehnung vor Ort ist, obwohl sie ursprünglich geplant war, angesichts der Personalsparmaßnahmen nicht möglich. Die Verhandlungen des Bundesministeriums für Wissenschaft und Verkehr mit dem Land Niederösterreich sind noch im Gange. Man ist sich noch nicht über die Höhe des Mietpreises und über sonstige Auflagen einig. Sollte diese Anmietung nicht zustande kommen, dann muß man andere geeignete Räumlichkeiten suchen, die aber sicher weiter von der Bibliothek entfernt liegen und alle bereits erwähnten Probleme mit sich bringen werden.

Es bleibt zu hoffen, daß trotz des „Sparpaketes" die Mittel für den Speicherbau rasch flüssig gemacht werden, um das an der Universitätsbibliothek Wien aufbewahrte und zur Benützung bereitgestellte Kulturgut zu erhalten.

Literatur:

Baumgartner, Ferdinand: Zur räumlichen und organisatorischen Struktur der Universitätsbibliothek Wien, in Hundert Jahre Universitätsbibliothek Wien im Haus am Ring. Biblos-Schriften, 126, 1984

Dettelmaier, Rudolf: Alte Raumsorgen und neue Baupläne der Universitätsbibliothek Wien, in: Biblos, 2/1, 1953

Fillitz, Hermann: Die Universität am Ring 1884 – 1984, Wien, 1984

Graf, Otto A.: Otto Wagner, Das Werk Bd. 2, 1903 – 1918, Wien, 1985

Hauser, Hans-Jörg: Ausweichmagazin oder Speicherbibliothek, In: ZfBB, Jg 30,5

Jahresberichte der Universitätsbibliothek Wien, 1977 ff

Jaksch, Walter u.a.: Österreichischer Bibliotheksbau, Bd. 1.2., Wien, 1986 – 1992

Pongratz, Walter: Geschichte der Universitätsbibliothek, Wien, 1977

Theiss, Werner: Eine Wissenschaftliche Zentralbibliothek für Wien, in: Zentralblatt für Bibliothekswesen, 52, 1953

Wibiral, Norbert u. Mikula, Renata: Heinrich von Ferstel, Wien, 1974

Bildnachweis:

[1] Universitätsbibliothek Wien – Archiv

[2] Wibiral, Norbert und Mikula Renate: Heinrich von Ferstel, Wien 1974

[3] Graf, Otto Antonia: Otto Wagner, Das Werk, Bd 2, 1903-1919, Wien 1985

[4] Theiss, Werner: Eine wissenschaftliche Zentralbibliothek für Wien, in: Zentralblatt für Bibliothekswesen, 52, 1935

[5] Pongratz, Walter: Geschichte der Universitätsbibliothek Wien, Wien 1977

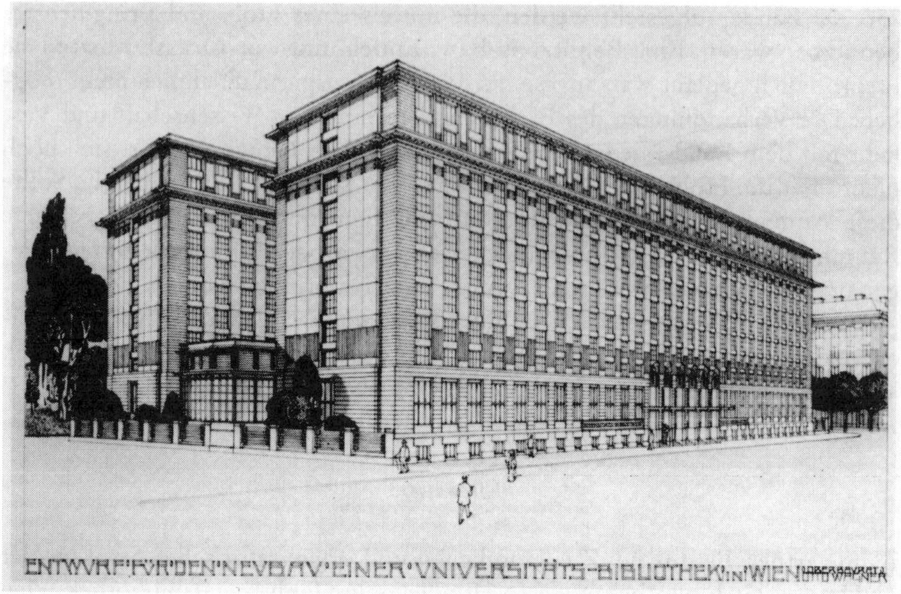

Abb. 1a: Otto Wagner: Entwurf einer Universitätsbibliothek, 1910, Front an der Boltzmanngasse [3]

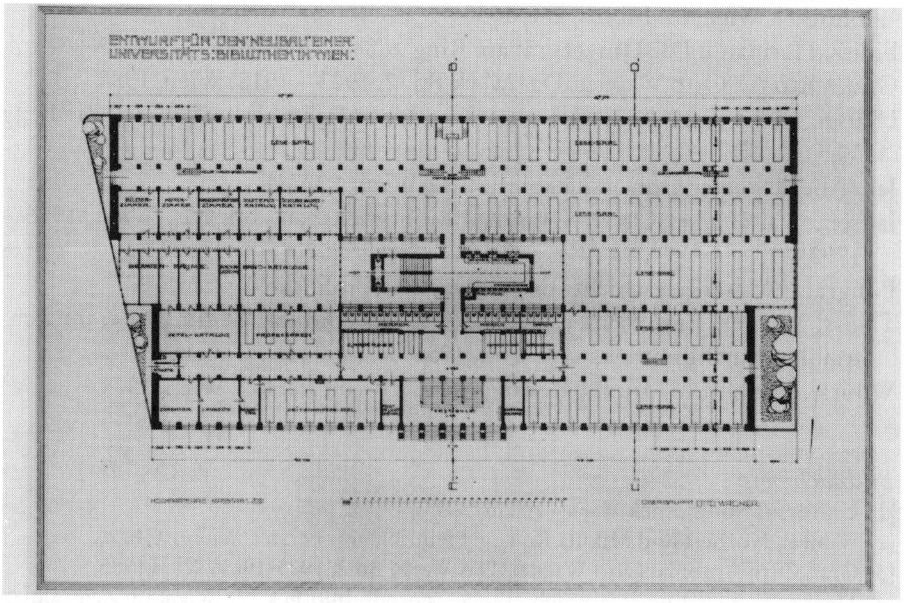

Abb. 1b: Otto Wagner: Entwurf einer Universitätsbibliothek, 1910, Grundriß [3]

Abb. 2a: Werner Theiß: Entwurf einer wissenschaftlichen Zentralbibliothek, 1933, Perspektive [4]

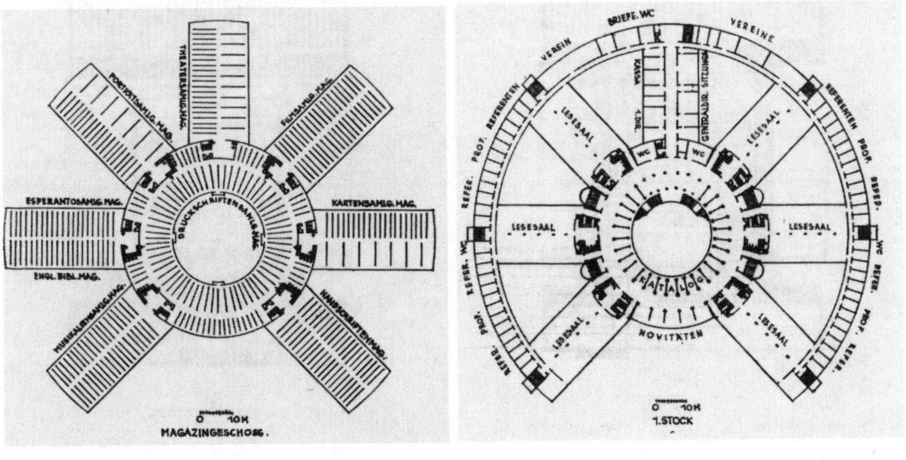

Abb. 2b: Werner Theiß: Entwurf einer wissenschaftlichen Zentralbibliothek, 1933, Grundrisse [4]

Abb. 3a: Dreier/Nobis: Projekt einer Universitätsbibliothek, 1952, Perspektive Universitätsstraße [5]

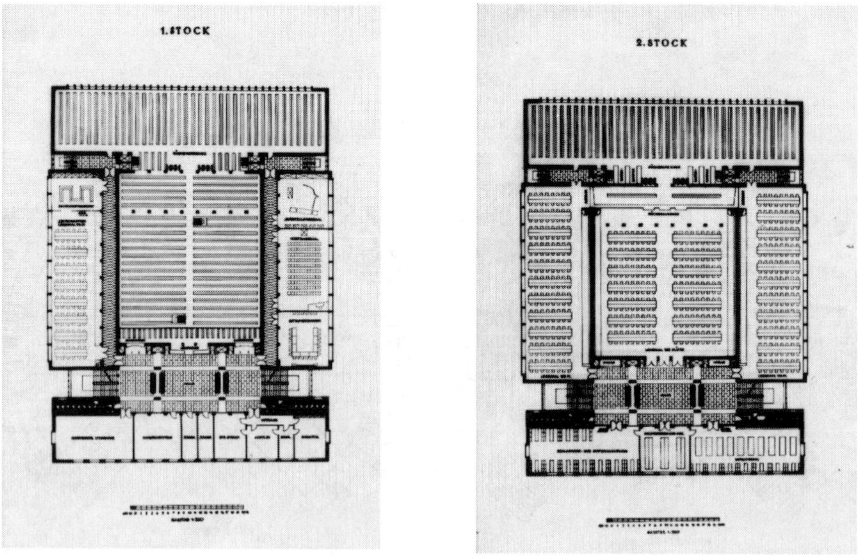

Abb. 3b: Dreier/Nobis: Projekt einer Universitätsbibliothek, 1952, Grundrisse [1]

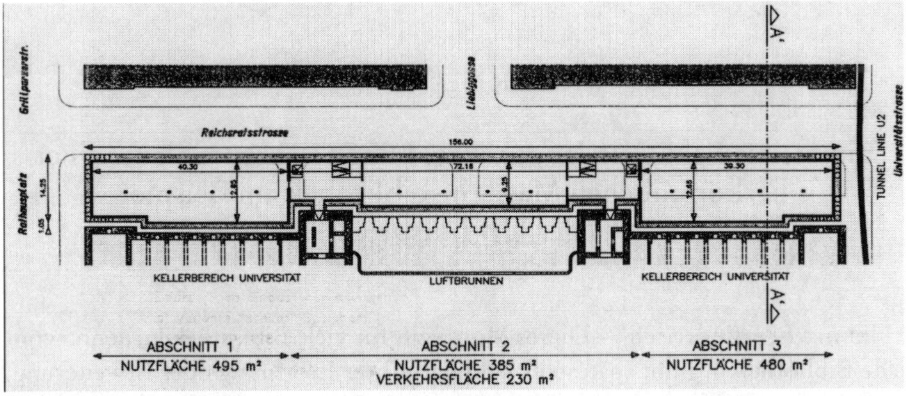

Abb. 4a: J. Stella, W. Stengel: Konstruktive Studie – Bücherspeicher Uni-Wien (BIG-Auftrag), 1966, Grundriß „breiter" Speicher [1]

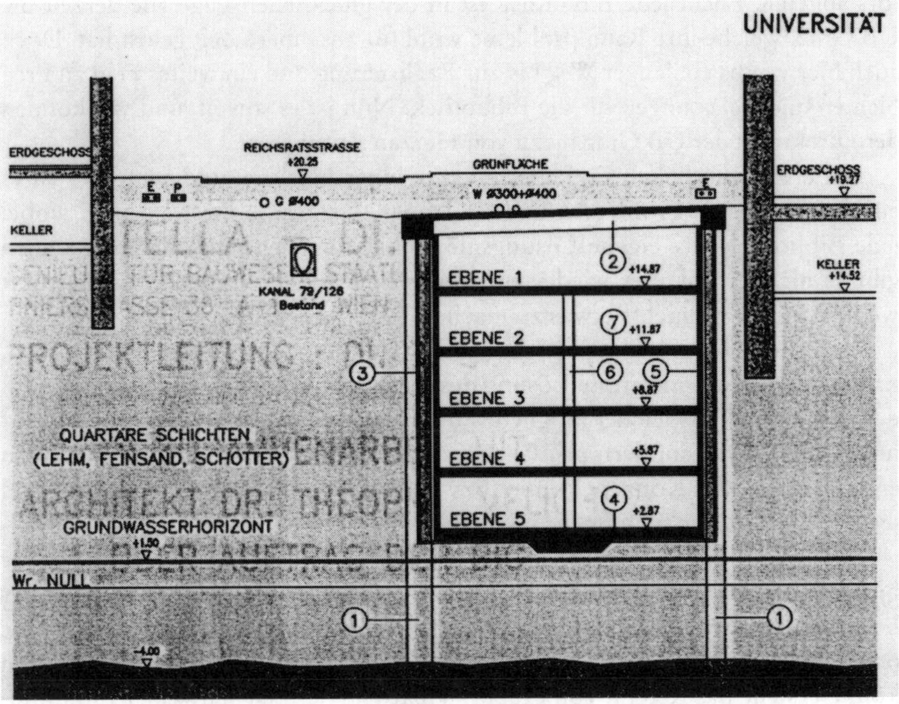

Abb. 4b: J. Stella, W. Stengel: Konstruktive Studie – Bücherspeicher Uni-Wien (BIG-Auftrag), 1966, Querschnitt „breiter" Speicher [1]

WALTER NEUHAUSER

Ein weites Feld – ein langer Weg. Die Speicherprobleme einer herkömmlichen Magazinsbibliothek am Beispiel der UB Innsbruck

„Not macht erfinderisch" – Dieses Motto gilt für viele Bibliotheken, denn: wohl jede Bibliothek beginnt spätestens bald nach ihrer Eröffnung oder Erweiterung, manche sogar schon zu diesem Zeitpunkt unter Platznot zu leiden. Von der Antragstellung bis zur Inbetriebnahme ist es eben ein langer Weg, und meist beginnt man bei den Raumproblemen einer Bibliothek erst dann hellhörig zu werden, wenn es schon fast zu spät ist, und eine vorausschauende Planung und Antragstellung wird oft als Profilierungssucht einer Bibliothek oder ihres Direktors abgetan. Nicht jede Bibliothek ist in der glücklichen Lage wie derzeit die UB Graz, welche ihre Raumprobleme wohl für absehbare Zeit gelöst hat. Doch auch hier war es ein langer Weg bis zur Realisierung und ein weites Feld an Problemen und Belastungen für die Bibliothek. Nun ist es soweit, und wir können der Direktorin der UB Graz hiezu von Herzen gratulieren.

Andere Bibliotheken sind aber noch in einer Notlage, und auch hier ist es ein weites Feld an Problemen und ein langer Weg bis zu ihrer Lösung, wobei jede Bibliothek ihre eigene Lösungsmöglichkeit suchen muß. Patentlösungen gibt es nicht, wohl aber wieder ein weites Feld für die eigene Phantasie, mit wenig Mitteln aus nichts etwas zu machen.

Natürlich: Wo es bereits Matthaei am letzten ist, wie etwa bei der UB Wien, kann es nur noch eine große Lösung des Raumproblems geben, wie dies durch den geplanten Tiefspeicher möglich wäre. Hier in meinem Referat geht es nicht um große Würfe, sondern primär um vorübergehende Maßnahmen, bis dann endlich ein großes Konzept kommt bzw. kommen muß, denn irgendwann sind weitere Provisorien nicht mehr möglich.

Eine grundlegende Einschränkung muß hier getroffen werden: Es geht hier nicht um zukunftsweisende Entwicklungen, es geht nicht um die Ablösung der bestehenden durch digitale Bibliotheken, neben denen bestenfalls noch eine oder einige wenige Speicherbibliotheken oder Zentralbibliotheken bestehen können (siehe das Referat von Hubert Villard am letzten Schweizer Bibliothekartag in Crans Montana, der eine solche Möglichkeit zeichnete), es geht nicht um die Umwandlung der herkömmlichen Bibliotheken in riesige Informationsvermittlungsstellen. All dies sind Entwicklungen, die in ihrem Umfang heute noch nicht abgeschätzt werden können, und bei denen auch noch nicht gesagt werden kann, wie sie sich auf den Raumbedarf der Bibliotheken auswirken werden. Es geht auch nicht um Schaffung von Raum durch radikales Ausscheiden nicht oder wenig gebrauchter Bestände, da solches in einer wissenschaftlichen Bibliothek immer problematisch ist, wie die Geschichte der Bibliotheken schon vielfach gezeigt hat. Man denke an die Aussonderungsverfahren bei der Alexandrinischen Bibliothek, in der Aufklärung oder aus politischen Gründen im 20. Jahrhundert; immer waren es sogenannte aufklärerische, moderne Epochen, in denen die Bibliotheken durch solche Maßnahmen mehr Schaden als Nutzen erfahren haben. Dies bedeutet nicht, daß alles aufbewahrt werden soll, sondern nur, daß beim Aussondern vorsichtig vorgegangen werden soll, was dann meistens nicht die gewünschte Platzersparnis bringt.

Die folgenden Überlegungen beziehen sich also auf die konventionelle wissenschaftliche Bibliothek, die durchaus modern organisiert sein soll, etwa was die Buchbearbeitung oder die Entlehnung betrifft, die durchaus auch elektronische, also platzsparende Medien sammelt und bei der Entlehnung auch digital weitergibt, die aber, was ihre Bestände und die Bestandserhaltung, aber auch die Bestandsvermehrung betrifft, den Typus der konventionellen Bibliothek weiter verkörpert. Ich denke hier etwa an unsere Universitätsbibliotheken, an die Landesbibliotheken, an die vielen großen und kleinen wissenschaftlichen Spezialbibliotheken, die zumeist auch mehr oder weniger umfangreiche Altbestände besitzen, die erhalten bleiben müssen, die aber vor allem auch weiterhin eine konventionelle Beschaffungspolitik betreiben, die also neben elektronischen Medien durchaus Bücher und Zeitschriften in größerem Umfang weiterhin zu erwerben verpflichtet sind.

Welche Möglichkeiten bieten sich für eine Bibliothek, die langsam in die Jahre kommt, deren Magazine sich in beängstigender Weise immer mehr füllen (was ja an sich erfreulich ist) und bei der eine großzügige Erweiterung durch Umbau oder Neubau in weiter Ferne liegt? Hier muß eben die eingangs schon angesprochene Phantasie des Bibliothekars zu spielen beginnen, hier sind Ideen des Bibliothekars gefragt, da der Außenstehende, etwa eine Landesbaudirektion oder eine Universitätsverwaltung, bestenfalls auf Ideen eingehen und sie realisieren helfen wird.

Wie man dabei vorgehen kann, hat in den letzten Jahren z.B. die Universitätsbibliothek Münster in Westfalen gezeigt, die bald nach der Fertigstellung des Neubaues 1973 unter Platznot zu leiden hatte, da das Raumprogramm zu diesem Zeitpunkt auf Grund langer Planungsphase und Bauzeit schon 13 Jahre alt war und eigentlich nur auf 15 Jahre geplant worden war. Ich verweise hier auf den Beitrag von Peter Samulski „Raumgewinn ohne Flächenzuwachs“ in

ABI-Technik 16,1996,Nr. 4, S. 373-378. Hier werden Möglichkeiten eines solchen Raumgewinns ohne Flächenzuwachs vorgestellt, die erfolgreich erprobt wurden:

Zwei Grundideen wurden dabei verwirklicht:

1) Reduktionsmaßnahmen:

- Reduzierung des Zuwachses, z.B. durch Verzicht auf den Erwerb von Dissertationen oder Reduzierung des Tausches – mit dem Nachteil eines Verzichtes im Erwerbungssektor, und welche Bibliothek verzichtet schon gern auf eine ihrer ureigensten Tätigkeiten?
- Aussonderung von Beständen, vor allem von Dubletten, aber auch von Geschenken oder Tauschstücken, die vor allem in der Nachkriegszeit reichlich hereingekommen waren, ohne daß sie eine Bereicherung der Sammlungen darstellten – freilich verbunden mit hohem Arbeitsaufwand, da nur sinnvoll ausgesondert werden sollte.
- Verkleinerung des Bestandes, vor allem durch Verfilmung – freilich verbunden mit hohen Kosten.

2) Baumaßnahmen durch Umbauten oder Einbauten in bestehende Anlagen, vor allem engere Gestaltung durch Einbau von Kompaktanlagen und Umbau bestehender Regalanlagen, etwa durch Reduzierung der Achsabstände von 1,10 auf 60 cm, durch Zusatzregalierung (Wandregale), durch Aufstockung der Regalböden von sechs auf sieben, durch Abbau nicht mehr benötigter technischer Anlagen, z.B. veralteter Buchförderanlagen, und Zusammenschieben der Kataloge in den Katalogkästen, da durch die Automatisierung kein Zuwachs zu erwarten war.

All dies ermöglichte der Bibliothek, ca. 20 Jahre ihr Auslangen zu finden. Erst in allerletzter Zeit kam dann durch einen, wie Samulski gesteht, glücklichen Zufall die große, wenngleich meines Erachtens nicht ideale Lösung, nämlich eine alte Kaserne als Speichermagazin mit Kompaktanlagen nutzen zu können. Soweit zu Münster.

Viele Bibliotheken stehen vor ähnlichen Problemen: dringende Erweiterung notwendig, eine großzügige Lösung in weiter Ferne, daher Bedarf nach kurzfristigen, mit einfachen Mitteln zu bewältigenden Abhilfen. Zu diesen Bibliotheken gehört auch die Innsbrucker Universitätsbibliothek, bei welcher mehrere Bereiche von der Platznot betroffen sind:

- Im Vordergrund steht auch hier der Speicherbedarf.
- Dazu kommt der Leserbereich, die Leseräume sind zu klein geworden, vor allem durch die Explosion bei den Hörerzahlen, die sich auch in der Frequenz der UB niederschlagen.
- Ähnliches gilt für den Katalogbereich, der eine starke Ausweitung erfahren hat.

- Endlich ist auch der Mitarbeiterbereich zu eng geworden, an sich eine erfreuliche Erscheinung, da dies eine Erhöhung der Zahl der Mitarbeiter zur Voraussetzung hat, die zu Ende der Achtzigerjahren und zu Beginn der Neunzigerjahre tatsächlich gegeben war, aber leider in den letzten Jahren in die gegenläufige Richtung umgeschlagen hat: trotz vermehrter Anforderungen und Aufgaben stagnierende, zuletzt sogar sinkende Zahl der Mitarbeiter. Einige Zahlen sollen diese Entwicklung belegen:

Bestände:

1911:	250.000 Bände
1955:	467.000 Bände
1975:	845.000 Bände
1995:	1,118.000 Bände

Hörerzahlen:

1924:	ca. 2000
1952:	ca. 2300
1960:	ca. 5000
1996:	ca. 28000

Mitarbeiter an der UB:

1924:	ca. 15
1952:	ca. 20
1970:	ca. 35
1996:	106,5

Wie beim Bericht aus Münster, soll in diesem Referat aus der Praxis berichtet werden, wie mit einfachen Mitteln versucht wird, der Raumnot zumindest vorübergehend und noch für einige Zeit Herr zu werden. Zum besseren Verständnis ist eine Darstellung der derzeitigen Raumsituation und der Entwicklung in den letzten Jahrzehnten notwendig.

Die 1745 als Bibliotheca publica gegründete Universitätsbibliothek befindet sich heute an ihrem dritten Standort: Noch im 18. Jahrhundert übersiedelte sie mit der Universität aus dem ersten Standort, dem späteren Statthaltereigebäude in der Herrengasse (heute unmittelbar an das Kongreßhaus anschließend), auf Grund der Aufhebung des Jesuitenkollegs in die bis dahin von den Jesuiten genutzten Gebäude, wobei der Bibliothek der frühere Festsaal des Jesuitengymnasiums, der jetzige Kaiser-Leopold-Saal, sowie der sog. Madonnensaal als Magazine und einige angrenzende Räume als Leseräume und Mitarbeiterzimmer zugewiesen wurden. In der zweiten Hälfte des 19. Jahrhunderts, spätestens, nachdem die Zahl von 100.000 Bänden überschritten war, wurde die Raumnot immer drückender. Noch zu Ende des 19. Jahrhunderts begannen daher die Planungen zu einem Neubau, der dann in den Jahren 1912-14 errichtet wurde, und zwar an einem neuen Standort, als selbständiges Gebäude neben dem zur gleichen Zeit errichteten Neubau der Universität am Innrain.

Dieser Neubau war nicht nur architektonisch schön, sondern für die damaligen Verhältnisse großzügig geplant, freilich für eine Universität mit etwa 2000 Hörern. Vorbild in der Raumanordnung und Gestaltung war die Marburger Universitätsbibliothek, im Gegensatz zu dieser aber nicht neugotisch, sondern klassizistisch mit vielen Jugendstilelementen in der Innenarchitektur. Als typische Magazinsbibliothek war die klassische Dreiteilung Lesebereich – Verwaltungsbereich – Magazinsbereich architektonisch deutlich voneinander abgehoben, alles in allem eine äußerst zweckmäßige, den damaligen Bedürfnissen und dem damaligen Stand der Bibliotheksorganisation durchaus entsprechende Anlage. Durch den Ausbruch des Ersten Weltkrieges konnte die Übersiedlung nicht mehr stattfinden, der eben fertiggestellte Neubau wurde als Lazarett genutzt, nach dem Ersten Weltkrieg war er noch von der italienischen Besatzungsmacht besetzt. Wegen der tristen wirtschaftlichen Lage konnte die längst fällige Übersiedlung erst 1924 erfolgen. Die nunmehr geschaffene Einrichtung (Möblierung) war dementsprechend einfach, jedoch trotzdem formschön, wie die heute noch erhaltene und genutzte Einrichtung der Direktion oder die Ausstattung des Lesesaales mit Thonet-Sesseln zeigt.

Die Bibliothek besitzt zwei Eingänge, von ihrer Lage her die Doppelfunktion der Bibliothek als öffentliche Bibliothek und als Universitätsbibliothek quasi symbolisierend. Der Haupteingang im Süden liegt an der Straße, er ist der Eingang für jedermann. Dazu kommt der Westeingang, welcher von der Universität her den unmittelbaren Eingang darstellt. Der Benützerbereich bestand aus einem großen Lesesaal in der Höhe zweier Geschoße im ersten Stock mit südseitigen Fenstern, umfassend etwa 120 Leseplätze und an den Wänden einen nach Sachgebieten geordneten Freihandbestand, ergänzt durch zwei an drei Seiten umlaufende Galerien, von denen die untere zur Unterbringung von Nachschlagewerken, großen Editionsreihen (z.B. MGH, PL, Kürschners deutsche Nationalliteratur, CSEL usw.) diente, die obere als Zeitschriftenmagazin verwendet wurde. An der Nordseite schlossen sich seitlich drei weitere Benutzerräume an, ein Professorenzimmer, ein Zeitschriftenleseraum mit 24 Plätzen und ein ursprünglich den Benützern nicht zugänglicher Katalograum mit bibliographischem Handapparat. Der Zugang erfolgte und erfolgt heute noch durch ein großzügiges Hauptstiegenhaus mit einem großen Foyer im Parterre und einem ursprünglich kleinen Foyer im ersten Stock, an welches sich das Ausleihamt anschloß.

Der zweite Stock, längs dem Lesesaal und mit diesem durch einen Durchgang zur zweiten Galerie verbunden, beherbergte die Direktion mit einem kleinen Tresorraum für die Handschriften und die Räume für die Buchbearbeitung. Im Parterre waren an der Südseite zwei Dienstwohnungen („Diener“ und „Heizer“) untergebracht, in den Räumen an der Nordseite gab es ein Depot für größere Neuzugänge, einen Raum für die hauseigene Buchbinderei und ein Inkunabeldepot. Dieser Lese- und Bearbeitungstrakt war durch einen im ersten Stock nur schmalen Gang (im Parterre war es ein größerer vorwiegend als Packraum genutzter Raum, im zweiten Stock war in einem Durchgangsraum die Titelaufnahme untergebracht) mit dem Magazinstrakt verbunden, dieser bestehend aus drei Geschoßen mit Mittelgang, von denen jedes durch einen Glasboden in eine obere und eine untere Ebene unterteilt war, insgesamt also sechs Magazinsblöcke mit jeweils eigenem Eingang vom Mittelgang aus.

Das jetzige 1924 bezogene Gebäude tat seine Schuldigkeit bis in die Zeit nach dem Zweiten Weltkrieg. Dann begann besonders im Magazinsbereich Platznot. In den Sechzigerjahren kam es daher zu einer Erweiterung der Bibliothek, die in drei Ausbaustufen geplant war: Im Vordergrund stand die Erweiterung des Magazins durch einen fensterlosen Anbau nach Osten, die Platz für den Zuwachs der nächsten dreißig Jahre bieten sollte und diese Forderung tatsächlich auch erfüllte. In einer zweiten Baustufe wurde der schmale Zwischentrakt nach Norden hin erweitert, wodurch im ersten Stock ein großzügiger Katalograum mit umfangreichem bibliographischem Handapparat geschaffen wurde, im zweiten Stock ein Sonderleseraum und Buchbearbeitungsräume für Erwerbung und Titelaufnahme untergebracht wurden. Eine Erweiterung der Leseräume fand damals nicht statt. In einer dritten Ausbaustufe sollte der Lesesaaltrakt aufgestockt werden, wobei hier an eine Unterbringung zweier Sondersammlungen, für das alte Buch und für eine Kartensammlung, gedacht. war. Aus Kostengründen kam es nicht mehr zu dieser dritten Stufe, wie denn auch der Bau im ganzen nicht nur dem Geschmack der Sechzigerjahre entsprach, also Beton und Plastik dominierten, sondern auch sonst eher einfach und billig gehalten werden mußte, weil man eben froh sein mußte, daß es überhaupt zu einer Erweiterung kam.

Dazu kam seit etwas mehr als 20 Jahren eine neue organisatorische Entwicklung: Mit dem UOG 1975 kam es wie überall zu einer Erweiterung der Aufgaben, vor allem durch die Einbeziehung der Buchbestände der Institutsbibliotheken in die Betreuung durch die UB. Auch wenn das offizielle Konzept – Umwandlung der Institutsbibliotheken in Fachbibliotheken mit vollständiger Betreuung durch die Universitätsbibliothek – aus Personal- und Raumgründen nur in Ansätzen verwirklicht werden konnte und bis heute an der Schwelle zum UOG 93 noch nicht verwirklicht ist, so kam es doch zu einer gewaltigen Ausweitung der Aufgaben der Mitarbeiter der UB. Es wurden in den letzten 20 Jahren immerhin sechs bzw. sieben Fachbibliotheken gegründet: Theologie, Baufakultät, Naturwissenschaft I, Erdwissenschaften, Medizinisch-Biologische FB, FB Geschichte, dazu die provisorische FB für BWL; eine Fakultätsbibliothek SoWi ist im Bau, die Errichtung dreier weiterer Fachbibliotheken für die Geisteswissenschaftliche Fakultät ist in Antragstellung. Aber auch die noch bestehenden Institutsbibliotheken werden zumindest teilweise, vor allem hinsichtlich Katalogisierung und Sacherschließung, von der Universitätsbibliothek betreut. Aber nicht nur hinsichtlich des Personals, sondern auch hinsichtlich der Magazinierung kamen durch das UOG 75 neue Aufgaben für die UB, nämlich durch die im Gesetz festgehaltene Verpflichtung der Hauptbibliothek, wenig gebrauchte oder aus Platzmangel wegzugebende Bestände der Fach- und Institutsbibliotheken in der Hauptbibliothek zu magazinieren, also zusätzlich die Aufgabe einer Depotbibliothek zu übernehmen.

Inzwischen sind seit dem Erweiterungsbau der Hauptbibliothek dreißig Jahre vergangen, die Bücherzahlen sind wie die Hörerzahlen explodiert, die Raumnot ist spätestens seit den Achtzigerjahren drückend geworden, und zwar in allen drei Bereichen. Leider haben sich auch die Möglichkeiten für eine Erweiterung verschlechtert: In den Siebzigerjahren wurde im Zuge des Ausbaues der Universität ein neues Institutsgebäude im rechten Winkel unmittelbar an den Magazinstrakt angebaut, sodaß eine natürliche Erweiterungsmöglichkeit für immer genommen wurde (wie weit die UB damals überhaupt gefragt wurde, entzieht sich meiner Kenntnis). Ein weiterer Nachteil bestand darin, daß im Zuge der Errichtung des neuen Magazins der Dachboden des alten Magazins, der als Depot genutzt wurde, zugunsten eines Flachdaches verschwinden mußte und damit bestehender Stellraum reduziert wurde. Eine gewisse Erleichterung ergab sich lediglich durch die Errichtung der genannten Fachbibliotheken, in welche vor allem einschlägige Zeitschriften der Hauptbibliothek nach erfolgter Umsignierung überstellt wurden.

Daher wurde nach verschiedenen, nicht realisierten Projekten eines Außenspeichers in Universitätsnähe schließlich Anfang der Neunzigerjahre ein Konzept für eine Erweiterung der Hauptbibliothek erstellt, und zwar in drei Stoßrichtungen: durch Aufstockung des Magazinstraktes und durch Erweiterung nach Norden und nach Osten, verbunden mit einer längst fällig gewordenen Generalsanierung des bestehenden Gebäudes. Leider wurde dieses Konzept trotz Unterstützung durch die Universität bis jetzt noch nicht realisiert, eine bereits 1991 beantragte Machbarkeitsstudie wurde 1994 vom Ministerium abgelehnt mit dem Hinweis, daß an der Universität Innsbruck in letzter Zeit viel gebaut worden sei und noch gebaut werde, was zwar den Tatsachen entsprach, aber für die Bibliothek ein schwacher Trost war. Es war daher guter Rat teuer, die Erweiterung steht in weiter Ferne, und so war die eingangs erwähnte Notwendigkeit gegeben, die Phantasie spielen zu lassen und zumindest für eine Übergangszeit zu trachten, zu einem Raumzuwachs ohne Flächenzuwachs zu kommen.

Ausgangspunkt war das geänderte Konzept der Sanierung des Altbaues: Anstelle einer Generalsanierung mit den skizzierten Erweiterungen sollte vorerst eine Sanierung des denkmalgeschützten Altbaues der Hauptbibliothek vorgenommen und durch organisatorische und räumliche Veränderungen gleichzeitig eine Verbesserung der Raumsituation erreicht werden. Mit der Sanierung wurde 1991 begonnen, sie ist im wesentlichen abgeschlossen, die Hauptbibliothek präsentiert nach der unter Mitwirkung des Denkmalamtes durchgeführten Innenrenovierung und der zum 250-Jahr-Jubiläum gerade noch vollendeten Renovierung der Fassade wieder so, wie es diesem schönen Gebäude gebührt. Die Bemühungen um Raumerweiterung gingen damit Hand in Hand und erstreckten sich auf alle drei Bereiche, Verwaltung, Benützung und Magazin.

1) Die Bemühungen im Bereich der Verwaltung

Hier litt die Abteilung für Sondersammlungen auf Grund der Ausweitung der Aufgaben unter besonderer Raumnot. Daher wurde dieser ein bis dahin von der Buchhaltung genutzter Raum zwischen Direktion und Handschriftenleseraum zugesprochen, die Buchhaltung in den Bereich der Erwerbung in den Mitteltrakt der Sechzigerjahre verlegt, wobei heuer als Abschluß der Sanierung dieses Mitteltraktes die Mauern zwischen Titelaufnahme, Erwerbung und Buchhaltung so verschoben werden sollen, daß sich eine allen drei Abteilungen entsprechende Raumaufteilung ergibt. Im Parterre wurde durch Teilung des kleinen Lesesaales (bisher 48 Leserplätze) ein dringend benötigter, bis dahin nicht vorhandener Kursraum geschaffen, der kleine Lesesaal verlor durch geschickte Aufteilung nur sechs Leserplätze. Ebenfalls im Parterre konnten durch das Freiwerden einer Dienstwohnung ein Sozialraum und fünf Arbeitsplätze für die Titelaufnahme und die Zeitschriftenbearbeitung gewonnen werden.

2) Schwieriger war und ist es, die Bedürfnisse im Bereich der Benützung zu befriedigen

a) Lesesaal:
Im Zuge der Renovierung des großen Lesesaales wurde durch entsprechende Neuaufstellung der Leserplätze und Verzicht auf den „Thron“, den großen, er-

höhten Aufsichtsplatz, die Kapazität von ca. 120 auf nunmehr 148 Leserplätze erweitert, auch dies immer noch zu wenig. Freilich handelt es sich hier um einen nicht echten Raumbedarf: Der Großteil der Leser besteht aus Medizinern und Juristen, welche ihre eigenen Lehrbücher und Skripten mitbringen, und die Freihandbibliothek des Lesesaales nicht oder kaum benützen. Unter Abzug dieser Leser wäre an sich Raum genug. Trotzdem bemühe ich mich seit sieben Jahren, auch für diese Leser, die sich in der Hauptbibliothek sehr wohl, leider zu wohl, fühlen, einen eigenen Leseraum zu erhalten, um den Lesesaal zu entlasten und diesen Lesern zu helfen, denen im Gegensatz etwa zu Geisteswissenschaftlern oder Theologen keine Seminarräume zur Verfügung stehen. Mehrere Versuche in dieser Richtung schlugen bisher leider fehl. Nunmehr ist seitens der Universität ein großes Veranstaltungs- und sog. Studierzentrum geplant (Verhandlungen sind im Gange), in welches vielleicht auch ein entsprechender Skriptenleserraum eingeplant wird.

b) Zeitschriftenzimmer:
Hier ergab sich die Möglichkeit, das kaum in Anspruch genommene Professorenzimmer der Zeitschriftenabteilung zuzuschlagen und damit die Zahl der Leserplätze von 24 auf 48 zu erhöhen, womit derzeit der dringendste Bedarf gedeckt ist. Es war dies der erste Schritt der 1991 begonnenen Renovierung des Altbaues.

c) Katalogräume:
Hier ergaben sich mehrfache Probleme: Durch die Automatisierung wurde der alte Zettelkatalog ab 1988 nicht mehr weitergeführt, an seine Stelle trat für die Neuerwerbungen nach 1988 ein OPAC, mit nur teilweiser Rückarbeitung älterer Bestände. Es mußte also neben den Katalogschränken noch Platz für Benützerterminals (inzwischen Benützer-PCs) geschaffen werden. Da der hiefür notwendige Platz fehlte, wurde Ende der Achtzigerjahre der Autorenkatalog 1500 bis 1988 verficht, sodaß nur noch Microfiche-Lesegeräte und Terminals für den OPAC unterzubringen waren. Die Katalogschränke mit dem Autorenkatalog in Zettelform sowie der neue systematische Katalog wurden zwar nicht, wie dies von einigen Mitarbeitern vorgeschlagen wurde, vernichtet, sondern nur in den großen, kaum erschlossenen Bibliothekskeller gebracht. Da die Verfichung äußerst schlampig ausfiel (vor allem Signaturen und Autoren sind oft kaum lesbar) wird der alte Zettelkatalog im Keller noch gerne genützt. Im Katalograum blieb der Schlagwortkatalog 1930 bis 1988. Leider wurde der umfangreiche bibliographische Handapparat im Katalograum damals in Mitleidenschaft gezogen. Dasselbe vollzog sich im Raum mit dem Zentralkatalog der Institute. Hier war Anfang der Neunzigerjahre der CD-ROM-Bereich,

wieder mit vielen PCs, unterzubringen. Deshalb wurde auch der ZKI in den Keller gebracht.

d) Benützungszentrum Keller:
Aus der Not, die alten Kataloge und einen Teil der Bibliographien irgendwo unterzubringen, wurde vor etwa fünf Jahren die Idee geboren, die bis dahin noch kaum für Bibliothekszwecke genutzten Kellerräume zu adaptieren. Durch den Wegfall des Kohlenkellers auf Grund der Fernheizung und durch Entrümpelung anderer Räume konnte so 1993 ein Bereich geschaffen werden, der 1994 auch den Benützern zugänglich gemacht wurde. Dieser Benützerbereich beginnt mit einem großen Raum, in dem die biographischen Archive auf Mikrofilm mit den Lesegeräten, ein Reader-Printer, ferner der alte systematische Katalog vor 1900 und schließlich Abspielmöglichkeiten für die AV-Medien untergebracht wurden. Für letztere hatte bisher überhaupt keine Möglichkeit einer Benützung bestanden. Dieser Raum wurde mit neun Arbeitsplätzen ausgestattet. In einem anschließenden langen Gang, der in einen breiten offenen Raum endet, wurden die alten Zettelkataloge (Benützer- und Verwaltungs-AK, zweites Exemplar des Schlagwortkataloges, neuer systematischer Katalog) untergebracht, in einem Seitenraum der Zentralkatalog der Institute. Alle diese Kataloge sind somit wieder bei Bedarf (aus Personalmangel ist dieses Benützungszentrum nur auf Anfrage geöffnet) der Benützung zugänglich. Zugleich wurde die Gelegenheit wahrgenommen, auch einen Teil des bibliographischen Handapparates hier wieder aufzustellen, sodaß hier der konventionelle Informationsbereich wieder eine brauchbare Heimstätte gefunden hat.

3) Speicherraum

Hier liegt das größte Problem und besteht damit ein noch weiteres Feld für Lösungsversuche. Dieses Problem beschäftigt die UB schon seit Jahrzehnten, auch wenn in den Sechzigerjahren durch den Magazinszubau für längere Zeit Abhilfe geschaffen wurde. Auf Grund der besonderen Wichtigkeit dieses Bereiches soll hier ein Blick in die Vergangenheit, in die Gegenwart und in die Zukunft geboten werden.

a) Vergangenheit:
Wie schon erwähnt, war bald nach dem Zweiten Weltkrieg der Platz zu knapp geworden. Ein Zubau stand in weiter Ferne. Als Lösung bot sich einzig und allein die Auslagerung an. Es wurden daher einige Signaturengruppen mit, wie man hoffte, wenig benützter Literatur, 140.000 Bände, in ein Depot im Tiroler

Landesmuseum ausgelagert. Zweimal in der Woche wurde ein Aufseher mit dem Fahrrad ins Ferdinandeum geschickt und hob die bestellten Bücher aus. Wenn Irrtümer waren, mußten die Benützer daher oft eine Woche auf ein bestelltes Buch warten, wie ich selbst als junger Assistent, der gerade aus diesen Signaturengruppen für eine größere Arbeit sehr viel Literatur benötigte, immer wieder leidvoll erfahren mußte. Fazit: Die Auslagerung hat ihre großen Probleme, nicht benützte Literatur gibt es kaum. Die Lösung war hier großzügig, eben der schon mehrfach erwähnte Magazinszubau für 24.000 Laufmeter, also für ca. 720.000 Bände, womit für ca. 30 Jahre Platz geschaffen wurde.

b) Gegenwart:
Nunmehr nähert sich dieser Speicherraum mit schnellen Schritten seinem Ende. Da mehrfach gestellte Anträge auf einen Erweiterungsbau bisher ohne Erfolg geblieben sind, mußten andere Lösungen gesucht werden.

Einen gewissen Platzgewinn bedeutete die Errichtung neuer Fachbibliotheken im naturwissenschaftlichen Bereich, indem zahlreiche einschlägige Zeitschriften in diese Fachbibliotheken transferiert wurden. Leider brachte die Errichtung der Fakultätsbibliothek Theologie hier keinen natürlichen Abgang von Beständen der Hauptbibliothek, da hier im Hinblick auf die hervorragenden Bestände der Fakultät und der Privatbibliothek des Innsbrucker Jesuitenkollegs kaum theologische Literatur erworben worden war. Das Patentrezept hieß daher Ausweitung nach innen durch Ausschöpfung aller noch verfügbaren Platzreserven mit zwei Zielrichtungen: die eigentlichen Magazine und weitere Räume der Bibliothek, die bisher noch nicht intensiv genutzt worden waren. Dies galt sowohl für die alten Magazine als auch für die Magazine des Zubaus der Sechzigerjahre, in denen 1992 neuer Stellraum geschaffen wurde.

Die nördlichen und südlichen Seitenwände der sechs Geschoße des neuen Magazins waren bisher unverbaut gewesen, hier konnte durch den Einbau von Metallregalen fast 1000 Meter neue Stellfläche gewonnen werden, was beim durchschnittlichen Zuwachs von ca. 15.000 Bänden pro Jahr immerhin Platz für zwei Jahre bedeutet. Vorerst wird dieser Raum in erster Linie als Depot für Dubletten und ausgeschiedene Institutsbestände verwendet, ferner als Zwischenlagerung für den Nachlaß des früher in Innsbruck lehrenden Philosophieprofessors Wolfgang Stegmüller, den das Brenner-Archiv erhalten hatte, aber noch nicht in den eigenen Räumen unterbringen konnte.

Ähnlich wurden auch die gangseitigen Wände des alten Magazins verbaut. So konnte im Parterre auf diesen Seitenwänden die Lehrbuchsammlung, freilich nicht ideal, weil für die Studenten nicht frei zugänglich, untergebracht werden. Im sog. B-Magazin im zweiten Stock wurden an diesen Wänden Aktenschränke eingebaut, um auf diese Weise Platz für das Bibliotheksarchiv zu gewinnen. Ebenso wurden in den ca. zwei Meter breiten ostseitigen Nischen neben dem Lastenlift in den nördlichen Altmagazinen Regale, im B-Magazin an dieser Stelle wieder Aktenschränke eingebaut, und schließlich wurden die im Zuge des Anbaues eines Institutsgebäudes je vier zugemauerten Fensternischen – so hat jeder Schaden auch sein Gutes – der nordseitigen Altmagazine ebenfalls zum Einbau von Regalen verwendet. Damit hat das B-Magazin, in welchem die Bestände des 18. Jahrhunderts untergebracht sind, eine zusätzliche Funktion als Bibliotheksarchiv und als Depot für historische Kataloge erhalten. Hier haben die alten Bandkataloge, die alten Kapselkataloge, sog. Titelkopien, und einige Spezialkataloge in Zettel- oder Bandform eine neue gesicherte Heimstatt bekommen.

1993 wurde dann der schon erwähnte Bibliothekskeller so adaptiert, daß hier im und neben dem Benützungszentrum auch Depotraum geschaffen wurde. So wurde der Platz oberhalb und unterhalb der Katalogladen zur Unterbringung von Bibliographien genutzt, wie dies bei der früheren Aufstellung üblich gewesen war. Auch die Seitenwände des ZKI-Raumes konnten mit Regalen bestückt werden, in welchen weitere Bibliographien Platz fanden, z.B. die großen klassischen Bibliographien und gedruckten Kataloge wie GK, British Library. Der hintere, leider nur durch einen schmalen Gang und daher schwer zugängliche Teil des Kellers wurde ebenfalls adaptiert und teilweise mit Regalen versehen. Hier sind ausgeschiedene Institutsbestände und Dubletten untergebracht, so daß die UB wenigstens auf diese Weise ihrer Verpflichtung eines Zentraldepots für die dezentralen Einrichtungen nachkommen kann. Es sind dies zahlreiche kleinere Räume, in denen diese Bestände teils in Regalen, teils auf Paletten gestapelt verwahrt werden. Darüberhinaus dienen einige dieser Räume auch als Möbeldepot. Daneben war es notwendig, Bestände in die seit den Sechzigerjahren bestehende Baufakultätsbibliothek, also immerhin in einer Abteilung der UB, auszulagern. Diese Bibliothek erhielt vor einigen Jahren eine Kompaktregalanlage, die zur Unterbringung eines großen Teiles der Dissertationen der Hauptbibliothek verwendet wurde. Jetzt hat die Baufakultätsbibliothek Eigenbedarf, sodaß für die Dissertationen neuer Platz gesucht werden muß.

Damit sind nun die letzten Raumreserven ausgeschöpft, sodaß für die Zukunft nach neuen Möglichkeiten gesucht werden muß, bis sich eine großzügige Lösung abzeichnet.

c) Zukunft:

Bekanntlich sollen nach UOG 75 die Hauptbibliotheken der Universitätsbibliotheken auch als zentrales Depot für diejenige Literatur der Fachbibliotheken dienen, welche dort nicht mehr gebraucht wird oder aus Platzmangel nicht mehr untergebracht werden kann. Wie aus der bisherigen Darstellung ersichtlich ist, kann die Hauptbibliothek dieser Aufgabe nicht mehr oder nur in bescheidenem Ausmaß nachkommen. Hier muß der umgekehrte Weg beschritten werden. Auf die Unterbringung von Dissertationen in der Baufakultätsbibliothek wurde schon hingewiesen. Leider sind die bisherigen Fachbibliotheken in Institutsgebäuden untergebracht und nicht sehr großräumig konzipiert, sodaß hier auf keinen Fall fremder Bestand aufgenommen werden kann. Wohl aber sind glücklicherweise die beiden neuen Fakultätsbibliotheken, die 1994 eröffnete der Theologie und die derzeit im Bau befindliche, voraussichtlich 1998 zu beziehende der SoWi-Fakultät, so großzügig geplant, daß nicht nur für den eigenen Bestand Platz ist, sondern auch die Möglichkeit der vorübergehenden Unterbringung von Beständen der Hauptbibliothek besteht. Hier wird es in den nächsten Jahren zu einer Auslagerung kommen. Die unterirdische Fakultätsbibliothek Theologie ist ein selbständiger Bau nicht nur mit einem großen Freihandbereich, sondern auch mit einem zweigeschoßigen Magazin, von dem aus taktischen Gründen das obere Geschoß eine Kompaktanlage erhalten hat, während im Untergeschoß eine solche jederzeit noch eingebaut werden kann. Da die Bibliothek an unverbauten Bundesgrund anschließt, der als Sportplatz genutzt wird, besteht für die weitere Zukunft durchaus auch die Möglichkeit, dieses Magazin, ebenfalls unterirdisch, weiterzuführen. Derzeit ist hier noch freier Raum für ca. 50.000 Bände vorhanden, der durch den Einbau einer zweiten Kompaktanlage und durch eine Erweiterung noch weitere Bestände aufnehmen könnte. Da freilich eine Auslagerung bekanntlich nie eine ideale Lösung ist, sollte dies kein Dauerzustand werden, umso mehr, als auch die Fakultätsbibliothek Eigenbedarf haben wird. Auch die im Bau befindliche SoWi-Fakultätsbibliothek besitzt einen großen Freihandbereich in zwei Obergeschoßen, zusätzlich aber noch im Keller ein großes Magazin mit Kompaktanlage, welches zumindest für einige Zeit Bestände der Hauptbibliothek aufnehmen könnte.

Die nähere Zukunft wird also, zwar nicht UOG-konform, jedoch notwendigerweise, durch solche Auslagerungen aus der Hauptbibliothek gekennzeichnet sein, an sich ein Provisorium, wie dies in Österreich nicht ungewöhnlich ist. Freilich wird langfristig auch hier nicht mehr das Auslangen gefunden werden können, sodaß nur noch zwei Möglichkeiten übrig bleiben werden:

Eine Möglichkeit besteht in der *Auslagerung von Beständen* in Gebäude, die nicht zur Bibliothek gehören und daher angemietet werden müßten. Da auch hier neben den meist hohen Mietkosten Adaptierungskosten anfallen, die für eine Zwischenlösung unrentabel sind, sollte eine solche Vorgangsweise tunlichst vermieden werden.

Als einzige brauchbare Lösung bleibt daher nur die *Schaffung von eigenem*

Bibliotheksraum durch Zubau oder Neubau. Leider ist die Möglichkeit eines Zubaues durch die Lage der UB nur mehr sehr beschränkt gegeben, da sie zwar ein ursprünglich frei stehendes eigenes Gebäude besitzt, aber jetzt durch den Anbau eines Institutsgebäudes an den Magazinstrakt in ihrer Erweiterung behindert ist. Die einzige Möglichkeit wäre eine Verlängerung des Magazinstraktes nach Osten. Freilich ist hier wegen der Nähe der Straße nur noch wenig Grund vorhanden, das bestehende Magazin könnte nur um zehn bis maximal 14 Meter verlängert werden. Trotzdem wäre dies eine brauchbare mittelfristige Lösung, da hier je nach Länge Platz für ca. 150.000 Bände, das wäre für den Zuwachs von ca. zehn Jahren, geschaffen werden könnte. *Auf längere Sicht* bleibt jedoch der *Neubau eines neuen Magazins*, möglichst in der Nähe der Hauptbibliothek, unvermeidlich. Im Gespräch war bereits ein solcher Bau nördlich des Hauptgebäudes der Universität, zwischen Universität und Inn, in Verbindung mit einem geplanten, aber nie realisierten Institutsgebäude. Dies würde freilich eine Entfernung von Hauptbibliothek, also dem Benützerbereich, zu diesem Magazin von ca. 500 Metern bedeuten.

Unabhängig davon aber würde sich eine bestechende und geradezu ideale Lösung anbieten. Unmittelbar neben der Hauptbibliothek befindet sich eine zweigeschoßige Tiefgarage. Wenn nur ein bescheidener Teil dieser Tiefgarage für bibliothekarische Zwecke umgewidmet würde, wäre hier Magazinsraum für Jahrzehnte in allernächster Nähe vorhanden, man könnte sich einen aufwendigen und noch dazu räumlich von der Hauptbibliothek sicher mehr oder weniger entfernten Neubau ersparen. Herr MR Dr. Loicht wies auf einer Besprechung darauf hin, wie problematisch bei den Innsbrucker Grundpreisen ein Neubau für ein Magazin in der Innenstadt wäre. Andererseits wäre ein Ausweichmagazin an der Peripherie mit vielen Problemen verbunden, wie wir sie zur Genüge z.B. aus den Diskussionen über die Speicherprobleme der UB Wien kennen. Ein Speicher allein hätte Transportprobleme und Versorgungsprobleme für die Benützer zur Folge, wie sie die UB Innsbruck aus der Vergangenheit (siehe oben) bereits kennt, eine Speicherbibliothek mit Infrastrukturen wäre personalaufwendig und würde, wenn an der Peripherie angesiedelt, zumindest in Innsbruck, wo alles im Zentrum konzentriert ist, keine entsprechende Akzeptanz haben. So wäre aber der an die UB anschließende Teil der Tiefgarage, die mit geringem Aufwand mit dem Bibliotheksgebäude verbunden werden könnte, die billigste und zugleich organisatorisch zweckmäßigste Lösung, für die auch MR Loicht plädiert. Es bleibt nur das Problem, wie weit die derzeitigen Nutzer der Tiefgarage zustimmen würden, ob ihnen der sich für Wissenschaft und Forschung ergebende Nutzen (auch der eigene) wichtiger wäre als die Unterbringung des nur persönlichen Zwecken dienenden blechernen Untersatzes.

Somit zeichnet sich zusammenfassend für die Zukunft die *Vision* einer für lange Zeit räumlich gut versorgten Universitätsbibliothek ab, sofern die Mittel zur Verfügung gestellt würden und der Unterhaltsträger, in Zukunft also unmittelbar die Universität selbst, an einer funktionierenden Bibliothek interessiert ist, wobei der Aufwand im Verhältnis zum Nutzen relativ gering wäre. Die Stichworte hiezu sind Dezentralisierung und Konzentrierung.

1) Schaffung eines großen Leseraumes mit Lehrbuchsammlung für die Skriptenleser, die derzeit den größten Teil der Lesesaalbenützer ausmachen und für welche die Bibliothek vielfach nur eine akademische Wärmestube und beliebter Treffpunkt ist.

Ergebnis: Der Lesesaal der Hauptbibliothek würde wieder zu einem Raum für die Benützer der hier aufgestellten Handbibliothek und der Magazinsbestände, insbesondere auch für die nicht universitären Benützer im Sinne der UB als Bibliotheca publica, also im Sinne einer Konzentrierung auf die eigentliche und ursprüngliche Funktion eines Lesesaales. Das derzeitige Platzangebot würde für diese Bedürfnisse ausreichen.

2) Verstärkung der Dezentralisierung durch Schaffung neuer, hinsichtlich des Raumbedarfes möglichst autarker Fach- und Fakultätsbibliotheken, ein Weg, der mit den Fakultätsbibliotheken Theologie und SoWi erfolgreich beschritten wurde, und bei den Planungen der Universität unbedingt großzügig fortzusetzen wäre. Hier ist, freilich noch in weiter Ferne, im Gespräch die Verlegung bzw. Zusammenführung der gesamten Naturwissenschaftlichen Fakultät in den Bereich der Technischen Fakultät im Westen der Stadt.

Ergebnis: Rückführung der Hauptbibliothek auf ihre ursprünglichen Aufgaben und Konzentration auf allgemeine Literatur, auf Tirolensien und Literatur, die nicht durch Fachbibliotheken abgedeckt ist, ferner als Zentrum für die Benützung des alten und wertvollen Buchgutes.

3) Errichtung eines großen Magazins für die Bedürfnisse der Hauptbibliothek durch Umwidmung eines Teiles der Tiefgarage.

Ergebnis: billige und auf Grund der Nähe zweckmäßigste Lösung des Magazinsproblems auf lange Sicht.

Alle diese Lösungen sind derzeit noch in weiter Ferne, auch wenn sie bereits seit nunmehr sieben Jahren immer wieder der Universität und dem Ministerium vorgelegt wurden. Auch die Planungen der Universität für die Verlegung bzw. Konzentrierung der Naturwissenschaftlichen Fakultät in den Westen der Stadt gehen nur zögernd voran. Trotzdem ist es wichtig, immer wieder die Konzepte, natürlich mit jeweils einer neuen Situation angepaßten Änderungen, neu vorzulegen und weiterhin zu drängen. Rom ist nicht an einem Tag erbaut worden, und auch alle anderen neuen Bibliotheken, wie etwa die Erweiterung der UB Graz und Errichtung der ReSoWi-Bibliothek und der anderen

Fachbibliotheken, die im Verlauf dieser Tagung so eindrucksvoll vorgestellt wurden, haben einen langen mühsamen Weg hinter sich. In jedem Fall bleibt den verantwortlichen Bibliothekaren gerade im Bereich der Bauplanungen ein weites Feld für zwar oft mühevolle, aber immer interessante und spannende Aufgaben. Den Verantwortlichen aber können wir Bibliothekare als Verantwortliche für den wichtigsten universitären Dienstleistungsbereich, die Literaturversorgung, nur immer wieder in Erinnerung rufen: „Videant consules, ne quid detrimenti capiat res litteraria".

WILLI TREICHLER

Magazinbau zwischen virtueller Bibliothek und Bestandsexplosion

Magazinbau am Kreuzweg

Braucht es überhaupt noch Büchermagazine angesichts der virtuellen Bibliotheken, deren Realisierung nur noch eine Frage der Zeit ist? Mit dieser alles vereinfachenden, aber dafür klaren Frage wird heute konfrontiert, wer sich angesichts der nach wie vor ungehemmten Produktion von Printmedien vor Bauentscheidungen gestellt sieht. Angesichts der zunehmend enger werdenden Handlungspielräume der öffentlichen Haushalte und damit auch der meisten Unterhaltsträger bibliothekarischer Einrichtungen aller Ausprägungen werden genaue Auskünfte darüber verlangt, zu welchem Zweck und zu welchen Zielsetzungen derart teure Investitionen vorgenommen werden. Auch die bisher häufig bei bibliothekarischen Kostenrechnungen jenseits von Gut und Böse stehenden Gebäulichkeiten werden heute sowohl bei Investitionen als auch im Betrieb auf ihre Wirtschaftlichkeit hin hinterfragt. Wenn das Bauobjekt erst noch „nur“ der Lagerung von Bibliotheksgut, früher Bücher, heute vornehmer, weil umfassender, Medien genannt, dient, fällt in aller Regel ein beträchtliches Überzeugungspotential gegenüber Geldgebern aller Schattierungen an. Wenn zudem am Standort der Bibliothek noch ein Überangebot an Lagerraum, vom in Konkurs gegangenen Fitness-Center bis zur ehemaligen Schokoladenfabrik, vorhanden ist, gestaltet sich der Bedürfnisnachweis nach spezifischem Magazinraum für von vielen schon als das Medium der Grosseltern betrachteten Bücher erst recht als ein Hindernislauf.

Mit rituellen Beschwörungsformeln vom „ewig dauernden Kulturauftrag“ bis hin zum „Gedächtnis der Nation“ geht es also nicht mehr. Das Argumentarium zugunsten von Bibliotheksmagazinen muss andere Register ziehen. Es sei hier vorweggenommen: eines dieser Register heisst auch Verzichtplanung, so ungern dies manche Bannerträger der Bibliothekarenzunft hören mögen. Die alte lateinische Formel „do ut des“ sieht etwa so aus, dass in dem Masse elektronische Medien ins Angebot der Bibliotheken einbezogen werden, in dem auch bestehende Informationsformen abgebaut werden. Darunter wären beispielsweise Mehrfachexemplare kaum mehr benützter Titel, Dissertationen oder Veröffentlichungen von Institutionen und Anstalten an verschiedenen Standorten eines Bibliothekssystems zu verstehen. Absolute Voraussetzung irgendwelcher Substitutionen bleibt jedoch die dauerhafte Verfügbarkeit mindestens eines Exemplars im Rahmen eines lokalen regionalen oder gar nationalen Aufbewahrungskonzepts. Und damit ist eine zentrale Bedingung zugunsten des Baus von Bibliotheksmagazinen im Zeitalter von elektronischen Publikationen und Internet genannt: Entwicklung von klaren Aufbewahrungskonzepten für Medien. Ein solches Konzept kann bereits Aussagen darüber liefern, welche Institutionen mit einem Medienspeicher auszurüsten sind und welche eben nicht, auch wenn es weh tut.

Die Anforderungen an einen modernen Bibliotheksspeicher haben in den letzten Jahren starke Wandlungen erfahren. Massgebend beeinflusst wurde der Magazinbau neben anderen Faktoren durch Erkenntnisse im Zuge einer konsequenten „preservation and conservation policy", die dem Magazin eine grosse Rolle im Kampf gegen den drohenden Papierzerfall zuweist. Katakomben im Untergrund von Bauwerken oder repräsentative Büchertürme müssen heute hinsichtlich Technik und Ausrüstung Kriterien erfüllen, die noch vor wenigen Jahren unbekannt waren. Entsprechend hoch, ja prohibitiv sind die Kubikmeterpreise, die solche Bauwerke ausweisen. Verständlich ist daher die Forderung, solche „High Tech-Anlagen" als gemeinsame Ressourcen mehrerer Institutionen zu errichten und zu verwalten. Dem Magazinbau obliegt die eminente Aufgabe der Bestandssicherung, nicht zuletzt als Basis für die Bereitstellung elektronischer Kopien. Demgegenüber kann der Bedarf entstehen, von einem elektronischen Dokument eine Papier- oder Filmkopie abzulegen. Die virtuelle Bibliothek macht das Magazin nicht etwa überflüssig, wie gleich zu zeigen sein wird, sondern beide Komponenten müssen sich sinnvoll ergänzen.

Archivbibliotheken und Gebrauchsbibliotheken

Mit schöner Regelmässigkeit werden auch seinerzeit noch so riesig dimensionierte Magazine voll, und die Frage nach einem Erweiterungsbau, im Extremfall gar nach einem Bibliotheksneubau wird aktuell. Alle Bibliotheken, mit Ausnahme der öffentlichen, fühlen sich an einen lokalen oder regionalen Archivierungsauftrag gebunden. Dort wo ein solcher nicht beansprucht werden kann, verdrängen individueller Sammeltrieb und panische Absicherung vor irgendwelchen Bestandslücken, die vielleicht durch irgendwelche Ausscheidungen entstehen könnten, den Gedanken an ein „management by elimination". Um es vorwegzunehmen: es wird nicht einer Aussonderungspolitik gemäss

Benutzungsquote (vergleichbar mit der Einschaltquote bei Fernsehprogrammen) das Wort geredet, sondern es wird eine optimierte Literaturversorgung gefordert, wie sie im Zeitalter einer EDV-gestützten Bestandsverwaltung eigentlich problemlos möglich sein sollte. War es zu Zeiten der guten alten Zettelkataloge aufs Ganze gesehen wohl billiger, wenn jede Institution ihren eigenen Bestandsaufbau – und damit auch dessen Einlagerung – besorgte, als komplizierte Absprachen mit der Nachbarinstitution zu tätigen, so gewinnt heute die Frage „müssen wirklich alle alles sammeln?" bedrohliche Aktualität.

Jede bibliothekarische Institution muss sich bei anstehenden Neu- oder Umbauprojekten ihrer „Mission" bewusst werden, um plausibel ihre Bauwünsche verteidigen zu können. National- und Landesbibliotheken haben es da einfacher, da ihnen ein gesetzlicher Sammelauftrag zugrunde liegt. Hochschulbibliotheken aller Schattierungen, in ein- oder mehrschichtigen Bibliothekssystemen, geraten da weit eher in einen Argumentationsnotstand. Muss wirklich ein Handbuch der inneren Medizin aus den frühen fünfziger Jahren an mehreren Orten innerhalb desselben Universitätscampus aufbewahrt werden? Eine noch so fundierte wissenschaftshistorische Beweisführung kann nicht über die effektiven Kosten einer solchen Mehrfachaufbewahrung hinwegtäuschen. Noch ungünstiger liegen die Verhältnisse bei kompakten Sammlungen (z.B. alte pädagogische Dissertationen).

„Die vorhandenen Ressourcen besser nutzen" lautete eine Forderung am letztjährigen Deutschen Bibliothekartag in Erlangen. Sie wurde, wenn auch etwas schüchtern, auf die Raumsituation in wissenschaftlichen Bibliotheken übertragen. Schüchtern wohl deshalb, weil damit die Forderung an einzelne Institutionen verbunden ist, sich von kaum mehr benützten (aber vielleicht deshalb umso liebergewordenen) Bestandsgruppen zu trennen und vermeintlichen Besitzesstolz der (zentralen) Konkurrenz zu überlassen. Im Zeitalter der global vernetzten Informationsnutzung sollte auch der Sineswandel zu „vernetztem Magazindenken" keinen unüberwindlichen Hindernissen mehr ausgesetzt sein. Der Magazinbau für Bibliotheken im nächsten Jahrtausend wird mehr und mehr neben dem Speicher für die einzelne Institution auch den zentralen Speicher auf regionaler oder vielleicht gar auf Landesebene umfassen müssen. Solche Einrichtungen müssen, und dafür ist heftig zu kämpfen, höchste Anforderungen hinsichtlich Aufbewahrungsstandard und Verfügbarkeit erfüllen. Sind diese erfüllt, so wird die Option zwischen Einlagerung in einen neuen zentralen Speicher und unzulänglicher Einlagerung in irgendwelche ungeeignete Kellerräume einfach zu treffen sein, der Verzicht also tragbar. Damit ist aufgezeigt, in welche Richtung sich künftige Magazinbauten qualitativ bewegen müssen.

Freihand- und Magazinbibliotheken

Bibliothekarinnen und Bibliothekare mit grosser USA-Erfahrung werden an dieser Stelle die Forderung nach weitgehender, feinsystematisierter Freihandaufstellung der Bestände der Errichtung geschlossener Magazine gegenüberstellen. Es ist nicht der Ort, die berühmte „Freihanddiskussion" in Deutschland nach 1945 nachzublättern – Wolfgang Kehr hat dies in der Festschrift für Fredy Gröbli mit spitzer Feder getan – sondern es geht hier darum, in aller Kürze die sinnvolle Rolle der Freihandaufstellung und des geschlossenen Magazins nebeneinander aufzuzeigen, vielleicht sogar zu versuchen, das oft verpönte Magazin aufzuwerten. Auf Grund seiner Erkenntnisse im Zusammenhang mit einer Erweiterung des frei zugänglichen Bestands in der Schweizerischen Landesbibliothek gelten für den Schreibenden folgende Ueberlegungen:

- eine umfassende Freihandaufstellung aller wichtigen Bestände kommt bei einer traditionellen Bibliothek aus räumlichen und wirtschaftlichen Gründen nicht in Frage;
- anzustreben ist eine „eingeschränkte Freihandaufstellung" (Kehr), die sich auch nur auf einige in der Bibliothek besonders nachgefragte Themen konzentriert;
- der Freihandbestand muss hinsichtlich Betreuungsaufwand und Benutzerinteressen in einem vernünftigen Verhältnis stehen, d.h. Standortveränderungen (ins geschlossene Magazin) ohne gigantischen Verwaltungsaufwand ermöglichen;
- der Magazinservice muss hinsichtlich Zuverlässigkeit und Schnelligkeit einen hohen Standard aufweisen (worauf bei neuen Magazinbauten ein grosses Augenmerk zu richten ist).

Die an der Universitätsbibliothek Basel und an der Zentralbibliothek Zürich oder in Göttingen realisierte teilweise Öffnung der Magazine für die Benutzerinnen und Benutzer setzt ein funktionierendes Sicherheitsdispositiv voraus und ist nur dann mit Vorbehalten zu empfehlen, wenn die Platzverhältnisse (Achsenabstand) ein ungehindertes Zirkulieren ermöglichen. Verschieberegale sind dabei jedoch ausgeschlossen, womit die Raumausnützung problematisch wird. Ausserdem können konservatorische Anforderungen, vor allem was die Temperatur betrifft, nicht realisiert werden.

Büchermagazin und Bestandserhaltung

Ob Archiv- oder Gebrauchsbibliothek, dem modernen Büchermagazin kommen zwei Aufgaben zu:

- die geordnete Aufbewahrung der Bestände;
- die Bestandssicherung (vor Entwendung, Erhaltungszustand).

Übernimmt ein Büchermagazin die Aufbewahrungsfunktion von Beständen mehrerer Bibliotheken, so tritt automatisch das Kriterium der Bestandssicherung in den Vordergrund. Sobald dort nur noch ein einziges Exemplar eines Werks aufbewahrt wird, bedarf dieses desselben Schutzes wie Exemplare in einer Archivbibliothek. Eine Öffnung des Magazins für das Publikum wird daher nicht in Frage kommen können. Es würde sich dort auch nicht lange wohl fühlen, denn die konservatorischen Bedingungen entsprechen nun einmal nicht denjenigen eines Lesesaals. Ohne hier auf Themen wie Kaltlagerung und ideale Luftfiltrierung einzugehen, muss die Forderung unterstrichen werden, dass der Magazinbau der Zukunft auf die Anforderung der Bestandserhaltung auszurichten ist. Nur so können „Frontbibliotheken“ davon überzeugt werden, dass von ihnen abgegebene oder ausgeschiedene Werke im zentralen Magazin jederzeit und in gutem Erhaltungszustand zur Reproduktion oder auch zur konventionellen Benützung zur Verfügung stehen, oder die Unterhaltsträger für die Investition grosser Geldmittel in relativ „tote“ Einrichtungen einsichtig gemacht werden.

Modell eines Aufbewahrungskonzepts im wissenschaftlichen Bibliotheksbereich

Das hier vorgestellte Aufbewahrungskonzept wurde ansatzweise am Schweizer Bibliothekartag in Crans/Montana im September 1996 von Hubert Villard, Direktor der Bibliothèque cantonale et universitaire in Lausanne gezeigt. Es richtet sich an Institutionen mit einem Versorgungsauftrag für wissenschaftliche Literatur, wobei anzumerken ist, dass das Modell in vereinfachter Form in Netzen des öffentlichen Bibliothekswesens in der Schweiz schon spielt. Die Idee ist im Grunde genommen recht einfach und ist im Distributionsprozess bei Grossverteilern schon lange selbstverständlich. Die Front, d.h. die unmittelbar dem Geschehen von Forschung und Lehre beigeordnete bibliothekarische Einrichtung soll von nicht mehr aktueller Literatur oder Dokumentationen entlastet werden zugunsten der vom Forschungs- und Lehrbetrieb schwergewichtig und kurzfristig beanspruchter Dokumente. Was die „Halbwertszeit" hinter sich hat, Trendliteratur oder Fehlanschaffungen – auch das soll vorkommen – kommt in einen zentralen Speicher des betreffenden Bibliothekssystems unter gleichzeitiger Ausscheidung von Mehrfachexemplaren. Dasselbe wiederholt sich bei der nächsten Stufe: „ausgediente", aber doch nicht auszuscheidende Titel werden schliesslich in einem Exemplar in einem „nationalen" Speicher, einer Art Metabibliothek, aufbewahrt. Dieses Vorgehen kann sich sowohl auf Monographien- und/oder Zeitschriftenbestände erstrecken. Nicht betroffen sind Bestände aus speziell finanzierten Sondersammelgebieten oder aus regionalen Sammelaufträgen (Pflichtexemplarstücke). Damit sei auch gleich vor übertriebenen Hoffnungen oder Platzeuphorie gewarnt: die Entlastung wird in jedem Fall geringer als erwartet ausfallen.

Die Voraussetzungen zum guten Funktionieren eines solchen „Bibliothekenkonzerns" können unter Berücksichtigung bibliothekarischen Individualitätsdrangs, dem zwar auf nationaler wie internationaler Ebene schon seit Jahrzehnten mit oft mühsam erkennbarem Erfolg gesteuert wird, nicht sorgfältig genug analysiert werden. Die wichtigsten sind

- einheitliches Katalogisierungsformat und entwickelte Verbundkatalogisierung;
- einheitliches System von Identifizierungsmerkmalen (Signaturen);
- als wichtigste Komponente eine EDV-integrierte Standortbewirtschaftung der Bestände;
- vernetzte Ausleihmodule;
- tadellose Logistik zwischen Speichermagazinen und den „front ends";
- anstelle umständlicher Transporte Schaffung von Kopien „à la carte" auf digitaler Basis, auch von ganzen Büchern innert kürzester Zeit, mit der Möglichkeit, die digitale Kopie dem Besteller auch direkt auf seinen PC zu überspielen (erstmalige Vorführung des Einscannens eines gebundenen Buches am Salon du Livre 1997 in Genf durch Xerox und Minolta);
- flexibel nutzbare Magazine, die hohe Anforderungen vor allem auch in konservatorischer Hinsicht, erfüllen müssen; inwieweit sich dafür Lagerungssysteme nach dem Vorbild des „Transstockeur-Robot" in Bordeaux eignen, müsste noch evaluiert werden.

Nochmals: es sind bei weitem nicht alle zu lösenden Probleme aufgezeigt worden, so sind namentlich Fragen der Finanzierung und des laufenden Unterhalts solcher Gemeinschaftsmagazine bewusst ausgeklammert worden. Hinzuweisen ist in diesem Zusammenhang auf Erkenntnisse im Hinblick auf eine prozessorientierte Kostenrechnung in Bibliotheken, wie sie z.Zt., an der ULB Münster entwickelt wird. Diese neuen Formen des Rechnungswesens in Bibliotheken sollten eine genaue Kostenzuweisung und damit eine für alle tragbare Finanzierung ermöglichen. Es versteht sich wohl von selbst, dass das eben erwähnte Scanning eines Gesamtwerkes mit elektronischem delivery an den Kunden nicht zum Nulltarif erfolgen kann. Weitere Fragen, die auftreten können, sind organisatorischer Art (wer ist für die zentralen Speicherbibliotheken administrativ zuständig?).

Fazit

So wie es künftig trotz globaler Informationsangebote selbst bis in die gute Stube auch weiterhin Bibliotheksgebäude mit entsprechender Ausstattung braucht, so werden Magazine für Medien aller Art weiterhin erforderlich sein. Der vor kurzem erstellte Benton-Report (allerdings sehr auf amerikanische Verhältnisse und auf öffentliche Büchereien zugeschnitten) weist eindrücklich nach, dass das Volk seine library über alles liebt, eine library, die längst nicht mehr nur der Buchausleihe dienen soll, sondern sich zum multifunktionalen Gemeindezentrum zu entwickeln im Begriffe ist. Neben diesen mehr emotionalen und zuweilen auch repräsentativen Kriterien kommt noch dazu, dass heute lediglich das gedruckte Buch und – in geringerem Masse der Mikrofilm – als über Jahrzehnte sicheres Aufbewahrungsmedium bezeichnet werden können, immer unter der Voraussetzung, dass minimale Randbedingungen erfüllt sind (Temperatur, Luftfeuchtigkeit, Luftbelastung). Allen gegenteiligen Prophezeiungen zum Trotz wird der Zuwachs an papierener Information noch auf absehbare Zeit hin ungebremst anhalten und die berühmten Zuwachskurven für den Stellraumbedarf werden mit schöner Regelmässigkeit in den Jahresberichten der Bibliotheken auftauchen. Der Weg von der Kurve bis zum Magazinneubau wird jedoch ein anderer sein. Er wird etwa folgende Etappen aufweisen:

- Feststellung, dass sämtliche Massnahmen zur Ausschöpfung vorhandener Raumressourcen erschöpft sind;
- Erstellung eines umfassenden Aufbewahrungskonzepts für das betreffende Bibliothekssystem (wie oben dargestellt);
- Ermitteln des optimalen Standorts für das Magazin anhand einer Machbarkeitsstudie, allenfalls mit Varianten;
- Erstellen einer Bedürfnisanalyse als Grundlage für ein Raumprogramm (Printmedien, Sonderobjekte, Neue Medien etc.);
- Architekturwettbewerb;
- Auftragserteilung;
- Projektierung;
- Bauausführung.

Aufbewahrungskonzept, Machbarkeitsstudie und Bedürfnisanalyse bilden die zentralen Dossiers, mit denen die Unterhaltsträger zum Baubeschluss animiert werden müssen. Bei deren Erstellung sollte nicht an Präsentationshilfen gespart werden, auch das verpönte Lobbying muss ab und zu gezielt eingesetzt werden. Es darf heute die Aussage gewagt werden, dass ein vorzüglich organisiertes und in einer guten baulichen Infrastruktur eingebettetes Magazinsystem geradezu als Voraussetzung der virtuellen Bibliothek von morgen gelten kann. Ein modernes Magazin bildet die besten Voraussetzungen für ein Angebot digitalisierter Informationen aus Altbeständen oder noch nicht im Internet greifbarer Dokumente, ein Angebot, mit dem sich die Bibliotheken wirksam neben anderen Informationsanbietern profilieren können. Willkommener Nebeneffekt: die neueste Technologie für das Einscannen selbst heikler Bücher bietet Gewähr dafür, dass das Original mit grösster Sorgfalt in der Bibliothek behandelt wird und nur noch selten in die verderblichen Hände der Benutzerinnen und Benutzer gerät, nämlich derjenigen, die die den Geist beflügelnden lichten Weiten moderner Bibliothekslandschaften oder schlicht und einfach die Geborgenheit eines Lesesaals nicht missen möchten. Spitzweg lässt grüssen!

IRENA SAPAČ

New Library Buildings in Slovenia: University of Maribor Library

1. Preparation for the new library building

The University of Maribor Library was founded in 1903 as the Library of the Historical association of the north-eastern part of Slovenia. In 1918 it became a Reference Library and in 1975 its name was changed into The University of Maribor Library. The library had many difficulties with the premises that were improper, for this reason it moved several times. Shortly after the 2nd World War it moved into a building that became, after some structural adaptations were done and after the occupants moved out, completly destined to the library. The premises were comfortable enough for traditional services, the lack of magazines was sufficiently solved by multi-storey extension that was added on the courtyard.

In the '60s, when a new urban plan was prepared, the library pointed out the problem of its capacity and the necessity of a new building for the beginning of the '70s. The suggested ground was behind the late building of City Savings Bank which was destined for the Rectorate of the University of Maribor. This location was chosen by the librarians and the first plan for the new building was made in 1973. According to the location the plan foresaw a contemporary library building as well as development of librarianship. Numerous international models and standards were used and the experiences of several European countries – especially of Austria, Great Britain and Germany – were taken into consideration when preparing the plan. In the phase of preparation a lot of useful advice was given to the librarians of the University of Maribor by the directors of European university libraries, among them the then director of the University Library of Graz Dr. Franz Kroller.

As mentioned before, the library was planned to be built behind the future Rectorate and it should make the best of the building site. This was also the beginning of Maribor university centre. The most important was that the premises should be multi functional, flexible and joining units with an open access to most of library holdings.

After some years of preliminary work and postponement plans for new library building became more realistic. At the end of 1978 a new and in some points changed outline scheme was submitted to the competent authorities. A managing committee was set up and in 1979 investment and technical documentation, internal equipment plans were in preparation and the building plot from the Maribor Commune was obtained. In 1980 the State with its restrictive intervention stopped the investment and after numerous problems supported also by the University and the City of Maribor, the investment in the new library building became again a part of medium-term developmental plan in Slovenia for period 1986-1990. In the beginning of 1986 the expert's detailed report for the new library building was given to the Republic Commission of Investments and it met the approval of the Commission in the same year. Public official invitation to tender started and in autumn 1986 the work began. Even if financial support was irregular the work itself was not interrupted and after two years the building was completed. In summer 1988 the technical guarantee was obtained and on 25th November the library was officially opened. With good organization of relocation into the new premises under management of Bernard Rajh the Library was closed to the public just for a month. Both, preliminary work and the building of the library were under the direction of Dr. Bruno Hartman the then director of the University of Maribor Library who was running the library from 1965 till 1989.

2. Relocation into the new premises

The library holdings and most of the equipment were successfully moved to the new building in time for the official opening. The main principles of manual movement were: it should be done as soon as possible, costs should be as low as possible and of the best quality. There were some difficulties due to work which was still in progress in the new building and reconstruction which had already begun in the old one. It was decided that the library should be open to the public most of the time and that internal work should not be interrupted. Because of financial problems the magazines section was not equipped with new shelves. Thus parallel movement of the shelves was inevitable. With good organisation the library was closed to the public just for a month. As the result of lack of space in the old library two storehouses outside the main building were used for several years. In the first phase books were removed from the existent shelves and transferred into the new building. Such a beginning enabled a simple and sufficient movement into the new magazines. Some hundreds of books from the old library were shelved and the other shelves were no longer occupied so another set of books was transferred and procedure was ready to be repeated. Books were prepared according to book numbers and put into plastic containers/boxes. These were transported by a lorry into the new library building where librarians emptied them and shelved them. The lorry took the empty boxes back to the old building where other boxes were ready to be transferred. This means that the lorry transferred full and empty boxes as well as the shelves at the same time.

A special process was undertaken when card catalogues were transferred. The transfer represented a very demanding task because of the great risk that thousands of drawers with millions of cards should be strewn and mixed. All card catalogues were moved into the new drawers that differ in size. Each type of card catalogue was moved specially – one catalogue a day. All drawers were numbered and properly fastened. Putting the cards into new drawers did not represent very hard work, because the librarians made this transfer by themselves and did the control as well.

Just before the opening of the new library the transfer of office equipment and furnishings took place. According to a timetable routine work in departments was interrupted for some days. Each library worker had to prepare everything considering his post – documentation and library holdings in process. Just one department was moved a day. Even if one hundred tons of library holdings and equipment were transferred in less than two months, almost half a kilometre of shelves were taken apart and reassembled by only 6 to 20 library workers, 5 students and some soldiers were engaged in this work. No special technical equipment was necessary – just 300 plastic containers/boxes, a trolley and a small lorry. It is very important to stress that no serious damage or loss of material occurred, all book numbers in catalogues remained in proper order. It is important to stress that no injury or accident happened at work. At the beginning of October 1988 a symbolic transfer of library holdings was organised. Over one thousand citizens, representatives of the University and students were linked into so a called „live chain“. For one hour books were passed though their hands from the old library building to the new one.

3. The Library in the new building

The new library building was built as a west extension to the old building of the former City Saving Bank. The new library is situated in the centre of the city in vicinity of the Theatre, Technical Faculties and Theological Faculty. The dimensions of the building are 60 m length, 35 m in width and 24 m in height. It covers 7 floors, two are below ground level – basements, the last two are moved toward the centre of the building. Two thirds of its 11,519 square metres of applicable surface have been destined to both storage basements. Buying compact shelves would enable us to place about 1,5 million of units that would meet the needs for the coming 40 years.

The groundfloor of the library is enlarged by the arcade. Some premises are used for secondary activities such as entrance, café, book-shop, garage, bindery and other technical workshops.

The central part of the library is situated on the first floor where two exhibition halls and a lecture hall are located. The main points of the library are circulation and an information desk. These are located in the middle of the first floor are. Reference and text book collections and classical – card catalogues as well as terminals for users are also there. Some departments are placed on the first floor, too: the information department, inter-library loan and local documentation department.

The area of the second and the third floor is 3,000 square metres. There are 450 reader places available and a periodicals reading room. Collections in open access hold social sciences, economics, law, education, natural, technical and applied sciences are also located in the second floor. Separeted are cataloguing department, four reading rooms and a subject specialist office. On the third floor there are book collections covering the following subjects: arts, sports, linguistics, literature, history and geography. The majority of reader places are also on the third floor, there are 24 single study rooms (carrels), an Austrian Reading-room, an English Teachers' Resource Centre and the Music Room. On the fourth floor there are administration offices and two larger conference rooms.

4. Activities in the new building

The University of Maribor Library operates as the central university library and together with other faculty libraries (The Library of Technical Faculties, The Library of Economics and Business Faculty, The Library of Education Faculty, The Library of Law Faculty, The Library of Organisational Sciences Faculty and The Library of Agriculture Faculty) forms the library information system. All are connected through network called COBISS and over 200 libraries have already been integrated in the system. Data of all users are available in the common database of the system and a uniform membership card has been introduced. The Library has an archival function that means it collects all publications printed in Slovenia. It acts as an local documentation library for the north-eastern part of Slovenia. The total stock in all libraries is 1 million volumes, of these 700,000 belong to the Central Library. The total number of staff in all libraries is 97, 70 of them work in the Central Library. The number of volumes accessioned in all libraries annually is 37000, of these 24000 in the Central Library. There are 13.000 students in the University and they are the users of libraries. But others can be members too, therefore the number of registered users is 27.000. The number of loans made a year totals over 1 million. The University of Maribor Library consists of five departments:

Acquisition and Cataloguing Department,
Local Documentation Department,
Special Collections Department,
Users Department and
Department of Administration and Technical Services.

There are several different services acting within each department. Inside the Acquisition and Cataloguing Department there are: Acquisition, Cataloguing of Periodicals and Cataloging-Editorial Services. Within Users Department there are Reference Service, Circulation and Inter-Library Loan. Within Special Collections Department Subject Specialists for particular fields are employed. Each subject specialist is responsible for one or even more collections in the Central Library and for connections with one or more faculty libraries. Some of the subject specialists are also in charge of different centres in the library such as the Austrian Reading-room, the English Teachers' Resource Centre and the European Documentation Centre. Specialists in the Reference Service take care for over 20 CD-ROM databases available in networked system to 2000 users in the University.

Literature:

Rajh, Bernard: The University of Maribor Library in its new Building, in: Zbornik Univerzitetne knjižnice Maribor, Maribor 1993.

DUBRAVKA SKENDER

National and University Library – Library for the future – Zagreb, Croatia

The beginning and the end of the twentieth century in Croatia is marked by two significant cultural and investment projects, by two buildings of the National and University Library (NUL) in Zagreb. Both old and new buildings are the achievements which by their form and function reflect a part of history and announce the future of our nation, from the point of view of the national treasure and the memory of Croatian cultural and scientific heritage, but also from the point of view of modern Croatian architecture and design.

The establishment of the library is connected to the arrival of the Jesuits to Zagreb in 1606. The national function was bestowed upon the library by the regulation regarding the deposit copy already in 1816. In 1837 it obtained the title *Nationalis Academica Bibliotheca*, which points to its two functions, which have survived to the present. In the new Statutes of the National and University Library from 1995, a new, equally important function is added – research and development of a library in transition.When the University was founded in 1874, the library became its integral part and was named the University Library. Under this name it moved into the beautiful art nouveau building on the Maruli square. The building was erected from 1911 to 1913 according to the design of the architect Rudolf Lubinski.

The building of the new National and University Library lasted from 1988 to 1995. The competition for the building of the library took place already in 1977. The project by four renowned Zagreb architects: Marijan Hržić, Zvonimir Krznarić, Davor Mance and Velimir Neidhardt was chosen. The project lived through numerous changes from the time it was selected to the beginning of the construction, according to the demands of the project group which consisted of eminent professionals from different fields and also included the necessary consultations with librarians. Having in mind the programme task and on the basis of the experiences of the big libraries in Great Britain, France, U.S.A. and Japan, as well as taking into consideration the present demands and developmental vision of the library, the chosen functional and technological solution was similar to the British model of the university library with closed store rooms and the open access approach to the collection was based on the American solution.

The basic idea of the functional solution and providing a new, safer and higher quality space for storing and using 2,500,000 items of library material (books, periodicals, special collections and other materials regardless of the medium), as well as separate spaces for auxiliary facilities including information, telecommunication and communication services, as well as protection and maintenance, determined the guidelines and elements of the project construction.

Total useful area of the building finished in the first phase is 42,500 m2 (the building was constructed in two stages, the second area of 7,590 m2 is still under construction) on an area of 3.73 ha in the Ulica Hrvatske bratske zajednice street, in the part of town which represents the future representative centre of the Croatian capital.

In the traditional sense, the library is divided into storage areas for library material, user areas and working areas for the library staff. Since the storage areas should be isolated from light they are situated below street level, in two levels, in the centre of the square shaped structure. Since the building is located in the relative proximity to the river Sava, the storage areas are also completely protected from possible floods and there are waterproof doors on entrances. From the architectural point of view, this is a monumental building with extremely elaborate interaction of glass and solid surfaces. The storage areas are completely closed off and the glass walls of the user areas open the library towards the city.

The new library building is nearly five times bigger that the old one. Basically, it is divided into two functional architectural units:

1. The NUL building itself with storage areas for library material, areas for library staff including the acquisition and processing departments, and user areas in open access, for individual work in separate compartments or for education, as well as areas catering for special collections.

2. The maintenance facilities with installation and technical equipment (air conditioning unit, diesel generating unit and transformer sub-station).

The building is equipped with modern installation and equipment systems, ensuring optimum technical conditions for the preservation of valuable library material, comfortable working conditions for the staff and users, and moreover guaranteeing safety in disaster situations (flood, earthquake, war). The library is also equipped with a highly sophisticated system of control of numerous installations, the anti-burglar system and control of unauthorised taking of books from the premises.

It should be especially pointed out that the library caters for the most modern demands and enables access and distribution of data and information in bibliographic, textual, pictorial and sound forms. This is especially visible in the development of the library's own database and application of the originally developed integral software Crolist. The database is also accessible to the wider audience by using different communication facilities. The connection to the world information network Internet makes possible access to and distribution of relevant information resources.

The conceptual organisation shows that the library is completely open to the public, it belongs to the virtual type of library, it is multimedially organised and directed towards the user. Regarding its importance, it is the central library in the Croatian library system, the biggest cultural and scientific library in Croatia.

Its function of the national library is fulfilled by the law on the deposit copy and also by the acquisition of publications authored by Croats, regardless of the language they are written in or where they were published, as well as by acquiring foreign literature about Croats and Croatia. General interest and special collections (Collection of old and rare books, Graphic, Music and Geographic collections, Collection of official publications and International permanent exhibition of publications) enrich the collection of the NUL with recent and extremely valuable material. A part of its university and educational function is fulfilled by purchasing scientific and technical literature, concentrating specifically on new information resources and media (on-line databases, CD ROM, etc.)

The new building of the NUL consists of the following levels:

- Level -2: Closed store rooms for library material with 60,000 m of shelves in mobile cabinets, strong rooms, bookbinder's, printer's, micrography, shelters, engine rooms and auxiliary installation area.
- Level -1: Closed store rooms for library material with 50,000 m of shelves in mobile cabinets, Collection of old and rare books and manuscripts with reading room and offices, computer centre, central supervision and management system, staff entrance, technical department for restoration and lamination of library material, areas for acquisition and processing of library material.
- Level 0: Main entrance, hall, cloak-rooms, cafeteria, exhibition area, controlled entrance and exit to the library material itself, registration and information desk, on-line and card catalogues, general reference collection and national bibliographies with 88 user places.
- Level M: study and education area, searching of domestic and foreign on-line databases, education halls for lectures, seminars and meetings, with 33 user places.
- Level +1: Open access to the Collection of dissertation and master theses, and International permanent exhibition of publications, with 96 user places. In the lateral part located are the offices of the director, management of the library, personnel management and administrative services.
- Level +2: Graphic, Geographic and Music collections with respective store

rooms, reading rooms and offices, Institute for librarianship, ISBN, ISSN and CIP offices.
- Level +3: Open access to publications on social sciences and humanities with 274 user places, separate newspaper reading room and staff offices in the lateral part.
- Level +4: Open access to publications on natural and applied sciences with 170 user places, periodicals reading room, Collection of official publications. Staff offices and compartments for individual study are located in the lateral part.
- Level +5: Restaurant with two terraces
- Level +6: Special salon of the library, installation area, elevator engine room, air conditioning installations.

Capacity:

731 user places
101 computer-equipped user places
308 PCs on-line connected into a network
500 available user access points to the NUL system
40,000 publications in open access
35 free telephone lines to access the Crolist database
600,000 bibliographic records in the Crolist database
200 visually stored drawings
2000 accessible full texts of articles (on topics related to the war in Croatia)
50 CD ROM databases
245 staff members
Internet/Carnet
10,000 registered users
800-900 users daily
80% of members are students
185 seats in restaurant and cafeteria
123,000 m of shelves, including 110,000 in mobile cabinets.

The NUL was officially opened on 28 May 1995 – *Dan državnosti* (the Sovereignty day of the Republic of Croatia). The entire collection was moved from the old building within 8 months. It should be pointed out that the library was not closed for one single day. For some time it even worked on two locations. The great financial support of the Croatian government, and the recognition of this extremely important project by the President of the Republic of Croatia helped considerably that the building was opened despite the war. On the occasion of the opening, one newspaper article read: „NUL lived through and survived two states and one war.“

VILENKA JAKAC-BIZJAK

The National and University Library in Ljubljana: The reasons for a new building

1. Basic information about the Library

History

The National and University Library acts as the Slovenian National Library, at the same time performing functions of the Ljubljana University Library, parent library with advisory and supervisory functions, interlibrary loan, document supply and referral centre at the national level, and is the leading research library in the country.

The Library was established in 1774 as the library of the Ljubljana Lyceum and was legally entitled to receive legal deposit copies from the then Illyrian Provinces as early as 1807 and henceforth from the Province of Carniola. In 1921, after the World War I, it was renamed The State Library, thus becoming the main library of Slovenia with the privilege to receive legal deposit copies from all administrative regions of Yugoslavian Kingdom. With the foundation of the first Slovenian university in Ljubljana (1919) the library took on functions and tasks of the university library. The Library was renamed University Library in 1938, according to regulations of both the University Act and General University Decree. In 1941 the University Library moved into a new monumental building, situated in the immediate vicinity of the University. After the Liberation in 1945 the University Library was legally recognised as the Slovenian national library and was renamed again as the National and University Library in Ljubljana.

Today NUL's total collections comprise about 2,200.000 units (about 1,020.000 of which are books), 4.500 manuscripts, 508 incunabula. It has 127 employees, 12.000 members and 230.000 visits per year in all library departments.

2. Activities and Services

- the collection, cataloguing, conservation and access to documents, submitted under legal deposit, collection of manuscripts, important to Slovenian

culture and science; collection of library and information science literature as well as doctoral dissertations and other thesis; the library holds and keep up-to-date a representative collection of foreign literature, covering all branches of human knowledge;
- the creation and publication of the current and retrospective Slovenian national bibliography,
- central cataloguing activities, related to publications, issued in Slovenia,
- provision of cataloguing-in-publication (CIP) records for Slovenian publications,
- NUL is the leading library in the country in developing a national preservation strategy, thus organising restoration of the most valuable library materials,
- co-operation with national and other major libraries abroad, mainly on the basis of interlibrary loan and international exchange of publications,
- National agencies for international bibliographic control of publications (ISSN and ISBN distribution of numbers),
- national centre for the collection and exchange of government and official publications,
- national referral centre, catering for the needs of research and education,
- deposit library for all publications, issued by UNESCO.

As the national parent library, NUL promotes library networking within the national library and information system; it enhances research and development and performs advisory activities, along with organisation of education and training in the library and information field. Furthermore, it is the leading library in creation of on-line union catalogue; it publishes a directory of Slovenian libraries.

The National and University Library in Ljubljana (NUL) has been striving for many decades to solve out the acute working and storage room problems. The need for more space has been apparent since the mid-sixties; henceforth the NUL has often not been able to catch up with major on-going developments in library and information science. Such situation has resulted in decay of holdings and services which have been heavily felt among its users, coming particularly from education, business and industry areas.

The ever-growing storage problem has forced the NUL to hire additional depositories, spread across Ljubljana and its surroundings; at the same time, this has prevented the Library from implementing an up-to-date library and information infrastructure. Furthermore, the Library has had to convert former reading rooms into working and storage areas. The information technology facilities, intended for readers' use are anything but well placed in overcrowded, narrow corridors and staircases. It goes without saying that numerous outstores are by no means a safe solution. Moreover, from the cultural heritage point of view they represent a great risk: they are badly protected and their climatic conditions are thoroughly inadequate.

The number of students using the library services is getting higher every year which is inextricably bound up with the growing prices of textbooks and perhaps the fall of living standards. Overcrowding in reading rooms results in an anxious searching for a vacant seat. Therefore, the University of Ljubljana, too, is obliged to look for suitable solutions, thus enabling its students to study within the limits and conditions, practised all over the developed countries.

Similar difficulties have been encountered by the Central Technical Library, as well. Therefore the Slovenian Government decided to construct a unique new building for both libraries in order to solve the above mentioned problems. The Ljubljana University Library project has been put forward in 1990. It means not only a step towards resolving working areas and storage problems, but offers a paramount opportunity for a more active and sound implementation of current information concepts in either library. These concepts require, for example:

- the enhancement of the existing information centre, offering optimal conditions for study and research purposes (users are presented with modern information technology facilities, international access to information and publications, available on all media);
- rearranging a great many library materials into the so-called open access, within easy reach to library users, thus making the user independent of information specialist or computer record;
- remaking the reading rooms in the way that instead of large reading rooms the users are offered more adequate smaller working places, e.g. study carrels, equipped with all necessary computer devices, etc.;
- providing additional training rooms for different courses and education of readers for the use of information technology.

Owing to space constraints, both libraries are not in a position to carry out the all-embracing concepts, mentioned above.

3. *The National and University Library II Project*

According to the decision of the Slovenian Government to start the construction of a single building (to cut the expenses) for the two libraries, the project was renamed from NUL 2 to LUL (Ljubljana University Library Project).

Although this is only the working title of the project, it provokes misunderstanding and confusion in public that only a university library is being built.

The decision to build a single library building can be fully plausible from the professional point of view as well, for it strengthens the single Ljubljana University Library and Information System, taking into account a rational exploitation of "classical and modern information resources, a single CD-ROM network, a standardised shared cataloguing system, and an up-to-date strategy of users education".

Since the existing building, designed by the architect Plecnik, remains property of the NUL, there are sound possibilities to improve some functions of the national library which are supposed to be carried out in the old building. There are special collections with national significance and impact, such as the Manuscripts and Rare Book Collection, Music Collection, Department of Maps and Charts, Pictures Collection which are now forced to work in insufficient and inadequate working and storage conditions. These collections could be able to provide all opportunities for development of national studies. In the newly acquired space special collections would also be able to organise "permanent exhibitions" with an emphasis on the most representative materials. Furthermore, another special collection, envisaged as an open access service, will allow the users to have easy access to governmental and official publications as well as to materials published by various international organisations. It is also envisaged that the Preservation Service and the Photographic Laboratory are to retain their present location within the old building.

Despite the fact that the NUL will retain the existing building to perform national functions, some of them will have to be transferred to the new building, which is intended to offer suitable working conditions for the Research & Development Department, National Library Promoting Service, National Bibliographic Service, both National Agencies for International Bibliographic Control of Publications – ISSN (International Standard Serial Number) and ISBN (International Standard Book Number), National Referral Centre, National Document Supply Centre and National Interlending Centre. Location of these library programmes is conceived in the way which does not exclude flexibility. so that different solutions are possible, as the need arises.

The LUL project, embracing both NUL and CTL, under the same roof, represents – together with the activities taking place in the existing Plecnik building – a means of institutionalising the Main and Central Slovenian Research Library.

Apart from the National and University Library and the Central Technical Library the project also takes into account incorporation of the following institutions:

- the Department of Library & Information Science (within the Faculty of Arts),
- the Ljubljana University Computing Centre.

In the project there are 35,800 m2 intended to provide an adequate performance of the three main institutions: the NUL, CTL and the Ljubljana University. In accordance with their interests, on December the 2nd 1993 the three cited institutions signed an agreement backing up the solutions, stated in the project, thus standing for prompt realisation of the project.

The new building will provide 4 floors above the ground level and 4 floors below. The complex will also include a lapidarium with archaeological finds in situ. There are 22,554 m2 (63%) of the entire area to cover the library programmes. Together with the existing 8,500 m2 and according to many similar libraries experiences in the world – these capacities will hardly be enough, taking into account the existing library materials and those to come over the next 30-40 years. This can be additionally supported by an overview of storage needs of NUL and CTL, considering their existing holdings plus the publishing output they intend to acquire during the following 30 years (2,300.000 volumes). All things considered, the new library will provide storage space for 1,900.000 volumes, including both open and closed access areas. Open access will offer 200.000 books, 22.000 reviews and 10.000 newspapers. The library users will have 620 study seats, and 56 single study carrels will be available in the smaller reading rooms, study rooms and other areas intended for study and research. A night library with 21 study seats is planned, too. Besides, the new building will provide a spacious Congress Hall, which the University could make use of in order to organise conferences and other meetings; then smaller lecture theatres, a micros laboratory and other room facilities for supplementary activities.

We are convinced that the successful completion of various programmes, embodied in the central Slovenian research library, will help the Library and Information System of Slovenia to improve its services.

PETER HOLZER

Bundesimmobiliengesellschaft m.b.H. als Bauherr und Vermieter

Nach groben Bewertungen besitzt die Republik Österreich Immobilien mit einer Nutzfläche von rund 20 Mio. m2. Mit dem BIG – Gesetz vom Juli 1992 schaffte der Bund die Voraussetzungen für eine Organisationsveränderung zur Angleichung der Bundesimmobilienverwaltung an privatwirtschaftliche Verhältnisse.

Zu diesem Zweck wurde entsprechend den Bestimmungen des BIG-Gesetzes Ende 1992 die Bundesimmobiliengesellschaft m.b.H. (BIG) gegründet und die Übertragung von rund 10% der vorerwähnten 20 Mio m2 Nutzfläche an diese Gesellschaft festgelegt. Dabei wurden überwiegend Objekte des Universitäts- und Bundesschulbereiches ausgewählt, aber auch Amtsgebäude mit Nutzungen für andere Ressorts, etwa für das Bundesministerium für Inneres und das Bundesministerium für Landesverteidigung sowie unverbaute Liegenschaften, für die Neubauten mit Bundesnutzung vorgesehen waren. Diese Liegenschaften und Objekte wurden und werden der BIG ins wirtschaftliche Eigentum (Fruchtgenuß) übertragen.

Darüber hinaus wurde einer Tochtergesellschaft der BIG das Eigentum an rund 3.400 Bundeswohnungen zum Zwecke der Verwertung derselben eingeräumt.

Bei bereits bestehenden Objekten, die der Gesellschaft im Fruchtgenuß übergeben werden entsteht gleichzeitig ein langfristiges Mietverhältnis mit dem nutzenden haushaltsleitenden Organ, welches ab diesem Zeitpunkt eine Mietentgelt zu bezahlen hat. Damit findet im verstärkten Maß der Grundsatz der Kostenwahrheit in die Nutzung von Liegenschaften durch den Bund eingang.

Ähnlich verhält es sich bei Neubauten und Generalsanierungen, die auf Fruchtgenußliegenschaften der BIG von ihr errichtet und finanziert und an das jeweilige Bundesressort vermietet werden, mit dem ein Mietvertrag über das zu errichtende Gebäude abgeschlossen wird. Das ursprünglich prognostizierte Neubau- und Generalsanierungsvolumen betrug rund öS 16 Mrd.

Neben dem Neubau- und Generalsanierungsbereich hat die BIG die ihr übertragenen Liegenschaften nach privatwirtschaftlichen Grudsätzen zu bewirtschaften und zu verwalten, sie berät öffentliche Stellen hinsichtlich Raumbedarf und baulicher Ausstattungsnotwendigkeiten, steuert Kosten und Termine in der Planung und Abwicklung von Neubauvorhaben und Generalsanierungen, die sie auch zu finanzieren hat und verkauft sowie verwertet sonstige Bundesobjekte, die ihr zu diesem Zwecke übertragen wurden.

Seit der Gründung der BIG im Jahre 1992 hat sie hauptsächlich im Bundes- und Hochschulbereich 13 Neubauvorhaben und Generalsanierungen mit einem Gesamtkostenvolumen von ca. ÖS 2,3 Mrd. fertiggestellt. Derzeit sind 24 Projekte mit einem Volumen von ca öS 3,4 Mrd. Gesamtkosten in Ausführung und weitere 18 mit rd. öS 3,5 Mrd. in Planung. Bei einem Großteil der fertiggestellten, im Bau- oder in Planung befindlichen Projekte wurden maßgebliche Einsparungen erzielt, womit auch in diesem Punkt, neben der privatwirtschaftlich organisierten Immobilienbewirtschaftung die Intentionen des BIG – Gesetzes durch die BIG erfolgreich umgesetzt werden konnten.

DIGITALE MEDIEN UND TECHNOLOGIEN

HEINZ HAUFFE

Langfristige Verfügbarkeit elektronischer Medien

1. Einleitung

Wissenschaftliche Bibliotheken sind kraft Gesetzesauftrag gehalten, die von ihnen erworbenen Sammelobjekte (darunter auch elektronische) zu erschließen, dauerhaft zu archivieren und zur Verfügung zu halten. Für die Universitätsbibliotheken Österreichs gilt das UOG '75, § 85 bzw. UOG '93, § 73, wo explizit nicht nur von Literatur bzw. wissenschaftlichen Druckwerken, sondern auch von sonstigen Informationsträgern die Rede ist.

Derartige Medien können entweder von der Bibliothek selbst produziert werden oder sie können durch Kauf, Geschenk, Tausch oder im Wege des Pflichtexemplarrechts erworben werden. Letzteres ist in den einzelnen Ländern Europas äußerst uneinheitlich, auch was die Ablieferungspflicht elektronischer Publikationen betrifft: In Österreich besteht im Gegensatz zu Staaten wie Norwegen kein Pflichtexemplarrecht auf Publikationen dieses Typs, wohl aber gibt es Bemühungen, auch diesen Bereich einer gesetzlichen Regelung zu unterziehen.

Es sei hier angemerkt, daß sich das Problem der dauerhaften Konservierung digitaler Dokumente nicht nur den Bibliotheken, sondern in steigendem Maße auch anderen Institutionen wie Archiven oder auch Firmen stellt. Der Siegeszug des „papierlosen Büros" dauert zwar länger als noch vor einigen Jahren prognostiziert, doch müssen Institutionen, die all ihre Akten scannen und digitalisieren oder sie von vornherein in digitaler Form präsent haben, nunmehr Ersatz für die Jahrzehnte bis Jahrhunderte überdauernden Aktenschränke und Regale suchen. Akten dieser Art – man denke an solche in Notariatskanzleien, Patentämtern oder Parlamentsarchiven – können von längerfristiger juridischer oder wirtschaftlicher Brisanz sein. Der Wissenschaftsbetrieb dagegen ist zwar auf gut funktionierende Bibliotheken angewiesen, das Hauptinteresse gilt aber der aktuellen Literatur – die „Halbwertszeit" wissenschaftlicher Literatur beträgt etwa in der Medizin 3,5 Jahre (d.h. die Hälfte der Referenzen in medizinischen Zeitschriften ist jünger als 3,5 Jahre), in der Physik 4,7, in der Geologie 11,8 oder in der Klassischen Philologie 20 Jahre. Das Interesse an älterer Literatur bleibt oft „nur" mehr den Historikern vorbehalten.

Wollen die Bibliotheken Schopenhauers Ausspruch, sie seien „das Gedächntnis der Menschheit" jedoch gerecht werden, haben sie sich der Archivierung elektronischer Publikationen mit der gleichen Ernsthaftigkeit anzunehmen wie sie sie bei der Verfügbarhaltung konventioneller Medien entwickelt haben. Ein Erfahrungsaustausch mit den oben genannten Institutionen mag dabei hilfreich sein.

2. Arten elektronischer Publikationen

Elektronische Publikationen werden definiert als ein oder mehrere Objekte, die Informationen zum Lesen, Betrachten und/oder Hören enthalten und deren Inhalt nicht ohne Zuhilfenahme elektronischer Geräte zugänglich ist. In ihrer physikalischen Darstellungsform präsentieren sie sich als digitale Bitströme, also als Folgen von Nullen und Einsen, die je nach Codierung als Schriftzeichen, (ganze oder reelle) Zahlen, Pixelmuster, Töne oder auch als Folge von Wahrheitswerten (ja, nein) interpretiert werden können. Ihre Inhalte können also Texte, Graphiken, Bilder, Videos oder Töne bzw. Mischformen daraus (Multimedien) sein. Sie lassen sich in folgende Gruppen einteilen:

- Online-Publikationen (Datenbanken oder über Netze zugängliche Dokumente, z.B. elektronische Zeitschriften, Internet-Eintragungen, Newsgroup News etc.)
- Offline-Publikationen (z.B. CD-ROM, CD-I, Disketten inklusive solcher, die als Beilagen zu Büchern geliefert werden, Magnetbänder, Software inkl. Computerspiele)

In beiden Gruppen gibt es Publikationen mit und ohne gedruckte Pendants. Es mag beruhigend sein, daß die Konservierung elektronischer Dokumente, denen inhaltlich identische gedruckte entsprechen, bei vordergründiger Betrachtung nicht so wichtig zu sein scheint. Doch bereits bei Zeitschriften, deren elektronische Ausgabe sozusagen ein Nebenprodukt bei der Herstellung der gedruckten Version ist, lassen sich qualitative Unterschiede zwischen beiden Versionen feststellen: elektronische Produkte sind vernetzt – aus Texten werden Hypertexte, aus Multimedien Hypermedien. Per Knopfdruck oder Mausklick kann man sowohl innerhalb eines Dokuments von einer Stelle zu einer anderen inhaltlich dazu assoziierten Stelle springen als auch zu entsprechenden Stellen in anderen Dokumenten. Als Beispiel sei hier nur die Möglichkeit genannt, aus einem Literaturverzeichnis automatisch zum Abstract einer zitierten Referenz oder gleich zu dessen Volltext und wieder zurück zu wechseln. Hinzu kommen völlig andere Suchmöglichkeiten, die mit gedruckten Indizes nicht simulierbar sind (man vergleiche Beilsteins Handbuch der Organischen Chemie auf Papier mit dessen elektronischem Pendant Crossfire, oder den Index Medicus mit Medline). Trotz gewaltiger funktioneller Unterschiede bleibt aber der Informationsgehalt beider Medien derselbe.

Völlig neue Perspektiven ergeben sich jedoch bei Zeitschriften oder sonstigen Dokumenten, die es nur noch elektronisch gibt – und es gibt Prognosen, daß diese die gedruckten Zeitschriften in Bälde ablösen werden (Odlyzko 1994). Zur oben genannten Vernetzung gesellt sich Interaktivität und Dynamik: Es können Programme, Videosequenzen, mehrschichtige Abbildungen (z.B. Computertomographien), drehbare Abbildungen (z.B. chemische Strukturen), virtuelle Umgebungen aufgerufen werden. Die hiezu erforderliche Software ist mittlerweile plattformunanbhängig; so etwa werden JavaScript-Programme direkt in HTML-Dokumente eingebettet und vom Browser interpretiert.

Publikationen dieser Art lassen sich nicht ohne wesentlichen Informationsverlust auf Papier ausdrucken. Mit der Abkehr vom papierenen Pendant gehen auch strukturelle Änderungen einher: Titelblatt, Impressum oder Richtlinien für Autoren brauchen nur mehr einmal vorkommen statt pro Heft; Diskussionen, Leserbriefe etc., bisher über mehrere Hefte verstreut, werden im Block angeboten; ständige Rubriken wie Veranstaltungskalender etc. werden separat am laufenden gehalten. Selbst die starre Abfolge von regelmäßig erscheinenden „Heften" kann in Frage gestellt werden.

2.1. Online-Publikationen

Bei regelmäßig aktualisierten Online-Produkten wie Datenbanken wird von den sich hiefür zuständig fühlenden Bibliotheken einheitlich darauf verzichtet, die jeweils aktuellen Ausgaben zu archivieren, was im Falle einer laufenden Aktualisierung ja auch unmöglich wäre. Der Umstand, daß die einzelnen Eintragungen im Regelfall mit ihrem Erstellungsdatum versehen sind, ermöglicht zudem eine Rekonstruktion der Version eines bestimmten Zeitpunktes. In Deutschland beispielsweise bestehen Verträge zwischen der Deutschen Bibliothek und deutschen Datenbankherstellern, in deren Rahmen das Zugriffsrecht gesichert ist und im Falle der Einstellung einer Datenbank die letzte Version abzuliefern ist.

Bei Online-Produkten wie auch bei elektronischen Zeitschriften, die über

Netze zugänglich sind, liegt also die Verantwortung für deren langfristige Verfügbarkeit bei den Herstellern oder Anbietern. Datenbankanbieter nehmen diese Verantwortung in der Regel schon aus Gründen der Marktpräsenz professionell wahr, indem sie z.B. ihre Produkte in regelmäßigen Abständen (im Schnitt ca. alle fünf Jahre) auf Hardware der neuesten Generation umspeichern. Sie verfügen auch über den technischen Hintergrund und die erforderliche Speicherkapazität (bei Knight-Ridder 10 Terabyte).

Die Regeln des Informationsmarktes veranlassen aber die Firmen oder Institutionen sehr wohl, sich die Vorhaltung nicht mehr nachgefragter Produkte genau zu überlegen – ob OCLC wirklich hunderte elektronische Zeitschriften „in alle Ewigkeit" zur Verfügung stellen wird, ist auch bei vertraglicher Zusicherung genau zu beobachten. Eine Seite eines Aufsatzes im Faksimile-Format PDF benötigt etwa 50 Kilobyte (im Vergleich zu ca. 2 kB für reinen Text); das bedeutet für den Jahrgang einer durchschnittlichen Zeitschrift mit 12 Heften zu je 100 Seiten einen Speicherbedarf von 60 Megabyte! Beim „Digital Library Project" von IBM und ISI war von 25 Gigabyte pro Monat die Rede, ein Volumen, das trotz sinkender Plattenpreise doch jenseits der Finanzkraft einer Einzelinstitution liegt.

Erst recht sind Angebote nichtkommerzieller Anbieter zu beobachten, die diese nach eigenem Gutdünken zurückziehen können – so ist es etwa fraglich, ob die diversen „Preprint Services" (z.B. des Los Alamos National Laboratory oder des CERN) veraltete Reports schlicht und einfach löschen, ohne sie Bibliotheken zur Archivierung zu überantworten. Es ist also die Aufgabe der Anwender (vornehmlich der Bibliotheken und unter ihnen speziell der Nationalbibliotheken), die Verfügbarkeit jener Online-Publikationen und elektronischen Zeitschriften, die von ihrem Sammelauftrag betroffen sind, zu beobachten und gegebenenfalls, nämlich dann, wenn ein Produkt zurückgezogen wird und „offline geht", die Verantwortung hiefür selbst zu übernehmen oder zu delegieren.

2.2. *Offline-Publikationen*

Bei Offline-Produkten sowie bei archivierungswürdiger Software liegt die Verantwortung für deren langfristige Verfügbarkeit von vornherein bei den Bibliotheken bzw. Archiven, bei denen sie physisch aufliegen.

Die Voraussetzung hiefür ist deren ordentliche Erschließung. Die Methoden zur Erschließung konventioneller Publikationen erfreuen sich ja im Bibliothekswesen einer guten (oder, wie neuerdings aus der betroffenen Zunft selbst zu hören ist, übertrieben guten) Tradition; die Bemühungen, die Regeln hiezu zu verkürzen, finden angesichts der vielfach schon abgeschlossenen Umstellung von Zettelkatalogen auf OPACs allgemeinen und ungeteilten Anklang. Die Auffindbarkeit solcher Katalogisate ist im Prinzip, wenngleich mit Abstrichen gewährleistet. Die Katalogisierung elektronischer Publikationen dagegen bedarf einer völlig anderen Schwerpunktsetzung, ohne die diese prinzipiell unauffindbar bleiben würden. Es steht zu hoffen, daß sich die hiefür zuständigen Gremien einer ähnlichen Professionalität befleißigen, wie sie sie bei selbst peripheren Fragen wie der Punktuation des Katalogzettellayouts an den Tag gelegt haben.

3. Erschließung elektronischer Publikationen

Zur Katalogisierung elektronischer Publikationen gibt es weltweit noch keine verbindlichen Normen. Vorschläge diverser Institutionen oder Arbeitsgruppen sind strukturell ähnlich und sehen in etwa folgende, zunächst für Online- und Offline-Produkte gemeinsame Kategorien vor:

- Bibliographische Informationen
- Inhalt (Fachgebiet, Art der Information, z.B. Bibliographie, Text, Hypertext, Bild, Video, Ton, Multimedia, Hypermedia)
    - Hardware-Erfordernisse
    - Software-Erfordernisse (Betriebssystem, z.B. DOS, UNIX, AppleMac, OS2 mit Versionsangaben, Verfügbarkeit unter Windows)
- Format (z.B. ASCII, HTML, Word x.0, PostScript, PDF, Tex, Latex; gif, tif etc.; kann entfallen, wenn es bereits durch die Software-Vorgaben spezifiziert ist)

Für Offline-Produkte sind folgende zusätzliche Angaben erforderlich:

- Physikalische Beschreibung (Produkttyp, Dimension, Anzahl der Objekte, gleichzeitige Benützbarkeit, Details zur Software-Installation, Retrieval-Software)
- Vernetzungsangaben (wenn netzwerkfähig: Netzwerksoftware mit Versionsangaben)

Online-Produkte benötigen ferner Angaben zur

- Adresse (z.B. Datex-P; telnet. ftp, gopher, http)

Spezielle Probleme treten im WWW bei den über das Hypertext-Transfer-Protokoll (http) zugänglichen Dokumente auf, die über die „Universal Resource Locators“ (URL) adressierbar sind. Nun sind diese Adressen flüchtiger Natur: Bei einer Umstrukturierung des Servers oder Übertragung des Dokuments auf einen anderen Server ändern sie sich, ein Link, der auf dieses Dokument gezeigt hat, zeigt ins Leere. HyperWave, ein Alternativprodukt zum WWW, verfügt im Gegensatz zu diesem über bidirektionale Links, womit das Problem der Adressenänderungen vom Tisch wäre – gegen das fest etablierte WWW scheint sich aber HyperWave derzeit nicht durchsetzen zu können.

Es gibt aber Ansätze im WWW, jedes elektronische Dokument mit einer „Universal Resource Number“ (URN) zu versehen, die von Dauer ist und von der über eine Konkordanz auf den jeweils aktuellen URL verwiesen wird. Eine Ebene höher soll eine „Universal Resource Characteristic“ (URC) angesiedelt werden, die eine komplette standardisierte Beschreibung der elektronischen Dokumente enthält, und zwar strukturiert nach Kategorien wie Autor(en), Titel, Publikationsdatum, Format sowie mit einer Angabe der Software-Version, die das Dokument auch sichtbar zu machen imstande ist. Die URC entspräche damit – wenn man einen Vergleich mit herkömmlichen physisch und haptisch faßbaren Büchern strapazieren darf – der CIP-Titelaufnahme im Buch, die URN der eindeutig dem Buch zugeordneten Signatur einer Bibliothek und der URL dessen aktueller Standortbezeichnung. Nur wenn sich Standards dieser Art durchsetzen, kann mit einem Erfolg von Projekten wie dem „Internet Cataloging Project“ von OCLC gerechnet werden.

4. Absicherung elektronischer Publikationen gegen Veränderungen

In vielen Fällen stellt sich die Anforderung, die Objekte in garantiert unveränderter Form zu archivieren; d.h. sie müssen gegen unbeabsichtigte oder beabsichtigte Veränderungen abgesichert sein. Beabsichtigte Veränderungen können gut gemeint sein, etwa wenn ein Autor seinen Text ständig aktuell halten zu müssen glaubt, sei es auch nur zwecks Korrektur von Druckfehlern. Sie können aber auch Ausfluß eines böswilligen oder gar kriminellen Verhaltens sein, etwa wenn es um Prioritätsansprüche oder juridisch relevante Aspekte geht. CD-ROMs sind, wie schon aus der Bezeichnung „Read Only“ hervorgeht, gegen Veränderungen prinzipiell gesichert. Formate wie PostScript oder PDF kommen diesem Anspruch ebenfalls insofern entgegen, als sie eigens zu dem Zweck entwickelt wurden, den Export der Dokumente in Textverarbeitungsprogramme zu verhindern oder zumindestens zu erschweren.

Eine Methode, Veränderungen zu unterbinden, ist das „Digital Time Stamping“: Zu jedem Dokument wird ein ihm eineindeutig entsprechender digitaler Hash-Code gebildet und mit abgespeichert; beim Wiederaufruf wird der Hash-Code neuerlich erzeugt und mit dem abgespeicherten verglichen – stimmen beide Hash-Codes überein, ist die Authentizität des Dokuments garantiert. Ähnlich funktionieren die sogenannten „elektronischen Wasserzeichen“.

5. Archivierung elektronischer Publikationen

Über die physikalische Haltbarkeit elektronischer Datenträger gibt es noch keine sicheren Erkenntnisse. Die National Agricultural Library (NAL) und die National Archives and Records Administration (NARA) der Vereinigten Staaten setzen auf Magnetbänder der Klasse 3480; die Nationalbibliothek Norwegens hingegen verwendet goldene CD-ROMs, die im Gegensatz zu aus Aluminium bestehenden CD-ROMs nach einer Beschädigung der Kunststoffbeschichtung nicht oxidieren können, und archiviert sie in einem atombombensicheren aufgelassen Bergwerk bei Mo i Rana (Solbakk 1994). Normale CD-ROMs scheinen als Medium für dauerhafte Archivierung nicht geeignet zu sein – eine Ablöse der CD-ROM-Technologie ist in Sicht: Seit kurzem sind die ersten Geräte der DVD-Technologie (Digital Video Disk) am Markt, bei denen sich die Datenträger kaum von einer CD-ROM-Scheibe unterscheiden, aber über eine Speicherkapazität von 17 Gigabyte verfügen.

Neben der Haltbarkeit der Datenträger stellt sich die Frage nach der Verfügbarkeit der zu deren Lesbarkeit erforderlichen Hardware und zu deren Veralterung. In der Regel werden laufend auch noch funktionstüchtige Geräte durch schnellere, leistungsstärkere (und billigere) Nachfolgemodelle ersetzt; Altgeräte werden entinventarisiert, abgestoßen, verschrottet oder landen manchmal eher zufällig in Museen für historische Computer. Diese jedoch in einem derartigen Museum über die Jahrhunderte hinweg funktionstüchtig zu erhalten, erscheint schon allein wegen des Umstands, daß hiezu eigens geschulte Spezialisten notwendig sind, die auch noch im Jahre 2097 DOS 3.1 oder Windows 95 beherrschen müssen, ein Ding der Unmöglichkeit zu sein. Es ist jedoch möglich und gang und gäbe, veraltete Geräte mittels Emulationen auf Computern neueren Typs zu simulieren – so etwa sind im österreichischen Bibliothekswesen in großer Anzahl 3270-Emulationen im Einsatz, die auf PCs der x86er Generation bis hin zum Pentium laufen und 3270-Terminals simulieren, die heute noch kaum irgendwo im Einsatz sind.

Um elektronische Publikationen über Generationen hinweg verfügbar zu halten, müssen sie also von einer Datenträgergeneration auf die nächste umkopiert werden; ein Umkopieren auf die übernächste Generation ist in der Regel schwierig bis unmöglich: Beim Versuch, den Inhalt einer 8-Zoll-Diskette etwa auf eine 3,5- oder (gerade noch gängige) 5,25-Zoll-Diskette zu übertragen, werden heute selbst ausgekochte EDV-Profis das Handtuch werfen. Bei Wahlfreiheit des Mediums ist natürlich eines mit möglichst langer physikalischer Haltbarkeit und organisatorischer Verfügbarkeit zu wählen. Letztere wiederum hängt von der Vorhaltung der erforderlichen Softwareprodukte (und davon, ob neuere Versionen aufwärtskompatibel sind) sowie der Hardwareprodukte (etwa in Form von Emulationen) ab.

Anmerkung

Die obigen Ausführungen stützen sich z.T. auf die Mitwirkung des Autors in der inzwischen sistierten Task Group 5 von CoBRA (Computerized Bibliographic Records Action). CoBRA ist ein seit Ende 1993 von der Kommission der Europäischen Gemeinschaften gefördertes Programm der Nationalbibliotheken Europas. Von den ursprünglich insgesamt fünf Arbeitsgruppen von CoBRA befaßte sich die fünfte mit der langfristigen Verfügbarkeit elektronischer Publikationen. Bei vielen der dort verteilten Unterlagen handelt es sich um nicht zitierbare unveröffentlichte Arbeitspapiere.

Literatur

Brüggemann-Klein, Anne: Wissenschaftliches Publizieren im Umbruch – Bestandsaufnahme und Perspektiven aus der Sicht der Informatik, in: Informatik, Forschung und Entwicklung 10 (1995), H.4, S. 171-179. (http://science.springer.de/ife/papers/5010004/50100171.pdf)

Cornish, Graham P.: Copyright Issues in Legal Deposit and Preservation, in: IFLA Journal 20 (3), 1994, S. 341-365.

Daniel, Ron Jr. und Michael Mealling: URC Scenarios and Requirements, June 27, 1995. (http://www.acl.lanl.gov/URI/Scenarios/scenarios_3.asc)

Grötschel, Martin und Joachim Lügger: Wissenschaftliche Kommunikation am Wendepunkt – Bibliotheken im Zeitalter globaler elektronischer Netze, in: Zeitschrift für Bibliothekswesen und Bibliographie 42 (1995), Nr. 3, S. 287-312. (ftp://elib.zip-berlin.de/pub/zib-publications/reports/TR-95-0 1.tex.Z.)

Hyams, Peter: Legal Deposit of Electronic Publications, in: Online & CDROM Review 18 (1994), No.5, S. 308-310.

Odlyzko, Andrew: Tragic Loss or Good Riddance? The Impending Demise of Traditional Scholarly Journals, in: Journal of Universal Computer Science 0 (1994), Nr. 0 (http://medoc.springer.de:8000/0xc25c2a28_0x0003edec;sk=038148 6F)

Olsen, Florence: Experts debate Longevity of Polycarbonate CD Media, in: Government Computer News 11 (12), June 8, 1992, S. 44.

Pepper, Jon: CD-ROM Longevity, in: PC Sources 3 (4), April 1992, S. 89.

Reed-Scott, Jutta: Digital Technology for Access and Storage (NAL-NARA). (gopher://arl.cni.org:70/00/tech/digital)

Rothenberg, Jeff: Ensuring the Longevity of Digital Documents. In: Scientific American 272 (1), January 1995, S. 42-47; dt. Übers. u.d.T.: Die Konservierung digitaler Dokumente, in: Spektrum der Wissenschaft, Sept. 1995, S. 66-71.

Solbakk, Sven Arne: Long Term Preservation of Electronic Material: Preliminary Experiences from the Norwegian National Library. Paper given at Nordinfo's Anglo Nordic Seminar 1994. (http://rosa.nbr.no/etids/preserv.html)

Van Trier, Gerard M.: Depot van Nederlandse elektronische publikaties, in: Login 20 (1996), Nr. 1, S. 6-8.

HANS ZOTTER

Der nicht löschbare Speicher entflammt unsere Phantasie ...

> Wenn Gutenberg uns zu Lesern machte,
> verwandelt uns Xerox gerade in Herausgeber
> *Marshall McLuhan*

Vor einigen Jahren brachte Luigi Canfora ein lesenswertes Buch heraus – *Die verschwundene Bibliothek* –, in dem er ziemlich überzeugend darlegt, daß es keinen gesicherten Beleg dafür gäbe, daß die berühmte Bibliothek von Alexandria je gebrannt hätte. Nach der Lektüre dieses Buches scheint es, daß wir uns von dem klassischen Schreckensbild der brennenden Bibliothek lösen, den Bildtopos des in Flammen aufgehenden Wissensspeichers aus unserem Gedächtnis löschen müssen. Eigentlich auch merkwürdig, daß über das Schicksal der vielen anderen Großbibliotheken und Bücherspeicher des römischen Reiches so gut wie nichts bekannt ist, ob sie nach und nach verfielen oder in einem Fanal verlöschten. Die Metapher des brennenden Speichers, der nicht mehr zu löschen ist, wurde in unseren Tagen abgelöst von der Vorstellung des nicht löschbaren Speichers in digitaler Form, der unserem Wissen, Theorien und Ideologien, im speziellen unseren Irrtümern ewiges Leben verleihen soll.

Doch jenseits der schaurig-schönen, romantischen Bilder der verfallenden oder brennenden Bibliothek ist das Faktum hervorzuheben, daß vor allem der *Wechsel des Mediums oder auch nur des Datenträgers zu den wirklich großen Datenverlusten in der Informationsgeschichte führte.* Der Großteil der antiken Literatur ging verloren, weil sie nicht von der Rolle auf Kodizes übertragen wurde, ein Großteil der mittelalterlichen Literatur fand bei den Inkunabeldruckern keine Gegenliebe, was von unseren heutigen Bibliotheken bleiben wird, was von diesen Millionen von Texten in die digitale Form transferiert werden wird, werden wir hier nie erfahren. Daß irgendwann alles übertragen sein wird, ist naiver Kinderglaube.

Die alten gewohnten – wohlbegründeten – Paradigmen unserer bibliothekarischen Arbeit werden von neuen überlagert – ob sie abgelöst werden, steht dahin. Eine Tagung wie die derzeitige dient nicht zuletzt dem Formulieren neuer bibliothekarischer Paradigmen und der Überprüfung der großen Erzählungen, denen unsere Arbeit bisher folgte. Der pragmatische Sinn vieler Kollegen ist auf die möglichst schnelle Implementierung der modernen Technologien gerichtet – wie sich die gewohnten Rollenbilder des Bibliothekars und des Lesers wandeln, wird nur in geringem Umfang thematisiert.

Ich will ein paar Punkte aus meinem engeren Umfeld herausgreifen – etwa die rezenten Normierungsansätze bei den sogenannten Sekundärmedien. Bisher gab es zu den primären, analogen Dokumenten, ebenfalls analoge Zweitmedien, wie Mikrofilm und Faksimile, Surrogate der Originale, die von den Lesern nur angenommen werden, wenn das Original nicht zur Verfügung steht. Nur selten wurden diese Nutzmedien in den Rang eines *replacement-mediums* erhoben, was dann der Fall ist, wenn das Original vernichtet wird, oder nicht mehr benutzbar ist, sei es daß es bereits zerfällt, sei es, daß man es von jeder weiteren Benützung ausschließen möchte. Das Erlebnis der Weltkriege hat auch den dritten Aspekt der Sekundärmedien stark forciert, der Gedanke des unzerstörbaren Archivbeleges, in Bunkern oder Bergwerken für die Ewigkeit gesichert.

Tatsächlich aber spielt der Mikrofilm in den österreichischen Bibliotheken primär eine Rolle als Kopierbasis, vor allem dort, wo das Kopieren aus dem Original aus konservatorischen Gründen untersagt ist. Als Nutzmedium ist der Rollfilm dem Original weit unterlegen, der sequentielle Zugriff auf die Information ist ein Rückschritt zur antiken Buchrolle. Auch der Planfilm kann nicht wirklich mit dem optimierten Medium Buch, mit der optimierten Form Kodex konkurrieren.

Dessen ungeachtet erleben wir eine bisher nie erlebte Blüte der Mikrofilm – Produktion, ein letztes Aufflackern einer sterbenden Technologie. Denn der SW-Film hat außer seiner unbestreitbaren Archivtauglichkeit und Preisgünstigkeit nicht viel zu bieten. Seltsamerweise ist die kritische Auseinandersetzung mit der Idee der sekundären Archivierung (also Erhalt der Surrogate und nicht Erhalt der primären Dokumente) völlig eingeschlafen, obgleich gerade jetzt diese Diskussion aufs Neue zu führen wäre.

Ein Handschriftenfaksimile hingegen hat fast alle Vorzüge des Originals – und noch ein paar mehr, da es in der Regel von einem begleitenden Kommentarband erläutert wird. Doch der verkaufsfördernd betonte und besonders herausgestrichene Zimeliencharakter des Faksimiles bringt es mit sich, daß in den Bibliotheken diese Stücke mit den gleichen Zugangsbeschränkungen wie die Originale ausgestattet werden. Doch immerhin, die Faksimilierung hat den Bekanntheitsgrad der reproduzierten Handschriften und auch der besitzenden Sammlungen ungemein erhöht und damit auch die Nachfrage nach den Originalen (und damit deren Belastung und Abnützung) intensiviert.

Nun tritt die CD-ROM als drittes Sekundärmedium auf den Plan, so machtvoll, daß wir schon langsam die bisherige Reihenfolge von primär und sekundär überdenken müssen. Die CD-ROM ist ein ungeheuer praktisches

Nutzmedium – alles das, was beim Original strengstens untersagt ist, darf und kann der Forscher und Liebhaber am digitalen Abbild unseres Dokumentenerbes anstellen . . . Kopieren, Ausschneiden, Zusammenfügen und so weiter. Und nicht zu vergessen : die wichtigste Neuerung – alle möglichen Meta-Texte und Meta-Dateien (ich verwende bewußt nicht die herkömmlichen Begriffe Katalogisat, Inhaltsverzeichnis oder Kommentar) können den Bildfile begleiten und in vielfältiger Weise verknüpft werden: als vielschichtiges Hypertext-Dokument kann die labyrinthische Informationsstruktur der Handschrift in einer Weise nachempfunden und nachvollzogen werden, wie kaum in einem gedruckten Werk. War bisher der elaborierte, textorientierte, gedruckte Katalog das wissenschaftliche Ideal der Handschriftenerschließung, bieten sich uns nun graphische, bildliche, strukturwiedergebende Darstellungsformen an, die nicht sequentiell, sondern durch Schichtung und Verknüpfung eine Wiedergabe ermöglichen, die große Strukturähnlichkeiten zum Original aufweisen.

Natürlich behaupten die Techniker ohne Zaudern, daß die CD-ROM ein vorzügliches Archivmedium sei: digitale Daten würden sich nicht verändern und eine einmal gespeicherte Bildinformation könnte immer wieder ungeschmälert gewonnen werden. Doch wer die archivalische Pflege digitaler Daten übernehmen soll, wer den nicht geringen Aufwand der Datenerhaltung über Jahrzehnte und Jahrhunderte tragen wird, scheint niemanden zu interessieren. Sicher ist nur, daß das meiste, was derzeit an digitalen Datenträgern durch die Bibliotheken angekauft wird, eine geringere Lebenserwartung hat, als irgendein Taschenbuch auf schlechtem Papier.

Schließlich wird das wichtigste Merkmal eines Archivmediums, die Haltbarkeit, an der Haltbarkeit des Originals zu bemessen sein: bröselnde Schellacks und brandgefährliche Nitro-Filme setzen da andere Parameter als eine romanische Handschrift in gutem Erhaltungszustand, die ohne weiteres noch mal 1000 Jahre – bei sorgsamen Umgang – überleben könnte.

Zu den dümmlichen Fabeln, die derzeit besonders häufig erzählt werden, gehört auch die, daß das elektronische Medium alle Funktionen der traditionellen Datenträger übernehmen wird; bezogen auf unser Thema hört man, daß alle Funktionswünsche, die man an ein Sekundärmedium stellen könnte, von den CD-ROMs erfüllbar wären. Übersehen wird dabei, daß wir in eine neue Medienepoche eingetreten sind und nicht bloß analoge Bücher digital anbieten, sondern uns vielmehr unbemerkt auch von der Buchmetapher zu lösen beginnen.

Handschriften-CD-ROMS – und davon soll hier die Rede sein – sind weit mehr als Surrogate unseres Handschriftenbestandes, keine dienenden Ersatz- und Notmedien, sondern eine neue Klasse von Dokumenten, die nur sehr bedingt mit Büchern und Kodizes zu tun haben. Erst wenn wir diesen Umstand verinnerlichen, werden wir bei der der CD-ROM-Produktion aufhören, in

Buchkategorien zu denken. Die Darstellungsmöglichkeiten, die uns Hypertext und Hypermedia eröffnen, müssen in ihrem ganzen Umfang erst entdeckt werden.

Der larmoyanten Klage des drohenden Verschwinden von Bibliothek und Bibliothekaren möchte ich die optimistische Sicht der ungeahnten Gestaltungsmöglichkeiten entgegensetzen, die sich nun gerade für uns eröffnen – wir sitzen sozusagen auf riesigen Halden rechtefreier Dokumente, die es umzuformen gilt, die aufbereitet werden müssen, um in vollen Umfang nutzbar zu bleiben – wenn ich das recht bedenke, wächst uns ungeheure Macht zu: die Medienzukunft unseres Landes mitzubestimmen.

Doch ist Paradigmenwechsel nicht nur bei den Dokumenten selbst und ihrer Gestaltung angesagt, auch unser Verhältnis zu den potentiellen Lesern verändert sich. War es bisher ein ziemlich kleiner elitärer Zirkel von Fachgelehrten, die sich bis zu uns verirrten, stehen wir nun mit unserem Angebot via INTERNET in einer gut ausgeleuchteten Auslage – und wenn man uns nicht für Kleiderpuppen halten soll, muß auf unseren Seiten immer Bewegung und Aktion herrschen. Im letzten Jahr hat die Abteilung für Sondersammlungen allein über 1900 INTERNET- Seiten produziert, die mit Hilfe der EDV-Abteilung auf dem Server installiert wurden. Dieser Zuwachs wird in den nächsten Jahren sicher nicht geringer werden – im Gegenteil. Durch das stärkere Hinwenden zur gesamten *scientific society* der Welt können wir eine angemessene Rezeption unseres Dokumentenerbes erwarten – und natürlich auch eine Flut von Trivialanfragen von Net-usern, die auf der Suche nach ihren Vorfahren auf unsere Dateien stießen.

Seit Beginn des Jahres 1997 läuft an der Universitätsbibliothek Graz ein Pilotprojekt, das die Digitalisierung des mittelalterlichen Handschriftenbestandes zum Ziel hat. Das Projekt wird vom Bundesministerium für Wissenschaft und Verkehr finanziert und läuft im Rahmen der Bestrebungen des Nationalen Komitees des UNESCO-Programmes *Memory of the World.* So ist auch eine enge Zusammenarbeit mit der Tschechischen Nationalbibliothek in Prag, die auf dem selben Gebiete arbeitet, vorgesehen.

Die Universitätsbibliothek Graz besitzt aufgrund der Säkularisierung des 18. Jahrhunderts einen Großteil der mittelalterlichen Kodizes des Landes – aus rund 40 Klosterbibliotheken kamen Handschriften und Frühdrucke nach Graz und sind nunmehr in der *Abteilung für Sondersammlungen* zugänglich. Um dieses steirische Dokumentenerbe, das wegen seines Alters und seiner kulturgeschichtlichen Bedeutung für die Region höchster konservatorischer Schonung und Fürsorge bedarf, dennoch einem breitem Publikum zugänglich zu machen, beschreitet die Universitätsbibliothek als eine der ersten europäischen Sammlungen neue Wege der Präsentation und Darbietung.

Die modernen elektronischen Medien ermöglichen zum ersten Male einen wirklich demokratischen Zugang zu den wertvollsten kulturgeschichtlichen Quellenmaterialien des Landes. Die Bilderwelt der mittelalterlichen Buchmalerei, die vielfältigen Texte – von der Pferdemedizin bis zum liturgischen Buch, vom Fechttraktat bis zum kosmologischen Entwurf spannt sich der Bogen, die musikalischen Schöpfungen und die mittelhochdeutschen Dichtungen des Landes, alles das kann nun via CD-ROM auf jedem Computer betrachtet und studiert werden, begleitet von wissenschaftlichen Beschreibungen und graphischen Darstellungen.

Ein eigenes Aufnahme-Team der Bibliothek nahm im Jänner 1997 die Arbeit auf. Mit eigenem Equipment und spezieller Software werden im Laufe des Jahres die mittelalterlichen Kodizes (der älteste ist an die 1400 Jahre alt) digitalisiert und auf Archiv-CD-ROMs gespeichert. Die Entwicklung eines eigenen speziell dafür konstruierten Kameratisches, der die Belastung der wertvollen Dokumente während der Aufnahmen minimiert, wurde vom Restaurator der Universitätsbibliothek Graz, DI Manfred Mayer übernommen. Neben der Digitalisierung des steirischen Handschriftenerbes sollen ja auch jene technischen, rechtlichen und ökonomischen Parameter erarbeitet werden, deren Kenntnis für weitere derartige Projekte von großer Wichtigkeit ist. Sicher ist auch, daß innerhalb des ersten Jahres nur ein Bruchteil unseres Bestandes bearbeitet werden kann und daß wir uns auf ein mehrjähriges Projekt eingelassen haben, dessen Finanzierung einstweilen noch offen ist.

Ich möchte abschließend einen Punkt noch einmal besonders hervorheben, nämlich den, daß man nicht erwarten kann, daß alle Wünsche *von einem Medium allein* abgedeckt werden können. Tendenziell wird die Medienvielfalt, die derzeit in unseren Bibliotheken vorherrscht, in die Richtung der Zusammenfassung vor allem der klassischen modernen Medien (AV-Medien) schrumpfen; mittelfristig ist mit Bibliotheken mit großen Bücherbeständen und einer Vielzahl von Zugängen zu elektronischen Daten zu rechnen.

Eine Handschriften-CD-ROM ist vor allem ein vorzügliches Nutzmedium, dessen Qualität in erster Linie nach der *Performance* des Systems und der *Preiswürdigkeit* bewertet wird. Lange Ladezeiten sind ganz schlechte Performance, wenn ich z.B. bei einem Buch eine Seite in einem Bruchteil einer Sekunde umblättern kann. Die bisher vorgestellten Benutzeroberflächen sind Kreationen verschiedener Softwaretechniker mit romantischen Vorstellungen, die Bedürfnisse eines durchschnittlichen Handschriftenbearbeiters, seine Arbeitsroutinen, seine Methodik sind in die diversen Entwicklungen noch nicht eingeflossen.

Die Vermengung unterschiedlicher Anspruchsprofile sorgt für Verwirrung, auch die naive Erwartungshaltung, das elektronische Medium könnte alle unsere Verwaltungsprobleme ein für allemal erledigen. Es muß uns klar sein, daß das, was wir jetzt unternehmen, nicht die ultimative Lösung ist, sondern eine für die nächsten Jahre, vielleicht für die nächsten beiden Jahrzehnte. Wichtig ist, daß wir uns auf diese Entwicklungen einlassen, uns ihrer bemächtigen – und nicht warten bis sie uns überrollen.

Damit es uns nicht so geht wie dem berühmten „Wildn mit seiner Maschin“, der zwar nicht weiß, wo er hinfährt, aber zumindest schneller dort ist, wird es immer wichtiger für uns Bibliothekare, innezuhalten und nachzudenken, welcher Erzählung, welchen Ideen wir folgen, welchen Gott wir anbeten.

Bisher war es vor allem der Gott der totalen *Information*, ein wilder, gieriger, besitzergreifender Gott, der uns blutige Opfer abverlangt; uns dafür aber verspricht, uns fitter für den alltäglichen Selbstbehauptungskampf zu machen, uns die Waffen in die Hand zu geben, mit denen wir unsere Konkurrenten schlagen und unterwerfen können.

Bei der Digitalisierung unseres steirischen Dokumentenerbes folge ich einem etwas freundlicheren Gott, dem der *Erinnerung*. Er verlangt zwar auch Zuwendung und stete Aufmerksamkeit, verspricht uns aber die Mittel, uns selbst zu erkennen, unsere Identität zu finden und jederzeit neu überprüfen zu können, kurz – uns auf der Suche nach dem Glück beizustehen.

KARL LENGER

Digitalisierung mittelalterlicher Handschriften an der Universitätsbibliothek Graz

1. Technische Parameter

Hardware
- Digitalkamera
- Computer
- Flachbettscanner

Als technisches Equipment stehen zur Verfügung:

Eine Kodak DCS 420 Digitalkamera, deren Basis eine NIKON – N 90S Spiegelreflexkamera darstellt. Die Kamera bietet eine Auflösung von *1,5 Millionen Bildpunkten bei 32 Bit Farbtiefe*. Der Speicherumfang der Kamera liegt bei 150 Bildern maximaler Auflösung. Die Anbindung der Kamera an einen Windows Rechner erfolgt über SCSI Kabel beziehungsweise SCSI – Adapter. Verwendet wird ein 28-70mm Objektiv. Fotografiert wird nicht mit Blitz, sondern mit speziellen Tageslichtlampen. Der Computer hat einen 166 MHz Pentium Prozessor, mit einem Arbeitsspeicher von 64 MB RAM, 2 Festplatten zu je 4,5 Gigabyte sowie eine 4 Mb Grafikkarte. Weiters verwenden wir einen UMAX Flachbettscanner mit einer Auflösung bis zu 9600 dpi.

Software
- Betriebsystem MS -Windows 95
- Anwendersoftware Photoshop 4.0
- Corel CD-Creator

Als Oberfläche verwenden wir *Windows 95*, zur Bildverarbeitung benützen wir den *Photoshop 4.0*, zusätzlich benötigen wir Corel Draw, Corel CD Creator als Recording Programm für die CD und andere nützliche Utilities und Tools.

2. Arbeitstisch

Wir arbeiten mit einem Arbeitstisch, der eine Eigenentwicklung der Bibliothek ist, da die im Handel angebotenen Tische unseren konservatorischen Auflagen nicht entsprechen. Der Tisch wurde von DI Manfred Mayer, dem Restaurator der Universitätsbibliothek Graz entwickelt und gebaut. Die Kamera und alle beweglichen Teile des Tisches können mittels Elektromotoren verstellt werden. Die Kameraposition kann so den Gegebenheiten der einzelnen Handschriften angepaßt werden.

- Besonders interessant ist dabei die Möglichkeit des Arbeitens mit der Kamera in der *Schräglage*. Bei unserer Arbeit muß darauf geachtet werden, daß die Handschriften nur besonders vorsichtig aufgeklappt und Buchrücken keiner zu starken Belastung ausgesetzt werden. Der Tisch bietet hierfür die Möglichkeit mit der aufgelegten Seite in eine Schräglage zu fahren, in der sich der Unterdruckarm und die Kamera im gleichen Winkel bewegen. Die Seite ist dabei mit dem Objektiv der Kamera stets im rechten Winkel.
- Die zu bearbeitende Seite wird am unbeschriebenen Seitenrand mit Hilfe eines *Unterdruckarmes*, der kleine Bohrungen enthält und mit einem Kompressor verbunden ist, leicht angesaugt. Somit wirkt man dieser typischen Bauchbildung oder Wölbung der einzelnen Folien entgegen, die ab der Mitte eines Buches auftritt.
- Durch das Anbringen einer *Videokamera*, die vor dem Sucher der elektronischen Kamera plaziert ist, kann der genauer Bildauschnitt festgelegt werden; dessen genaue Lage über einen Monitor kontrolliert werden kann.

3. Darstellung des Arbeitsablaufs oder der Weg zum digitalen Objekt:

Arbeitsaufwand

Die eigentliche Arbeit beim Digitalisieren findet aber am Computer statt. Die Bilder, die noch in der Kamera gespeichert sind, müssen nun nachbearbeitet werden. Beim Fotografieren entstehen Aufnahmen, die noch nicht genau dem Original entsprechen. Es gibt nun eine Reihe von Arbeiten, die pro Bild auszuführen sind: dazu gehört das

- Drehen,
- die Tonwertkorrektur,
- das „unscharf maskieren",
- Farbnachbehandeln, und anderes mehr.

Jede Aufnahme muß einzeln kontrolliert und nachbearbeitet werden, um dann mit einem der Foliierung entsprechenden Namen gespeichert zu werden.

Zu Beginn des Projekts haben wir noch jede Nachbearbeitung einzeln mit Mausbefehlen durchgeführt. Ein Schritt für die „Tonwertkorrektur", ein

Schritt für die „Kurvenberechnung", ein Schritt für „Speichern, usw. Mittlerweile habe ich entsprechende Makros programmiert, die viele Tätigkeiten in der Bearbeitung des Bildes vereinfachen und beschleunigen. Diese Nachbearbeitung darf aber die Wiedergabe der originalen Vorlage nicht verfälschen. Wir streben eine möglichst große Farb- und Wiedergabetreue im Verhältnis zur Handschrift an. Wir sind bestrebt die Handschriften, auch mit allen Defekten, Beschädigungen, verwischten Schriften genau so wiederzugeben, wie sie uns vorliegen.

Zeitaufwand
Im Durchschnitt digitalisieren wir eine mittelgroße Handschrift von 150-200 Blatt inklusive der Aufnahmen des Einbandes, der Spiegel und Vorsatzblätter in 15 – 20 Stunden. Als fertiges Produkt erhalten wir Archiv-CDs, auf welchen die Bilder mit maximaler Auflösung gespeichert werden. Pro Bild (= eine Seite) benötigen wir ca. 4,5 MB Speicherplatz.

Datenformate
Die Bilder werden als Bitmaps abgespeichert. Die nächste Bearbeitung besteht darin, die Aufnahmen in fünf verschiedene Qualitäten umzuwandeln: in

- Gallery
- Preview
- Low
- High
- Excellent

Hierfür werden sie in das *gif*- und *jpeg* Format gespeichert. Mit diesen Formaten ist es möglich, die Bild-Daten zu komprimieren und auf einer einzigen CD eine ganze Handschrift darzustellen. Damit aber der Anwender nicht nur Bilddaten erhält, verwenden wir eine spezielle Software, eine MANUFRET genannte Benutzeroberfläche, welche es ermöglicht, diverse Metadateien, auch Hypermedia mit dem Bildmaterial zu verknüpfen.

MANUFRET hat aber den Nachteil, daß es für unsere Zwecke zum Teil zu aufwendige Features aufweist, besonders im Bereich der Textangaben, Transkriptionen, Indexerstellung usw. Unser Ziel ist es, Bilddaten mit einer benutzerfreundlichen – bezogen auf die typischen Arbeitsweisen eines Handschriftenforschers – Oberfläche zu verbinden, die auch an gewöhnlichen PCs eine gute Performance ermöglicht.

4. Benutzeroberflächen

Es gibt derzeit wenige auf dem Markt, die man für unsere Zwecke verwenden kann, zum Beispiel aus Italien *INFOLIO* der Firma GLASOR aus Bergamo, die auch digitalisierte Handschriften anbieten. Aber *MANUFRET* der Firma Albertina aus Beroun bei Prag ist derzeit die einzige Benutzeroberfläche, die auf dem *HTML* Standard aufgebaut ist. *HTML* ist eine Sprache und Programmstruktur, die im Internet verwendet wird. WEB-Seiten sind unter anderem als HTML-Strukturen aufgebaut. Diese MANUFRET-Daten können auch mit einem ganz gewöhnlichen Internet-Browser betrachtet werden, wie zum Beispiel dem N*etscape navigator* oder dem *internet explorer.* Und genau diese Möglichkeiten des Internets wollen wir uns für unsere Arbeit zunutze machen, da für die Zukunft natürlich auch die Implementierung der Bilddaten im Netz geplant ist.

HERMANN KÖSTLER, PETER SCHÄUBLE

Vollautomatische Konversion von Zettelkatalogen
Eine Weltneuheit in Bibliotheken

Der Zentralbibliothek Zürich ist es gelungen, mit einem kleinen Budget den grossen Alphabetischen Zentralkatalog von Zürich (AZK) über Internet verfügbar zu machen. Eingesetzt wird eine an der ETH Zürich entwickelte kostengünstige Konversionsmethode, bei der manuelles Bearbeiten der Katalogkarten überflüssig ist, da diese als Bilder über das World-Wide Web (WWW) auffindbar sind. Eine Integration mit dem Verbundsystem ETHICSplus erlaubt den Bibliotheksbenutzern mit Internetanschluss, die im AZK nachgewiesenen Titel nicht nur zu finden, sondern diese auch gleich zu bestellen.

In erstaunlich wenigen Jahren ist es dem Publikum grosser Bibliotheken zur Selbstverständlichkeit geworden, Kataloge, Bibliographien, Texte und Informationen mannigfacher Art auf Bildschirmen „abzurufen“. Die Faszination der vervielfachten Möglichkeiten, zu suchen und zu finden, hat in den Hintergrund gedrängt, was konventionell auf Papier zur Verfügung steht. Das reiche Informationsangebot, welches grosse Bibliotheken nur in Zettelkatalogen nachweisen, gerät für Bibliotheksbenutzer je länger je mehr fast in Vergessenheit.

Dieser Gefahr des Informationsverlustes traten Bibliotheken mit neuen Ideen entgegen. Sie nutzten die Faszination des Bildschirms, das Publikum wieder zum vollen Angebot an Informationsträgern zu führen.

Die Zeit der Konversion von Zettelkatalogen in maschinenlesbare Form brach an. Aus verschiedenen Methoden bot sich der Zentralbibliothek Zürich 1990 eine sowohl preisgünstige wie effiziente an: Pro Katalogkarte war der Preis niedrig – angesichts sehr vieler Katalogkarten blieb das Projekt für rund neun Millionen Schweizerfranken aber nicht finanzierbar. Es landete wie so manche andere in der sprichwörtlichen Schublade.

Im Jahr 1995 liessen neueste Entwicklungen im Information Retrieval neue Hoffnung keimen. Methoden ohne jeden Eingriff von Bearbeitern versprachen, Zettelkataloge für rund einen Zehntel der bisher angenommenen Kosten „in den Computer zu bringen“. Freilich galt es für Bibliothekare umzudenken, Abschied zu nehmen vom überlieferten Selbstverständnis, dass die Erschliessung der Literatur in Bibliotheken den grössten Teil der Suche vorwegnimmt.

Entscheidend neu ist der Denkansatz, Angaben über Informationsträger, wie sie z.B. auf Katalogkarten geboten werden, als Hinweise zu deuten, die mit mehr oder weniger hoher Wahrscheinlichkeit der Frage entsprechen, die der Benutzer stellt. Das Ergebnis einer solchen Recherche stellt sich als gewichtete Rangliste dar, die dem Suchenden Ergebnisse in jener Reihenfolge zeigt, die der Formulierung seiner Frage am nächsten kommt. Aus dieser Liste kann der Benutzer die Bilder der Katalogkarten aufrufen und dann im Katalog blättern und springen. Das wesentlich Neue drückte ein Bibliothekar so aus: „Die Intelligenz sitzt nicht im Computer, sie sitzt davor."

Von Anfang an bestand die Zentralbibliothek Zürich darauf, dass zwei elementare Dienstleistungen für das Publikum mit der Konversion des Zettelkataloges gewährleistet sind: erstens die automatisch gleichzeitige Suche sowohl in den Bildern des Zettelkataloges als auch in der Datenbank des vorhandenen EDV-Systems, zweitens die Möglichkeit, das Gefundene sofort elektronisch zu bestellen. Diese Funktionen gehören zur Grundausstattung, mit welcher die Bibliothek vor ihr Publikum tritt. Verfeinerungen verschiedenster Art sind vorgesehen, sollen aber erst später, gemäss Benutzermeldungen gewichtet, eingeführt werden.

Multimedia Information Retrieval ermöglicht Konversion

Vor etwa fünf Jahren begann eine Gruppe an der ETH Zürich, neue Methoden zu entwickeln, um Multimedia-Objekte wie Bilder, Audio- und Videoaufnahmen automatisch zu erschliessen, so dass derartige Objekte auch in grossen Kollektionen schnell und sicher gefunden werden können. Das Problem besteht darin, dass Fehler bei der Bild-, Sprach- oder Zeichenerkennung die Informationssuche beeinträchtigen. Daher wurde ein neuer Ansatz gewählt, bei dem mögliche Vorkommen der Suchbegriffe als Hinweise dienen, dass das Objekt gesucht wird. Damit werden auch Objekte gefunden, wenn keiner der Suchbegriffe korrekt erkannt wurde. Der AZK mit seinen bis zu 100 Jahre alten Karten bot sich für diese neue Suchmethode als höchst interessante Testaufgabe an. Eine gründliche Evaluation im Herbst 1994 zeigte, dass eine kostengünstige Konversion des AZK grundsätzlich möglich ist.

Technologietransfer von der ETH zur Zentralbibliothek

Die Aufgabe war, einerseits die 2,4 Mio. Karten zu digitalisieren und andererseits den an der ETH entwickelten Prototyp im Hinblick auf einen operationellen Einsatz neu zu implementieren. Das Anwendungsprogramm wurde im Rahmen eines Technologietransfers durch die ETH-Spin-off-Firma Eurospider realisiert. Die Entwicklung des kommerziellen Systems erforderte eine enge Zusammenarbeit mit der Zentralbibliothek Zürich, da es galt, bibliotheksspezifische Anforderungen zu erfüllen.

Grosse Bedeutung wurde der Qualität der Bilder beigemessen, um Informationsverlust bei der Digitalisierung auszuschliessen. Mit einer aufwendigen Qualitätskontrolle wurden Bild qualität, Vollständigkeit und Erkennungsgenauigkeit überprüft. Die eigentlich schlechte Erkennungsgenauigkeit stellte sich dank der neuen an der ETH entwickelten Methode als problemlos heraus. Bei der Bildqualität wurde jedoch schnell erkannt, dass es schwierig ist, die Defektwahrscheinlichkeit auf ein Promille oder weniger zu begrenzen. Bei der ersten Teilmenge wurde etwa ein Prozent festgestellt, was auf den ganzen Katalog bezogen 24.000 defekte Karten bedeutet hätte! Zusammen mit einer holländischen Scanningfirma wurde der Digitalisierungsprozess erheblich verbessert, so dass nun die Defektwahrscheinlichkeit unter einem Promille liegt, was weniger als 2.400 defekte Karten von 2,4 Mio. bedeutet.

Bestellen mit ETHICSplus

Eine in der Programmiersprache JAVA geschriebene Schnittstelle zum Verbundsystem ETHICSplus ermöglicht das Bestellen über Internet. Über 140'000 im ETHICS-Verbund eingeschriebene Benutzer haben somit die Möglichkeit, gefundene Titel der Zentralbibliothek gleich zu bestellen.

Alphabetischer Zentralkatalog der zürcherischen Bibliotheken (AZK)

Der AZK befindet sich als Zettelkatalog im Publikumstrakt der Zentralbibliothek Zürich und führt den Nachweis der Bestände bis und mit Erscheinungsjahr 1989. Als Mikrofichen-Katalog existiert er seit 1990 im Programm der grossen europäischen Bibliothekskataloge des Georg Olms Verlages.

Inhalt

Der AZK erschliesst alle selbständig erschienenen Druckschriften der Zentralbibliothek vom ersten Wiegendruck bis zur Gegenwart, einschliesslich Zeitschriften, Zeitungen, Musikalien und im Buchhandel veröffentlichte Dissertationen. Zu den Sammelgebieten der Zentralbibliothek gehören alle an der Universität Zürich vertretenen Wissenschaften sowie Literatur über Stadt und Kanton Zürich und Schriften von Zürcher Autoren. Von der Vorgängerin Stadtbibliothek Zürich hat die Zentralbibliothek ausserdem die reichste Helveticabibliothek bis 1835, bevor dieses Sammelgebiet von der später gegründeten Schweizerischen Landesbibliothek in Bern übernommen wurde. Als Verwalterin von Depotbibliotheken erschliesst die Zentralbibliothek auch das Sammelgut von Bibliotheken wie jener des Schweizerischen Alpenclubs, der Schweizerischen Vereinigung der Freunde Finnlands und anderer mehr. Ein besonders umfangreiches Depot bildet die Nordamerika-Bibliothek mit einer nahezu vollständigen Sammlung nordamerikanischer Belletristik und zugehöriger Sekundärliteratur. Der AZK verzeichnet zusätzlich die Einzelwerke weiterer 19 zürcherischer Bibliotheken. Durchgehend alphabetisch geordnet, umfasst er rund 2,4 Millionen Katalogkarten, teils maschinenschriftlich, teils gedruckt, teils handschriftlich. Bei weitem überwiegen die maschinenschriftlichen Titelaufnahmen.

Geschichte

Der AZK ist ein Ergebnis vieljähriger Bemühungen, die Zersplitterung im wissenschaftlichen Bibliothekswesen Zürichs zu überwinden. Er wurde 1901 in der ehemaligen Stadtbibliothek eingerichtet. 1915 übernahm die Zentralbibliothek den Katalog. Die Entwicklung des AZK erfolgte kontinuierlich. Die beteiligten Bibliotheken blieben erstaunlich konstant, wechselten aber manchmal Namen und Bibliothekssigle, andere schieden aus, wie die ETH-Bibliothek (1975), oder lösten sich auf, wie die Frauenzentrale oder die Missionsbibliothek. 1988 führte die Zentralbibliothek für ihre Katalogisierung die Datenverarbeitung ein; seither sind ihre Erwerbungen im Online-Verbundkatalog nachgewiesen.

MARTA SELJAK

Cobiss, Virtual Library of Slovenia

Slovenia set out on the journey of building a virtual (electronic) library 10 year ago, when in three Slovenian libraries the online shared cataloguing system was implemented for the first time. This same year the system was accepted as the common basis of the library information system of the former Yugoslavia, and up to 1991, six national libraries and all larger university libraries had been participating in the shared cataloguing system.

In 1992 IZUM launched the COBISS system (Cooperative Online Bibliographic System & Services); the funding for its development was assumed by the Ministry for Scienceand Technology of Slovenia. By a decree, the Government of the Republic of Slovenia assigned to the Institute of Information Science (IZUM) as a public, non-profit organization, to perform the functions of the bibliographic utility and information service. IZUM co-ordinates the development and operation of the COBISS system, it develops and maintains the COMARC format and the COBISS software and maintains most of the computer systems on which the COBISS system operates.

Beside some other institutions, there are currently 200 largest Slovenian libraries of all kinds participating in the system (i.e. the national library, both university libraries, faculty libraries, public, special and school libraries). COBISS establishes connections between libraries via the online shared cataloguing and by a uniform database/catalogue access system. In addition, it provides the libraries with efficient support in the automation of their local functions. In this regard, the COBISS system may be defined as a virtual (electronic) library representing the basis of the integrated library information system in Slovenia today.

The online public access to databases/catalogues is enabled by the COBISS/OPAC Client-Server net application with textual and graphics (Windows, WWW) user interface.

The key importance goes to the union COBIB database which contains over a million bibliographic records on library materials (monographs, serials, articles, performed works) of the participating libraries, including the possibility of a multimedia presentation. The connection of COBIB with local databases of the participating libraries, which hold an additional stock of over two and a half million bibliographic records with data on individual issues, is very important too. Another component of the system is the COLIB database which contains all relevant data concerning Slovenian libraries (except school libraries).

The access to the system of the interconnected databases on sources of information in Slovenia (*INFORS* = information system on *INFO*rmation *R*esources in *S*lovenia) has also been made possible. These are the databases on databases that are either available within Slovenia, or that can be accessed from within Slovenia (ONLINEDATA, CDROMS, RESTDATA), and databases on information providers (BROKERS, HOSTS, GATEWAYS).

The COBISS system also contains some specialized databases created by Slovenian producers, and some foreign databases, all of them offered by IZUM on the basis of special agreements with the producers.

So, there are various databases available through the COBISS system: the SwetScan Database, produced by Swets & Zeitlinger B.V. (only for users from within Slovenia), access to the OCLC databases (WorldCat, ContentsFirst, ArticleFirst, FastDoc, ProceedingsFirst, PapersFirst, ERIC and GPO – for authorized users only), further the ISSN database (for authorized users) and some other databases, accessible through Internet by the ANSI Z39.50 standard.

The COBISS system is based on the online communication between local computer systems and the central (host) computer system located at IZUM. The system runs on more than 50 VAX and AXP (Alpha) computer systems with the OpenVMS operating system, interconnected through Internet (normally via the ARNES national academic and research network), via the SIPAX.25 public network or by leased lines, using the TCP/IP and DECNET protocols.

Online shared cataloguing is based on a uniform methodology of cooperative data collection and distributed data processing. Each unit is catalogued only once; after that, the record can be accessed by all the participants in the system via COBIB online. In the online shared cataloguing, the data are entered on local computer systems of the participating libraries. In this way, local databases are being created and maintained on local systems, while the union COBIB database is being generated on the computer system of IZUM.

For the exchange of data in the shared cataloguing system, the COMARC/B format for bibliographic data, and the COMARC/H format for holdings data are used. COMARC/A for authority data is in preparation. The COMARC/B and COMARC/A formats, based on the UNIMARC format, also include some additional specialties regarding the concept of online shared and distributed local catalogues.

Among local functions, the highest automation level has been achieved in the following areas: inventorying, library loan, statistic reports, catalogue cards, labels, preparation of bibliographies of various types (personal, institutional, special, national, ...), coordination of the acquisition of foreign serials, while the interlibrary loan, the acquisition and serials check-in are still under improvement.

The relationship between the libraries and IZUM runs on a contractual basis. The terms and conditions of cooperation differ according to the membership type as follows: national member, full member, associated member.

The National and University Library (NUK), as national member, actively participates in the shared cataloguing system. It also carries out some special tasks, for instance: national production cataloguing, librarian education/training, cataloguing quality control, proficiency verification of record creators, issuing licences, etc. Full members actively participate in the shared cataloguing process on the basis of a preliminary qualification proof (licence obligatory), while associated members can, in addition to having access to the COBISS databases, download the COBIB records to their local applications. The participating libraries pay to IZUM an annual membership fee for its services according to the type of membership and according to the agreed for range of services rendered. For most libraries the membership fee is covered by responsible ministries.

Libraries cooperate in the management of the development of COBISS through the following bodies: Board of Directors, working groups, User Conference.

The COBISS software is also used by some libraries from Macedonia, a library from BiH, one from FRY, and by two Slovenian libraries, located in Austria and Italy respectively. Cooperation with these libraries runs on the basis of special agreements.

User technical support is carried out in many ways. As soon as a contract has been signed, the library gets included in the programme of training both in IZUM (around 200 days/training yearly), and in NUK. The help desk is available from Monday to Friday between 8 a.m. and 7 p.m., and on Saturdays between 8 a.m. and 1 p.m. (CET). Communication is mostly carried out by electronic mail via two addresses: *cobissurgent@izum.si* for claims that have to be solved immediately, i.e. the same day, and *cobisservis@izum.si* for other claims and requirements connected with the maintaining and development of the format and system.

Further development will go in the direction of optimizing local library applications (interlibrary loan, acquisition, serials check-in, etc.), of adding new central services for libraries and end-users (document reservation and ordering, interlibrary loan, access to other electronic information sources), and in the direction of the implementation of UNICODE, computer supported authority control, and GUI (Graphical User Interface) for shared cataloguing and local applications.

The decisive factor in the development and operating of the COBISS system has been the state support. By having established IZUM, the state put the bibliographic utility functions on professional ground; it also ensured a carefully planned construction of the communication infrastructure (libraries are provided a free use of ARNES and Internet), and a coordinate policy of equipping the libraries according to the projects financed by the Ministry for Science and Technology and by the Ministry of Culture.

More about the COBISS system is available on IZUM's home page (*http://www.izum.si*) COBISS/OPAC can be used directly via URL: *http://www.izum.si/cobiss/*.

ALEŠ BOŠNJAK

Der Internet-Führer durch Wissenschaftliche Bibliotheken der Alpen-Adria-Arbeitsgemeinschaft für das Wissenschaftliche Bibliothekswesen

Die Entstehung der Datenbank

Die Anfänge des Baues der Datenbank über wissenschaftliche Bibliotheken der Arbeitsgemeinschaft Alpen-Adria reichen zurück in das *"weit zurückliegende"* Jahr 1986, als anläßlich der Rektorenkonfernez Alpen-Adria auf Brioni zum ersten Mal die Idee über einen *Führer durch Universitätsbibliotheken der Arbeitsgemeinschaft* auftauchte. Der *Führer* sollte in bündiger Form alle Universitätsbibliotheken aus den Regionen der Staaten der Mitgliedsländer der Alpen-Adria Gemeinschaft vorstellen: Österreich, Italien, Ungarn, Schweiz, Deutschland, Croatien und Slowenien.

In der Zeit von 1988, als der *Führer* zum ersten Mal in gedruckter Form erschien, bis zum heutigen Tage, als er uns sowohl in gedruckter wie auch in elektronischer Form zur Verfügung steht auf PC Disketten und auf dem online zugänglichen Service COBISS/ATLASS in IZUM (Institut für Informationswissenschaften in Maribor), bzw. auf IZUM's WWW Server, wurde die Form der Datensätze ständig ausgebaut und geändert.

Große Verdienste für die Durchführung des Projekts in dem heutigen Umfang hat die Arbeitsgemeinschaft für wissenschafliche Bibliotheken, die im Rahmen des *Wissenschaftlichen Rates der Rektorenkonferenz* der Alpen-Adria Staaten unter der Leitung von Frau Hofrätin Prof. Dr. Sigrid Reinitzer von der Universität in Graz in Zusammenarbeit mit IZUM aus Maribor, wo das Projekt von Frau Mag. Marta Seljak koordiniert wird.

Die Datensätze über Bibliotheken entstanden anfangs aufgrund schriftlicher Fragebögen, die durch die Hilfe spezieller regionaler Zentren in den Mitgliedstaaten und von IZUM inhaltlich und syntaktisch redigiert und in die Gesamtdatenbank der Bibliotheken eingeschlossen wurden. Später wurden die Datensätze über die Bibliotheken in der Form der PC Disketten übertragen, und schließlich wurden sie per elektronische Post im vereinbarten Format übermittelt. An den Regionalzentren wurden die Datensätze redigiert und danach automatisch in die Datenbank eingeschlossen. So wird eine laufende Aktualität der Daten (Updates) ermöglicht und garantiert. Das Resultat dieser Arbeit, das ist die online Verbunddatenbak der Bibliotheken, ist allen Mitgliedern der Arbeitsgemeinschaft Alpen-Adria auf dem IZUM Computer in Maribor zugänglich (COBISS/ATLASS, WWW Server).

Die WWW Form des Führers durch die Alpen-Adria Bibliotheken

Durch die Popularisierung des Internet tauchte auch in der Arbeitsgemeinschaft für wissenschaftliche Bibliotheken das Bedürfnis auf, Daten darüber im Internet zugänglich zu machen. Die WWW Form des Führers durch Bibliotheken der Alpen-Adria Regionen war zum ersten Mal vor einem guten Jahr vorgestellt und ist auf der Seite mit der URL Addresse *www.izum.si/aa/* zugänglich.

Wenn man sich mit dem Drücken der Taste auf die erwähnte Seite (Site) begibt, öffnet sich ganz oben die geographische Gesamtkarte der Länder/Regionen der Arbeitsgemeinschaft, wobei unten das Datum des letzten Updating in der Datenbank erscheint. Die Flächen einzelner Staaten sind in verschiedenen Farben dargestellt. Innerhalb jedes Staatsgebietes auf der Karte ist auch die Staatscode aus zwei Buchstaben zu sehen: AT – Austria, HU – Hungary, SI – Slovenia, etc.). Wenn man mit der Maus auf dem Territorium eines Staates stehenbleibt und drückt, öffnet sich ein neues Bild mit Regionen des zuvor gewählten Staates. Innerhalb dieser Regionen erscheinen in roter Farbe auch die Adressen der Bibliotheken. Die Daten über einzelne Bibliotheken ruft man durch Drücken der Maus direkt auf der Adresse der Bibliothek ab. Bei einigen Adressen der Bibliotheken kann neben der Adresse zusätzlich noch der Vermerk 'UPDATED' in grünen Buchstaben erscheinen. Dieser Vermerk bedeutet, daß die Angaben beim letzten Updating in der Datenbank auf den neuesten Stand gebracht wurden, was am 19. November 1996 der Fall war. Die Hauptangaben, die man bei allen Bibliotheken vorfindet, sind: die Adresse der Bibliothek, die Telefonnummer, der Direktor und andere Kontaktpersonen, Öffnungszeiten, der Personalbestand, Grundangaben über den Bestand sowie einige kurze Sätze zur Geschichte der Bibliothek.

Das Suchen in der Datenbank der Bibliotheken im Internet ist zur Zeit nur mit der Adresse möglich, die wir gewählt haben, nachdem wir nach dem oben beschriebenen Verfahren schon das betreffende Land ausgesucht haben. Ein derartiger Suchmechanismus reicht bei 108 miteinbeschlossenen Bibliotheken im Augenblick vollkommen aus.

Möglichkeiten der Datenbankerweiterung und des Updatings der Datensätze via INTERNET.

Beim Überlegen über die Möglichkeiten einer Verbesserung der Bibliotheken-Datenbank können wir von der Tatsache ausgehen, daß professionelle Hersteller bei den Datenbanken vor allem dazu neigen, die Einträge inhaltlich bedeutender Felder in kontrollierter Form durchzuführen. Dies ermöglicht uns ein einfacheres und effektiveres Suchen in der Datenbank. Neben mehr kontrollierter Einträge wünschen wir uns bei der oben beschriebenen Datenbank auch, daß sie möglichst viele Einträge (Datensätze) einschließt, die möglichst vollständig sind.

In diesem Sinne ist es wahrscheinlich angebracht, einen Fragebogen in Betracht zu ziehen, der direkt auf der WWW Site des *Alpen-Adria Führers* erscheinen würde und daß ihn die zuständige Person aus der jeweiligen Bibliothek mit Eintragungen einzelner Felder ausfüllen und ihn anschließend via E-mail an das IZUM weiterschicken würde. Im IZUM würde man dann die Datensätze vor ihrer Einschließung in die Datenbank syntaktisch und inhaltlich redigieren, was bestimmt keine leichte Aufgabe ist. Man könnte diese Aufgabe nur mit einem noch konsequenter kontrolliertem Input vereinfachen, d. h., in manche Felder des Fragebogens würde man nur über die im voraus bestimmte Kodierungen Einträge machen können. Dadurch würde man unliebsame Fehler, auch Tippfehler, vermeiden können.

Ein anderes Problem mit dem Fragebogen ist aber seine Anpassung an den jeweiligen Bibliothekentyp. In den letzten Versionen des *Führers* kam es nämlich vor, daß den Fragebogen aus der italienischen Region (wegen der besonderen Situation italienischer Bibliotheken) auch Bibliotheken ausgefüllt hatten, die nicht zu Universitätsbibliotheken gehörten. Deswegen erschien in dem Führer eine viel größere Zahl italienischer Bibliotheken mit wesentlich weniger Angaben, als das bei den Bibliotheken anderer Alpen-Adria Regionen der Fall war. Dieses Problem müßte man lösen, in dem man sich schon am Anfang für einige Bibliothek-Grundtypen entscheiden und für sie spezielle Fragebögen anfertigen würde, die alle auf der WWW Site des *Alpen-Adria Führers* zur Verfügung wären. Auf diese Weise würde jede Bibliothek den für sie entsprechenden Fragebogentyp ausfüllen, wodurch das Gesamtbild in der Datenbank viel ausgeglichener wäre.

GÜNTHER H. BERTHOLD, CHRISTIAN FLICKER, SABINE KAGER

Digitales Video im Intranet

Einleitung

Das rasche Wachstum des Internet erfordert immer neuere Technologien, um die Möglichkeiten zur Kommunikation zu erweitern. Heute sind wir an einem Punkt angelangt, wo wir schriftliche Information und auch Bilder innerhalb von wenigen Sekunden an fast jede Stelle der Erde transferieren können. Ebenso können Audio-Daten problemlos transportiert werden. Für bewegte Bilder mit Ton gibt es noch kein weltumspannendes digitales Netz, das für jedermann offen zugänglich ist. Sehr wohl gibt es aber schon Lösungen für den lokalen Bereich – das Intranet. Dieser Überblick beschäftigt sich zunächst mit dem digitalen Videoformat MPEG und den Anforderungen an die Netzwerk- und Servertechnologie. Den Hauptteil bildet die Realisierung eines Mediaservers im Netz der Karl-Franzens-Universität. Ein Ausblick auf die Entwicklungen in der nächsten Zukunft beschließt diese Präsentation.

Digitales Video

Um Video-Daten über EDV-Systeme bereitstellen zu können, müssen diese in digitaler Form vorhanden sein. Die zunehmende Verbreitung von digitalen Cameras wird das Problem der analog-digital Wandlung in Zukunft beseitigen. Für heutige Anwendungen sollte man aber davon ausgehen, daß das Videomaterial zunächst in VHS-, SVHS- oder Beta-Format vorliegt. Bei der Digitalisierung dieser Daten werden die Grenzen unserer EDV-Systeme schnell erreicht. So kommt man bei einer Bildauflösung von 512x482 Pixeln, einer Farbtiefe von 24 Bit und einer Wiederholfrequenz 30 Bildern pro Sekunde auf Datenraten von 20 MByte pro Sekunde. Audio-Daten in der bekannten CD-Qualität ergeben vergleichsweise 192 kByte pro Sekunde. Die so anfallenden Datenmengen können derzeit nicht effizient gespeichert und über ein EDV-Netzwerk verbreitet werden.

Die Antwort auf dieses Problem wird auch unter Berücksichtigung der technologischen Entwicklungen für längere Zeit Datenkomprimierung lauten.

Obwohl sehr gute verlustfreie Verfahren existieren, muß man, um eine substantielle Reduktion der Datenmenge zu erreichen, Verluste in Kauf nehmen. Es werden dabei verstärkt die Beschränkungen der menschlichen Wahrnehmung ausgenutzt. So erreicht man bei Bildsequenzen Komprimierungsraten bis zu 40:1. Bezieht man noch die Zeitachse in das Verfahren mit ein, so können im Falle von MPEG (Motion Pictures Experts Group) die Bilddaten auf ein Zweihundertstel beschränkt werden. Das MPEG-Format schließt sowohl Bild als auch Audiodaten ein, deren Komprimierung generell schwieriger und weniger effektiv ist. Die Qualität reicht von VHS mit MPEG-1 über SVHS mit MPEG-2 Half D-1 bis zu D-1 mit MPEG-2 Full D-2. Die letztere entspricht durchaus den Anforderungen von Broadcast-Stationen, wie wir sie durch das Fernsehen täglich erleben. Die Datenkomprimierung kann mittels Software an leistungsfähigen Systemen oder mit Einsatz spezieller Encoder-Hardware erfolgen.

Media-Server und Netzwerk

Im Jahre 1996 wurde an der Karl-Franzens-Universität Graz in einer Zusammenarbeit zwischen dem EDV-Zentrum und der Universitätsbibliothek das Projekt Multimedia-Server anläßlich der Fertigstellung des ReSoWi-Zentrums gestartet. Die Realisierung umfaßt zwei Komponenten, den Media-Server und den neuen CD-ROM Server, der Wissenschaftsdatenbanken im KFUnet anbietet. Am Media-Server können bis zu 100 Stunden Videodaten im MPEG-1 Format gespeichert werden. Derzeit können 30 Stationen gleichzeitig auf dieses Real-time Filesystem basierend auf moderner RAID-Technologie zugreifen. Die wesentlichsten Komponenten der Video-Server Software sind Content Manager, Stream Service, Video Pumpe und Connection Service. Aufgabe dieser Spezial-Hardware und Software ist es, Daten in Echtzeit bei einer konstanten Bitrate über ein Netzwerk mit hoher Bandbreite bereitzustellen, d.h. Videos von der Harddisk bis auf den Client-Monitor gleichmäßig strömen zu lassen. Um die Ausgabeleistung eines Midrange Serversystems der gehobenen Leistungsklasse am Netzwerk transportieren zu können, müssen Schwerpunkte gebildet werden. Bei einer maximalen Leistung von ca. 300 Mbit/sec können mit der ATM Technologie drei sogenannte Clientfarmen über Glasfaserkabel zufriedenstellend versorgt werden. Um auf die Videodaten zugreifen zu können, ist ein Standardarbeitsplatz-PC mit einem Pentium Prozessor, der die Decodierung übernimmt, ausreichend.

Applikationen

Die Inhalte des Media-Servers werden von den Einrichtungen der Karl-Franzens-Universität bestimmt. Der Schwerpunkt liegt dabei auf video-unterstütztem Lernen. Aber auch die Präsentation von Forschungsergebnissen ist im Rahmen eines Filmarchivs möglich. Beim vorliegenden Stand der Server-Software ist ein Zugriff über HTML-Browser die attraktivste Lösung. Daneben können eigenständige Applikationen mit Visual Basic oder Oracle Forms entwickelt werden. Letztere bieten auch die erweiterte Möglichkeiten der Kontrollfunktionen wie Pause, schneller Vor- oder Rücklauf und das genaue Positionieren innerhalb eines Videos.

Ausblick

Mitte des Jahres soll der Media-Server mit dem nächsten Software-Release ausgestattet werden. Die zusätzlichen Video- und Audioformate werden vor allem die Qualität des gespeicherten Materials steigern helfen. Die Unterstützung von Real-Time Encoder Hardware wird das Digitalisieren von Live-Veranstaltungen ermöglichen. Mit dem Einsatz von Set-Top Boxen können einfache Multimedia-Kioske entstehen. In den Software-Laboratorien wird aber schon an der nächsten Generation von Servern gearbeitet, welche die Fähigkeit zur Analyse von Videos und den damit verbundenen Suchmöglichkeiten in einer völlig digitalen Multimedia-Bibliothek anstreben.

Abschließend möchte wir uns bei der Mediathek der Universitätsbibliothek, dem Außeninstitut und den Instituten für Anatomie, Botanik, Mathematik, Pharamazeutische Chemie und Zoologie für die Bereitstellung von Videomaterial bedanken.

WERNER A. DEUTSCH

Digitalisierung (Transfer) und Speicherung von Tondokumenten

Einleitung

Die analoge Aufzeichnung von Tönen stellt – physikalisch gesehen – die Registrierung von mechanischen Schwingungen dar. Schwingungen sind Funktionen kontinuierlicher Zeitabläufe. Diese können periodisch, quasiperiodisch, nichtperiodisch oder eine beliebige Mischung aus allen genannten sein. Im Falle periodischer Schwingungen kehren die Schwingungszustände zu bestimmten Zeitpunkten wieder an ihre Ausgangslage zurück, sie wiederholen sich. Der Kehrwert der Wiederholungsperiode ist die Frequenz. Töne im menschlichen Hörbereich liegen zwischen etwa 16 Hz und 20 kHz.

Digitale Tondaten sind durch Parameter gekennzeichnet, die den Einstellungen des Analog-Digital-Konverters bei der Tonaufnahme entsprechen. Unter Normalbedingungen muß die Tonwiedergabe natürlich mit denselben Einstellungen erfolgen.

1. Anzahl der Bits pro Sample (8, 16, 18, 20, 22 ...)
2. Samplingrate (Abtastrate, in Samples pro Sekunde) z.B. 32000, 44100
3. Anzahl der Kanäle (mono, stereo, ... 8 Kanäle usw.)

Abtastraten (Sampling-Frequenzen)

Die Digitalisierung (Abtastung) von Tönen erfolgt mit Hilfe von Analog-Digital-Konvertern. Sie hat mit einer Abtastrate (sampling-rate) zu erfolgen, die mindestens doppelt so hoch ist als die höchste im Signal vorkommende Frequenz. Bei geringeren Abtastraten ist die Rücktransformation (Digital-Analog-Konvertierung) ohne Frequenzverlust nicht möglich. Abtasten bedeutet das „Ausmessen" der momentanen Schwingungsamplitude zu regelmäßig in kurzer Aufeinanderfolge vorkommenden Intervallen. Ein Abtastintervall hat die Länge der Abtastperiode und entspricht dem Kehrwert der Abtastrate oder Abtastfrequenz. Die Abtastrate von 44.1 kHz ist ausreichend für einen Frequenzbereich bis 22 kHz, 48 kHz ließe 24 kHz zu; man ist jedoch übereingekommen, für beide Abtastraten bei 22 kHz abzuschneiden. Die obere Grenz-

frequenz von 22 kHz wird als aus folgenden Gründen als sinnvoll erachtet:
1. die sichere Abdeckung des hörbaren Frequenzbereiches ist gewährleistet[1],
2. praktisch alle analogen Tonaufzeichnungsgeräte haben einen wesentlich geringeren Übertragungsbereich (< 20 kHz),
3. in der Audiotechnik sind systemabhängig keine rascheren mechanischen Schwingungen zu erwarten (Spezialfälle ausgenommen[2]).

Neben den beiden genannten Abtastraten werden im Rundfunkbereich die Frequenzen 32 kHz, im professionellen Multimediabereich 22.05 kHz und im Bereich der öffentlichenTelefondienste (PTOs) Abtastraten im 8 kHz – Raster verwendet. Zur Abtastung höherer Frequenzen (bis ca. 48 kHz) ist die Abtastrate 96 kHz üblich. Dagegen kann man im Consumer-Multimediabereich, weitab von jeder Standardisierung, nur von „populären" Samplingraten[3] sprechen; die meisten davon sind in der nachfolgenden Tabelle angeführt:

Bei der Vielzahl der vorkommenden Samplingraten ist Bibliotheken und Tonarchiven anzuraten, sich mit Samplingraten-Konvertern auszurüsten. Professionelle Ausführungen dieser Geräte arbeiten bei beliebigen Samplingraten-Verhältnissen ohne Qualitätsverlust und ermöglichen darüber hinaus auch die saubere Synchronisation von verschiedenen digitalen Quellen.

Soundfile-Samples auf SoundBlaster Hardware basierend haben Samplingraten in Teilungen von 1000000. Im Multimediabereich ist man übrigens – ganz im Gegensatz zur Musik und der professionellen Audiotechnik – der Meinung, man könne leichte Abweichungen von den Samplingraten bis etwa 1-2% durchaus tolerieren! Das führt unvermeidlich zu groben Zeitfehlern und unvorhersehbaren Konsequenzen in der sample-weisen Adressierung von Tonsegmenten mit nachfolgender Zeitangabe, insbesondere in langen Files, ebenso zu großen Synchronisationsproblemen in Echtzeitanwendungen (z.B. über das Netzwerk). Die Unterschiedsschwelle des menschlichen Gehörs für Tonhöhen (delta f/f) liegt unter günstigen Abhörbedingungen bei 1.5‰. Abweichungen von den Sollwerten müssen daher unbedingt vermieden werden.

1 mit zunehmendem Alter sinkt die obere Grenze des hörbaren Frequenzbereiches beim Menschen infolge Presbyakusis auf 12 kHz und darunter. Der Verlust von lediglich weniger als einer Oktave (von insgesamt 10 Oktaven) ist zumeist ohne besonderen Informationsverlust erträglich.

2 solche Spezialfälle könnten etwa mechanische oder magnetische Veränderungen von klassischen Tonträgern sein, die nicht bei der Aufzeichnung von herkömmlichen Audiosignalen entstanden sind: z.B. spezielle Eigenschaften und Beschädigungen der Oberfläche von Schallplatten, Grundrauschen von Magnetbändern, Verzerrungen u.ä.

3 Rossum van Guido: Audio File Formats FAQ:http://www.cica.indiana.edu/cica/faq/audio/audio.html

Samplingrate (Hz)	Beschreibung:
4000	gebräuchliche Samplingrate im wissenschaftlichen Bereich (z.B Biologie: Vibrationen, Lautäußerungen von Fischen etc.)
5500	1/4 der Samplingrate in Macintosh-Systemen (selten)
7333	1/3 der Samplingrate in Macintosh-Systemen (selten)
8000	exakt: Telefonstandard, uLAW und A-LAW Kodierung
8012.8210513	leicht abweichend von 8000 Hz: NeXT-Systeme, siehe auch Telco-Codecs
10000	gebräuchliche Samplingrate im wissenschaftlichen Bereich (Sprachverarbeitung)
11000	häufig vorkommende 1/2 Samplingrate in Macintosh-Systemen
11025	1/4 der Samplingrate einer Audio-CD
16000	gebräuchliche Samplingrate im wissenschaftlichen Bereich (Sprach und Musikanalyse), CCITT-Komprimierungs-Standard (G.722)
18900	CD-ROM/XA Standard, Standard – Qualität
22050	1/2 Samplingrate einer Audio-CD
22254.5454545454	Samplingrate in Macintosh-Systemen (abgeleitet von der Scan-Rate des 128k-Macintosh, häufig fälschlich mit 22 kHz bezeichnet)
32000	gebräuchliche Samplingrate im wissenschaftlichen Bereich, Standard für digitalen Rundfunk (Radio), NICAM (Nearly Instantaneous Compandable Audio Matrix [IBA/BREMA/BBC]), digitale Fernsehsysteme (u.a. Japan: HDTV), wichtig: Long Play bei DAT (Digital Audio Tape)
37800	CD-ROM/XA Standard, höhere Qualität
44056	Samplingrate im professionellen Audiobereich, die eine ganzzahlige Anzahl von Samples in einem Video-Frame ermöglicht
44100	Audio-CD-Samplingrate, DAT (Digital Audio Tape) bei der Aufzeichnung von CDs
48000	DAT (Digital Audio Tape) Standard
96000	Samplingrate in der professionellen Audio Technik, Spezialfälle im Tonarchivbereich

Dynamikbereich und digitale Wortlänge

In bezug auf die Dynamik übertrifft das menschliche Hörvermögen viele der derzeit angebotenen technischen Audiosysteme erheblich. Mit der absoluten Hörschwelle bei einem Schalldruck von 2×10^{-5} N/m^2 und der Schmerzgrenze bei 2×10 N/m^2 wird der Bereich von 10^6:1 überstrichen, das entspricht einem Pegelunterschied von 120 dB. Die heute weit verbreitete digitale Tonaufzeichung mittels DAT und CD verwendet bloß eine 16-bit-Auflösung zur Darstellung der Amplitudenwerte; das entspricht einem maximal möglichen Wertebereich von $\pm 2^{15}$ oder etwa 96.3 dB. Es ist daher verständlich, daß Schallplattenstudios nach besserer Auflösung der Amplitude trachten, um den vollen Hörbereich ausnützen zu können. Bei etwas höherem finanziellen Aufwand können heute bereits 20/24-bit ADCs und DACs erworben werden, die *echte* Signal-Störabstände bei etwa 104 dB und 120 dB versprechen.

Computer fassen üblicherweise 8 bit zu einem Byte zusammen. Zur Darstellung eines Audio- Abtastwertes mit 16 bit Auflösung, wie z.B. bei der CD, benötigt man 2 Bytes, für 24 bit Audio und 8 bit „Zusatzdaten“ benötigt man schließlich 4 Bytes. Das heute bei DAT – Aufzeichnungen gängigste Audio – Übertragungsformat verfügt genau über diese Struktur und wurde von AES und EBU zu AES/EBU[4] standardisiert. Der kontinuierlich sich ergebende digitale Datenstrom beinhaltet pro Kanal der ursprünglichen Wellenform, je nach Sampling-Rate, 44.100 oder 48.000 Samples pro Sekunde mit einer digitalen Wortlänge von 4 Byte. Das ergibt bei einem Stereosignal eine Übertragungsrate von 2 × 1.141.120 oder 2 × 1.536.000 Mbit/s oder 352800 Byte/s bzw. 384000 Byte/s. Allerdings werden praktisch von allen nichtprofessionellen Audiogeräten nur 16 bit Daten-Worte (2 Bytes/sample/Kanal) tatsächlich gespeichert. Auch für die Herstellung von Audio-CDs ist eine Reduktion der digitalen Wortlänge auf 16 bit erforderlich. Dadurch kann ein “digitales Hintergrundgeräusch” entstehen, welches sich von dem gewohnten, gleichmäßig ablaufenden weißen Rauschen analoger Aufzeichnungsverfahren durch sprunghafte Veränderungen des Grundgeräusches unangenehm bemerkbar macht. Zur Vermeidung dieses unerwünschten Effektes werden bereits im ADC/DAC-Zweig sogenannte “Dithering” – Verfahren eingesetzt, die solange sie frequenzlinear arbeiten, wieder ein kontinuierlich verlaufendes, „weißes“ Hintergrundgeräusch erzeugen. Besondere Vorsicht ist bei der Kaskadierung von nichtlinearen, möglicherweise inkompatiblen Dithering-Prozessen gegeben.

Die Anzahl der bits pro Sample (n) bestimmt also den theoretisch maximal erreichbaren Dynamikbereich bei der Digitalisierung. Er errechnet sich aus $20 \log 2^n$ und wird in dB (Dezibel) angegeben. Die Hinzunahme eines bits erhöht den Dynamikbereich um $20 \log 2^1$, etwa um 6 dB. Die Abnahme um 1 bit hat eine Verringerung des Dynamikbereiches um 6 dB zur Folge.

Von den „populären” Samplingraten bis 22050 Hz gibt es häufig audiotechnisch unzureichende Anwendungen in 8-bit Wortlänge (= ca. 48 dB). In den meisten Fällen, in denen bestehende analoge Tonaufnahmen digitalisiert werden sollen, wird eine Auflösung mit *echten* 16-bit-Samples notwendig aber auch ausreichend sein, weil die analogen Aufzeichnungsgeräte, z.B. Tonband-

[4] AES-1985 (ANSI S4.40-1985), AES Recommended Practice for Digital Audio Engineering – Serial Transmission Format for Linearly Represented Digital Audio Data. In: Journal of the Audio Engineering Society; Volume 33, Number 12, december 1985; p. 976-984. (siehe auch Neufassung: 1992).

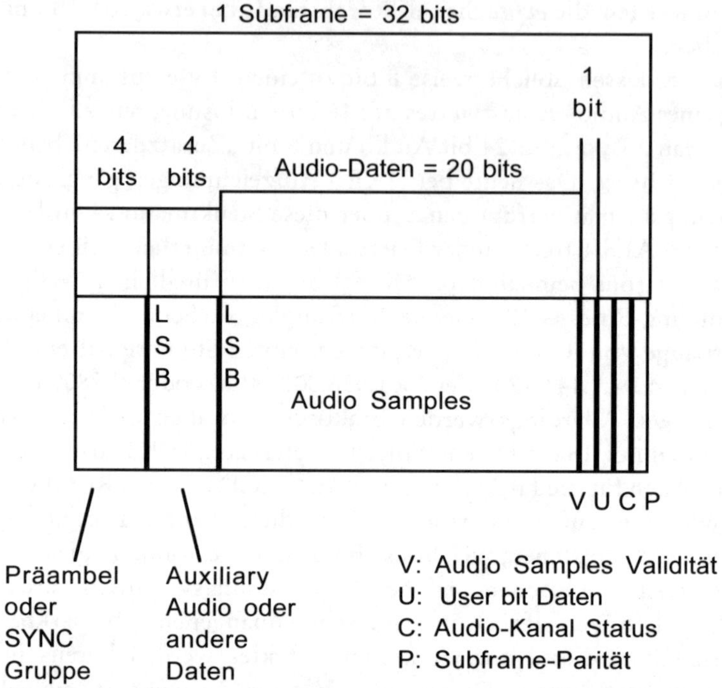

Abbildung 1: AES-Standard Subframe-Format für die Übertragung von digitalisierten Audio-Daten (Stereo: 1 Frame = Subframe Kanal A + Subframe Kanal B; 1 Block = 192 aufeinaderfolgende Frames, kanalweise).

bits/Sample:	Auflösung:	Dynamikbereich:
8	256:1	48 dB
16	65536:1	96 dB
18	262144:1	108 dB
20	1048576:1	120 dB
22	4194304:1	132 dB
24	16777216:1	144 dB

geräte, Cassettenrecorder usw. kaum einen besseren Signal-/Störabstand als 85 dB liefern können. Die „rauschärmsten" analogen Signale dürften von modernen direkt geschnittenen Schallplatten zu erhalten sein. Hier sollte mit sorgfältiger Aussteuerung bei der Digitalisierung der gesamte verfügbare Dynamikbereich ausgenützt werden. Auch sorgfältig hergestellte Re-Recordings, auf CD gebracht, können die 16-bit-Wortlänge voll ausnützen.

Computer- und Multimedia-Audio Formate

Zurückblickend hatte bis vor kurzer Zeit praktisch jeder Computerhersteller, beinahe jede Maschinengeneration, sein eigenes Format für Audio-Daten. Man unterscheidet zwischen „Selbstbeschreibenden Formaten", in denen die ADC/DAC-Parameter und die Kodierung in einer Art von „Header" explizit enthalten sind und sogenannten „raw"-Formaten mit fixen Geräte-abhängigen Parametern und fixer Kodierung; letztgenannte haben inzwischen an Bedeutung verloren:

Filename, –extension	Ursprung	Parameter, Beschreibung
,au oder .snd	NeXT, Sun	Samplingrate, Anzahl der Kanäle, Kodierung, Informations-String
.aif(f), AIFF	Apple, SGI	Samplingrate, Anzahl der Kanäle, Wortlänge, ausführliche Zusatzinformation möglich
.aif(f), AIFF	Apple, SGI	Samplingrate, Anzahl der Kanäle, Wortlänge, Version mit Datenkomprimierung, ausführliche Zusatzinformation möglich
.iff, IFF/8SVX	Amiga	Samplingrate, Anzahl der Kanäle, Instrumentenbezeichnung (8 bit)
.voc	SoundBlaster	Samplingrate (8 bit/1 Kanal, Pausendetektion)
.wav, WAVE	Microsoft	Samplingrate, Anzahl der Kanäle, Wortlänge, ausführliche Zusatzinformation möglich
.sf	IRCAM	Samplingrate, Anzahl der Kanäle, Kodierung, Zusatzinformation
HCOM .ra	Macintosh Real Audio	Samplingrate (8 bit/1 Kanal, Huffman Code) Übertragungsrate, Zusatzinformation (Internet-fähige Datenreduktion)

Erfreulicherweise sind für die meisten (nichtkomprimierten) File-Formate Konversionsprogramme vorhanden, die verlustfrei arbeiten.

Datenkomprimierung und Datenreduktion

Audio-Files werden auch als “large binary objects” (LBO) bezeichnet. Der Grund liegt darin, daß selbst ein bloß mit 16 bit digitalisiertes Signal mit einer Dauer von 1 Stunde beinahe 700 MByte Speicherplatz benötigt. Bei einigen tausend Stunden werden etliche tausend Gigabyte benötigt, um unkomprimierten Ton speichern zu können. Das wäre nun nicht mehr so tragisch, fallen doch die Preise pro Gigabyte kontinuierlich. Es geht vielmehr um die Frage des raschen Zugriffs, in dem einer der wesentlichsten Vorteile der Digitalisierung und digitalen Speicherung liegt. Selbst bei einer heute als gut zu bezeichnenden Transferrate von 100 Mbit/s im LAN benötigt man immer noch etliche Minuten, um Files dieser Größe von Computerplatte auf Computerplatte übertragen zu können. Der größte Engpaß besteht derzeit in der Input/Output-Leistung der Arbeitsstationen selbst, sodaß doch mit erheblichen Kopier- und Zugriffszeiten kaum schneller als 10fache Echtzeit gerechnet werden muß. Bei Echtzeitanwendungen ist überdies zu fordern, daß derart große Bandbreiten für lange Spielzeiten (u.U. Stunden) kontinuierlich der aufgebauten LAN-Verbindung (ohne Unterbrechung) zur Verfügung stehen.

Es liegt daher nahe Komprimierungsmethoden anzuwenden, wie sie in der Datentechnik (z.B.: .zip) oder im Bildbereich mit Erfolg eingesetzt werden. Prinzipiell ist zwischen zwei Klassen zu unterscheiden: verlustfreie Komprimierung (lossless Coder) und nicht verlustfreie Datenreduktion (lossy Coder). Allerdings sind mit coderegnerierenden Codierungen kaum große Komprimierungsgewinne zu erzielen, weil Tondaten nur geringe Redundanz aufweisen.

Einige Verfahrenshinweise für *lossy Coder*:

- automatische Pausendetektion: findet Pausen in den Signalen und wertet diese aus (ähnlich zu “run-length” coding).
- Adaptive Differential Pulse Code Modulation (ADPCM): wird in CCITT G.721 – 16 or 32 Kbits/s verwendet und codiert die Differenz zwischen aufeinanderfolgenden Signalen. Ferner werden für kleinere Werte (niederwertige Samples) weniger bits eingesetzt.
- Linear Predictive Coding (LPC): implementiert ein akustisches Modell für Sprachsignale. Es werden nur die Parameter des Sprach – Produktionsmodells übertragen (2.4 kbits/s).
- Code Excited Linear Predictor (CELP): führt LPC durch, überträgt aber zusätzlich den “error term”, wodurch bei 4.8 kbit/s eine bessere Qualität erreicht wird.

Perzeptive Coder haben sich im Rundfunkbereich sowohl als Übertragungs- als auch als Speicherformate durchgesetzt. Mit Hilfe psychoakustischer Modelle werden nur jene Signalkomponenten kodiert, die hörbar sind. Unter Ausnutzung der Maskierungsfunktionen des Gehörs können auf diese Weise erhebliche Datenreduktionen erzielt werden (siehe MPEG/Layer 3), sodaß hochqualitative Audiosignale bei nahezu voller CD-Qualität über ISDN-Leitungen übertragen werden können:

Qualitätsbeurteilung von verschiedenen MPEG-Codierungen:

Layer	bit-Rate kbit/s	Kompri mierungs rate	Qualität bei 64 kbit/s	Qualität bei 128 kbit/s	Minimale System-verzögerung
Layer 1	192 kbit	4:1	–	–	19 ms
Layer 2	128 kbit	6:1	2.1 to 2.6	4+	35 ms
Layer 3	64 kbit	12:1	3.6 to 3.8	4+	59 ms

Die Bewertungsskala erstreckt sich von 5=perfekte Qualität über 4=ebenmerkliche Differenz zum Original, zu 3=leicht störender Qualitätsverlust, zu 2=störend und 1=sehr störender Qualitätsverlust. In der Praxis sind die Systemverzögerungszeiten etwa 3mal so hoch als die hier angegebenen theoretischen Werte.

Eine besondere Klasse von effektiven Komprimierungsverfahren stellen Internet-fähige Coder dar. Sie versprechen kontinuierliche „Audiostreams" in Echtzeit bei erstaunlich niedrigen Netzwerk-Bandbreiten. Stellvertretend für diese Klasse sind in der folgenden Tabelle die Komprimierungsraten und Bandbreiten für ein über das Internet erhältliches Produkt „Real Audio" angeführt:

Sampling-Rate	Wortlänge	Netzwerk-Stream	Komprimierungs-rate
11 k	8 bit	14.4 kbit/s	12:1
11 k	16 bit	14.4 kbit/s	24:1
22 k	8 bit	14.4 kbit/s	24:1
22 k	16 bit	14.4 kbit/s	48:1
11 k	8 bit	28.8 kbit/s	6:1
11 k	16 bit	28.8 kbit/s	12:1
22 k	8 bit	28.8 kbit/s	12:1
22 k	16 bit	28.8 kbit/s	24:1
44 k	16 bit	28.8 kbit/s	48:1

Anwendungen für Bibliotheken und Archive

Archive und Bibliotheken müssen zunächst ihre digitalisierten Tondokumente in linearen, unkompromierten Formaten wie z.B. .WAV speichern, um systembedingte Informationsverluste vermeiden zu können. Ein Prinzip steht fest: lossy Codierungen sind nur am Ende der Übertragungskette, also beim Endverbraucher, zulässig. Das bedeutet gleichzeitig, daß für verschiedene Serviceleistungen wie Übertragungen im LAN oder über das Internet zusätzlich zu den Archivformaten u.U. mehrere Kopien in komprimierten Formaten herzustellen sind. Im Vergleich zu den Archivdokumenten werden diese hochkomprimierten Derivate nur wenig zusätzlichen Speicherplatz einnehmen müssen. Als Gegenleistung erhält man entscheidend verbesserten Zugriff bei mäßig eingeschränkter Tonqualität. Es wird zu beachten sein, daß die einzusetzenden Archiv-Speicher- und Katalogsysteme mehrere Formate gleichzeitig verwalten und bearbeiten können, um beispielsweise die Adressierung von Tonsegementen in komprimierter und unkomprimierter Form ermöglichen zu können.

Weitere Hinweise und zahlreiche Informationsquellen einschließlich einer großen Anzahl von www-Links zu den in diesem Artikel genannten Themen finden sich unter:

HARMONICA: Concerted Action on Music Information in Libraries; Project: PROLIB/HARMONICA 10453 – Commission of the European Communities - *http://www.kfs.oeaw.ac.at/harm/home.html*

NEIL CLEMENTS

Publishing Technology for the Worldwide Digital Library

SilverPlatter's concept of the Worldwide Digital Library is of an international library of information in a range of open and easily accessible forms. SilverPlatter is continually working in partnership with customers, information providers, technology partners, distributors and library networks. Collectively, we are striving to assist in the creation of a worldwide library of information providing technology in an appropriate and meaningful manner, and allowing the desired content to be supplied in a value-added format, when and where the user requires it.

The development of the Worldwide Digital Library is, at the highest level, the central focus of SilverPlatter's activities. It involves the linking of crucial resources accessible from many different platforms regardless of the user's location, and delivered through a wide variety of media including CD-ROM, hard disk and the Internet. Information from many different sources is searchable using powerful search and retrieval software.

SilverPlatter is uniquely positioned to respond to the needs of regional and international markets for specialist electronic content. Since 1985, it has been in the business of bringing people and information together. Its initial offerings used CD-ROM technology as the best means of distributing large volumes of information to users all around the world. Today, SilverPlatter Information offers a range of more than 300 database titles across diverse subject areas, giving users the selection of the scope and relevance of the information they require as well as the choice of format and platform to give them access to it.

An important building block for the Worldwide Digital Library is the SilverPlatter Information Retrieval System, or SPIRS, our powerful and widely-used search and retrieval system. Designed to provide tools for both the novice and expert searcher, SPIRS software contains a common range of features across multiple platforms including the World Wide Web, Windows, DOS, Macintosh and UNIX. These features include simultaneous multi-database searching, table of contents, automatic subject lookup and thesaurus function, Boolean and proximity searching, and wildcard searching for various spellings. All current SPIRS software is freely downloadable from the SilverPlatter homepage which is located at http://www.silverplatter.com.

In addition to these technologies, SilverPlatter's award-winning Electronic

Reference Library systems have taken the information community by storm over the last two years. Their use is rapidly growing and they are becoming the first-choice information access technologies for academics, researchers and librarians all over the world. In countries such as the UK, Germany, Sweden and the Netherlands the use of ERL is increasingly widespread and worldwide there are now more than 400 associated sites offering hundreds of thousands of users access to the information they need. But what exactly is ERL?

The Electronic Reference Library is a networking solution which is the cornerstone of the Worldwide Library concept. It allows groups of individuals seamlessly to access and conduct cross-searches across multiple databases, in any number of separate sites and from a variety of platforms. The search experience is completely transparent to the user, who may not even be aware of the location of the various databases.

Based on client/server technology as opposed to host-based applications, the Electronic Reference Library gives access to over 300 ERL-compliant titles from more than 100 of the world's specialist publishers. It contains two main programme elements: one runs on the client's individual PC or workstation while the other functions on the network server. The client software residing on the user's computer creates structured search requests based on the user's input. Each search is sent over the network to the server which interprets the request, searches the databases for the relevant data and sends the results back to the client. The client software interprets the data and the user's search results are then presented on screen. This use of true client/server architecture significantly reduces network traffic and enables many different search platforms to be offered easily on a single network.

ERL includes many significant features which make it extremely advantageous to the end user and to the systems administrator or librarian. These include a short response time, flexible searching solutions, and the possibility of future expansion with multiple network protocols. The Medical Library at Nijmegen University in the Netherlands and the University of Toronto libraries are just two examples of institutions which have benefited from its sophisticated database retrieval, easy implementation and high performance with simultaneous users in a networked environment.

With simultaneous searching of all SilverPlatter databases available on the institution's network, regardless of the database location, users can instantly search local CD-ROM drives, local ERL servers and remote databases via the Internet. This eliminates the need to conduct the same search many times for databases loaded locally and remotely, and provides efficient, accurate searching for end users.

ERL's flexibility and platform reach is very extensive. The server component of ERL currently runs on IBM AIX, Sun Solaris, SCO-UNIX, Windows/NT and LINUX platforms. And, because it is compatible with so many platforms and easily integrates with any TCP/IP network, it can be used to maximise any existing network. Users can search databases using their choice of SPIRS, SilverPlatter's information retrieval system. Interfaces are available in WebSPIRS for the World Wide Web, WinSPIRS for Windows, MacSPIRS for Macintosh and PC-SPIRS for DOS, as well as UNIX-SPIRS. In cases where users have an assortment of equipment with widely varying capabilities, the available range of ERL client interfaces means that libraries can support anyone with a network connection. The wide choice of possible charging mechanisms built into ERL opens the possibility of subscribing to locally- and remotely-held databases, using different charging mechanisms for each but allowing users to search seamlessly across all databases simultaneously.

Library systems worldwide now enable the cataloguing of, and access to, networked information resources held locally or on remote servers. With the integration of SilverPlatter's ERL concept, CD-ROMs also become searchable from within Z39.50 clients, introducing a whole new level of accessibility. ERL now includes the ability to understand Z39.50 and HTTP protocols, as well as its own DXP protocol. Effectively, ERL now "speaks" three languages and because of its open architecture other standards can be implemented as they emerge. The development of a Z39.50 option has ensured even greater access to networked information, enabling Z39.50 clients to access seamlessly databases on an ERL network and on the library catalogue. This interoperability allows for the improved integration and management of library resources.

ERL contains a powerful administration programme, ERL ADMIN, which ensures that maintenance and administration across multiple campuses or consortia are quick and easy to achieve. It also makes it possible to set up and maintain user authorisation accounts and monitor usage statistics. To facilitate the special needs of large multi-site user groups, ERL provides easy authorisation of users, either one at a time or in groups via batch processing. It also facilitates the management of databases in groups, as well as individually through portfolios and tailored menu options, to meet the specific needs of each institution or consortium.

The ERL solution represents a major breakthrough for libraries which have been investing time and money to provide their customers with access to CD-ROM databases. Many of these have faced the problem that their previous efforts to achieve universal database availability have resulted only in providing access to customers with the same network operating system as the library. Using the ERL technology solution, information networking has developed to the point where libraries' database collections can now be distributed to an entire university, for example, and not only to a "privileged few". Current ERL Technology is a dynamic contributor to the concept of the truly Worldwide Digital Library: an international library of information presented in a range of open and easily accessible forms. ERL technology takes us one step nearer to the concept of the truly Worlwide Digital Library: an international library of information presented in a range of open and easily accessible forms.

Looking to the future, SilverPlatter is already developing ways of customising ERL Technology to suit the individual needs of organisations seeking to use the Internet to network their internal communications – or Intranet – information. The aim is to explore Intranet partnerships to exploit further the potential of the Internet for the global networking of private and confidential internal information.

SilverPlatter's World Wide Web gateway allows users to take advantage of the power of the Internet. It enables fully-functional remote access to databases through SilverPlatter's Internet subscription service, and authorised users can search databases loaded on the ERL server using WebSPIRS. The gateway provides secure desktop access to ERL-compliant databases through any forms-capable Web browser, such as Mosaic or Netscape. It allows authorized users to access databases using a familiar interface and to integrate searching with other Web browser applications. For many librarians, it also means that the onus of supporting each workstation largely falls elsewhere, minimizing technical support requirements, since local IT support teams attain a higher degree of involvement with the individual user. As with all SilverPlatter software and utilities, the price of WebSPIRS is included in the subscription to any SilverPlatter database.

WebSPIRS provides search capabilities to support both the novice and the experienced searcher. Its interface is stateful: that is, it remembers the user's work. WebSPIRS provides many useful features, including searching by title, author, subject or free text; search history capabilities; sorting of retrieved information; mark and save records features; thesaurus functions; and database-specific online help.

As part of SilverPlatter's commitment to working in partnership and ERL's open systems design, our technology is available under license to other information providers. The Partner Publisher Program allows third parties the opportunity to publish their own electronic data in ERL-compliant format and is particularly useful for content owners unable to follow the traditional electronic publishing route, and for non-English-language publishing. This scheme makes it possible for ERL-compliant databases to be produced and published by SilverPlatter's partners, using it as an electronic distribution platform to accelerate the development of an ERL-compliant library. Third parties already involved in publishing databases under the Partner Publisher Program include GBI of Germany, Informit Electronic Publishing, Micromedia Ltd of Canada and Info Nordic of Sweden.

The business profiles of SilverPlatter's different partners vary but the attractions of partner publishing apply to all. Distributors of SilverPlatter titles are now publishing ERL-compliant databases that enhance their product mix. Technology partners are increasingly gaining a competitive edge in the marketplace by publishing ERL-compliant databases to complement their own product line. Information partners are frequently taking advantage of partner publishing to respond to niche market information demands and to supplement SilverPlatter's own publishing activities.

SilverPlatter also works in partnerships through the Partner Hosted Servers programme on the Internet. This programme has evolved through sharing technology with information providers and allows each partner to host databases on its own ERL server and offer Internet delivery to its own user communities as well as SilverPlatter's. For example, University College London currently offers 17 databases on its Academic Reference Centre service, to all JANET subscribers in the UK.

The unrelenting growth of the Internet has brought with it new expectations from information seekers throughout the world. Proprietary restrictions on information are becoming less acceptable to users, and no single publisher can claim to provide all that the information seeker could want. Users expect and demand choice and will no longer tolerate a prescriptive approach. Through collaboration with a broad range of partners, SilverPlatter offers SilverLinker, an implementation which immediately gives access to hundreds of journals, using open and standard technologies. It represents SilverPlatter's solution for the integration of bibliographic reference databases and Internet-available full-text electronic journals from some of the world's leading primary publishers.

SilverLinker utilises SilverPlatter's client/server ERL technology. Using WebSPIRS, the gateway and client for accessing databases via Netscape, Microsoft Internet Explorer and other WWW browsers, the user can simultaneously search multiple SilverPlatter reference databases. Once the search is complete and the user has defined the set of results best matching the search criteria, it is possible to navigate directly to the precise point within the electronic journal containing the article cited in the bibliographic database. Alternatively, this information can be retrieved from the library through the library holdings message; or the document can be ordered via a preferred document delivery supplier.

By working together, SilverPlatter and its partners combine over 300 ERL-compliant databases and hundreds of the world's leading journals in the fields of science, technology and medicine. All users of SilverPlatter's ERL technology and its growing base of Net-served customers have access to these databases and journals in an integrated Web environment. SilverPlatter's intention is to work with primary publishers in all of these areas to co-create, integrate and deliver new options, including services to stand alone CD-ROM and smaller LAN customers in the future.

SilverPlatter databases can now be published in the international standard SGML format. The first such product to be released is the "Health-CD", a collection of health care and management documents contained on one CD-ROM, released in mid-1997. It is the result of collaboration between SilverPlatter, the Department of Health and the Stationery Office. This and other databases built directly from SGML data are freely searchable using an SGML-enabled version of WinSPIRS or WebSPIRS.

SGML databases give the user the opportunity to search the full text of a document within the database using all of the features of SPIRS retrieval software already mentioned. The many benefits offered by this new database format include structured searching, improved support for tables, support for the display of subscript, superscript and mathematical equations, and the ability to display many language characters sets including Greek. The capability to publish SGML titles provides the user with a wider choice of databases, displayed to a higher quality.

Another important new technology is represented by the development of the DVD-ROM. This is an optical disc which provides approximately 30 times the capacity of standard CD-ROMs while maintaining compatibility with current CD-ROM applications. One major benefit is that DVD will make larger databases more manageable since more data will fit on each disc. The DVD enables data to be stored in two layers on each side of a disc resembling a CD-ROM. Each layer has almost four gigabytes of storage capacity. Importantly in view of the size of the current CD-ROM market, DVD-ROM drives are also able to read traditional CD-ROMs: in fact, DVD-ROM readers will be approximately 20 percent faster than the fastest CD-ROM drive. The first SilverPlatter database made available on DVD in December 1996 was „The Union Catalogue of Belgium Research Libraries", developed in partnership with Pioneer Electronics and IVS, a SilverPlatter distributor and partner publisher in Belgium. The second was Medline Advanced, the premier bibliographic database of international biomedical literature, in mid-1997. Both titles exemplify SilverPlatter's principle of collaboration by providing superlative technology and market access to global and local knowledge resources in a virtual marketspace.

Using all of these means and in collaboration with its partners, SilverPlatter continues to share its Electronic Reference Library and other technologies. SilverPlatter is committed to shaping an integrated environment for the exchange of information and the creation of knowledge: a common technological framework on which digital libraries can be created and interconnected to form a worldwide library. Its intention is to share database creation and publishing systems and other enabling technologies so that all concerned parties can participate in the creation of a richer, more synergistic Worldwide Digital Library of knowledge.

HELMUT GRING

ERL Technologie im Einsatz

Besonders bibliographische Datenbanken ermöglichen einen guten Überblick über das aktuelle Wissen eines Fachgebietes. In unserer schnelllebigen Zeit ist es für jeden Benutzer solcher Datenbanken besonders wichtig, einen einfachen und schnellen Zugang zu diesen dringend benötigten Informationen zu haben. Durch eine hohe Verfügbarkeit von Artikeln aus wissenschaftlichen Zeitschriften wird erst die Grundlage für eine effektive wissenschaftliche Arbeit geschaffen. Aktuelle Informationen sind aber auch in den verschiedenen Fachbereichen für die praktische Arbeit von Vorteil und dringend erforderlich.

Eine intensive Nutzung der wichtigsten Datenbanken ist auf einer breiten Basis anzustreben, um Entwicklungskosten zu sparen und neue Möglichkeiten zu erkennen. Gut informierte Personen stellen ein großes Potential für neue und sinnvolle Projekte und Erfindungen dar. Eine Optimierung der Kosten für so eine breiten Datenbanknutzung ist im Zuge des Sparpaketes ein Gebot der Stunde. All das muß natürlich auch zu einer weiteren Aufwertung der Bibliotheken führen, ohne die eine solche Entwicklung nicht denkbar ist.

Anforderungen: Aus der praktischen Arbeit mit solchen Datenbanken resultieren viele Forderungen, die ich hier nur unvollständig wiedergeben kann:

- Es ist oft sehr aufwendig, die Benutzer in die Bedienung der diversen Suchprogramme und Suchstrategien einzuführen. Andererseits erzielen aber nur gut geschulte Benutzer gute Ergebnisse bei Datenbankrecherchen.
- Am effektivsten für den Anwender ist ein problemloser Zugang zu den Datenbanken vom eigenen Arbeitsplatz aus.
- Damit die Bibliotheken vor Ort gut genutzt werden können, ist ein Hinweis auf den Standort der Originalarbeit wünschenswert.
- Umfangreiche Datenbanken sollen möglichst mit einem Suchvorgang zu durchsuchen sein. Bei einer Datenbank mit vielen Zeitabschnitten ist es unpraktisch, wenn eine Gesamtsuche aus technischen Gründen nicht möglich ist.
- Eine einheitliche Benutzeroberfläche für alle angebotenen Datenbanken senkt die Hemmschwelle für die Nutzung unterschiedlicher Datenquellen.
- Für den Netzwerkbetrieb ist eine geringe Belastung der Datenleitungen erforderlich.
- Die eingesetzten Server sollen leicht administrierbar sein.

SilverPlatter-Lösungen: Die ERL Technologie (Electronic Reference Library) von SilverPlatter bietet als Lösung für diese Forderungen:

- Der Zugriff ist von unterschiedlichen Betriebssystemen aus, auf alle am Server angebotenen SilverPlatter Datenbanken möglich.
  Mit dem WebSpirs Interface kann unabhängig vom verwendeten Computer mittels eines Internetbrowsers (Netscape etc.) zugegriffen werden.
  Genauso sind aber auch alle anderen Suchprogramme von SilverPlatter wie WINSpirs, MacSpirs, DosSpirs und UNIX Spirs ERL-fähig.
- Mit der gleichen Benutzeroberfläche können gleichzeitig sowohl lokale CD s als auch am ERL Server montierte Datenbanken durchsucht werden.
- Der ERL Server arbeitet in einem echten *Client – Server Modus*. Das heißt, daß der Server echte Datenbanksuchen durchführt, die vom Client Programm in Auftrag gegeben wurden. Durch diese Technologie übernimmt der Server Rechner mehr Aufgaben, als bei den sonst üblichen Netzwerklösungen.
- Es werden so weniger Informationen zwischen den Rechnern ausgetauscht, wodurch es zu einer minimalen Leitungsbelastung kommt. Dies gestattet auch Benutzern, die eine langsamere und nicht so leistungsfähige Leitung zum Server haben, einen guten Zugang zum ERL Server.
  Es läßt sich leicht zeigen, daß es bei der Anwendung dieser Technologie zu viel kürzeren Suchzeiten kommt.
- Durch die Verwendung des TCP/IP Protokolls ist dieser Server praktisch über jeden Internetzugang technisch erreichbar.
- Der tägliche Betrieb eines Datenbankservers erfordert eine gute Kontrolle des laufenden Betriebes.
  Der ERL-Server bietet sowohl nach Datenbanken als auch nach Benutzern gegliederte Statistiken. Dies erleichtert die Planung und die Disposition über die angebotenen Dienste.
- Die ERL Datenbanklizensierung stellt sicher, daß eine Verwendung der Datenbank nur innerhalb der bezahlten Lizenzen möglich ist. Dies hilft, die Vertragssicherheit sowohl für den Datenbankanbieter als auch für den Datenbanknutzer zu gewährleisten.
- Der ERL Adminstrator kann jederzeit überprüfen, wer den Server gerade benützt. Dadurch ist eine Überwachung des laufenden Betriebes gewährleistet.
- Die ERL Benutzung kann auf bestimmte TCP IP Segmente und Adressen beschränkt werden. Den verschiedenen ERL Nutzern können zusätzlich noch unterschiedliche Rechte zugeteilt werden.

Erste Erfahrungen zur gemeinsamen Nutzung eines Servers

Die Zentralbibliothek für Medizin (ZBMed) und die Univ. Bibliothek Graz (UB Graz) verwenden seit 1. März 1997 einen gemeinsamen Server. Dieser ERL Server befindet sich in den Räumlichkeiten der ZBMed im Allgemeinen Krankenhaus in Wien.

Diese Maschine ist Teil des lokalen CD Netzes (derzeit 4 Server), das im Rahmen eines Servicevertrages von der Firma ASOG betrieben wird. Unsere Firma führt sämtliche Arbeiten aus, die für einen reibungslosen Betrieb der Server notwendig sind, und betreut auch alle Benutzer innerhalb der medizinischen Fakultät der Univ. Wien. Selbstverständlich hat das Personal der ZBMed jederzeit die Möglichkeit auch selbst die Server zu bedienen, wenn dies gewünscht wird.

Statistik: Derzeit versorgt der vorhandene ERL Server lt. unserer Statistik etwa das halbe AKH Wien und alle außengelegenen Institute der medizinischen Fakultät, sowie seit einem Monat auch die MEDLINE Benutzer der Univ. Graz. Die positiven Erfahrungen mit dem ERL Server führten dazu, daß die ZBMed einen weiteren ERL Server bestellt hat, der eine Ausweitung des Betriebes ermöglicht.

- Am ERL Server werden derzeit folgende Datenbanken angeboten:
  - MEDLINE *komplett bis 1966 mit monatl. Updates*
  - *SERLINE*
  - Current Contents Life Sciences & Clinical Medicine. *mit wöchentlichen Updates.*
  - *EMBASE* bis 1989 mit monatl. Updates

Die UB Graz hat derzeit nur MEDLINE lizenziert, und daher können die Grazer Benutzer auf die anderen Datenbanken noch nicht zugreifen.

Obwohl die Monatsstatistik nur bis zum 22.März 1997 reicht, sind bereits 4380 Stunden insgesamt angefallen (das sind 199 Stunden pro Tag oder 8 User gleichzeitig Tag und Nacht). Etwa 380 MB Daten wurden in dieser Zeit aus den Datenbanken herausgeholt.

Etwa 26 % dieser Nutzungszeit entfällt auf die UB Graz. Die Current Contents Datenbank wurde von den Benutzern gut angenommen, die Nutzungszeit beträgt etwa 15% der Gesamtnutzungszeit der ZBMed. Bei der EMBASE Datenbank sollte die Lizenz erweitert werden, da es immer öfter zu Zugriffssperren kommt. Deshalb liegt der Nutzungsanteil nur bei 13%, obwohl der Bedarf sicher höher wäre.

Auch die ZBMed bietet derzeit noch nicht alle subskribierten SilverPlatter Datenbanken über ERL an. Erst die neu angeschaffte Maschine wird es erlauben, dieses Angebot in den nächsten Wochen zu erweitern.

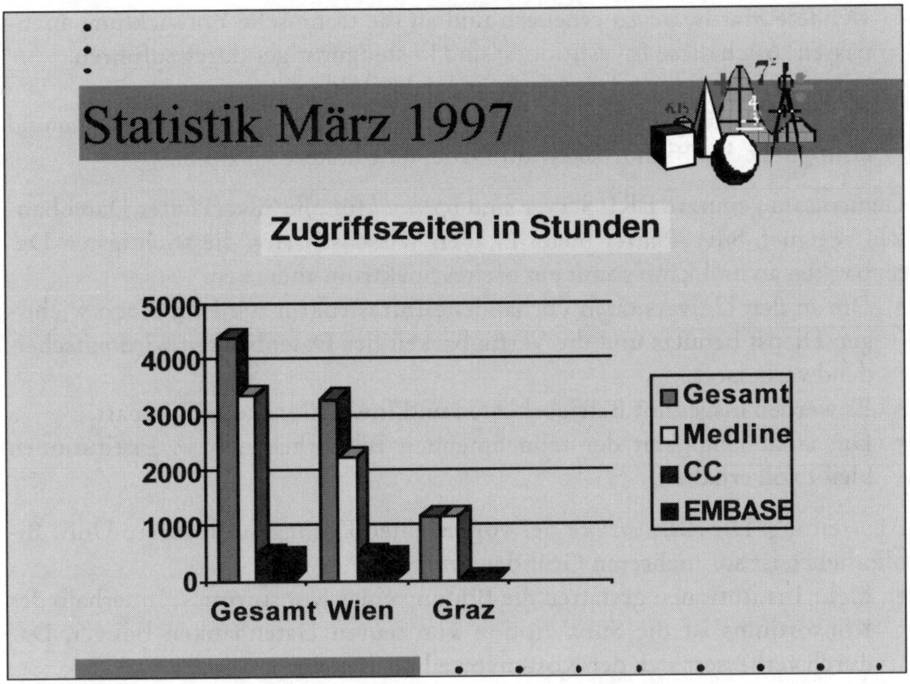

Infrastruktur: Die notwendige Infrastruktur für den Betrieb der ERL Server ist vorhanden:

- Für die UB Graz, aber auch für alle anderen Univ. Bibliotheken in Österreich, ist es leicht möglich, auf die ERL Server in der ZBMed zuzugreifen. Der Zugang über den UNI Backbone garantiert gute Zugriffszeiten.
- Um die Ausweitung des Betriebes auf die UB Graz zu ermöglichen, mußte lediglich der bestehende Servicevertrag mit der ZBMed durch eine Zusatzvereinbarung mit ASOG erweitert werden.
- Es ist prinzipiell möglich dieses neue Angebot in einen Menuepunkt des selbstverständlich weiterhin lokal bestehenden CD ROM Netzes zu integrieren.
- Die vorgestellte Lösung bringt bereits in der derzeitigen Konstellation wesentliche Kostenvorteile.
- Die gemeinsam genutzte Hardware erspart insgesamt Investitionskosten für die Erstanschaffung.
- Die Aufteilung der Betriebskosten ist ein Kostenvorteil für beide Bibliotheken.
- Durch den technischen Fortschritt wird es laufend notwendig sein, die ver-

wendete Hardware zu erneuern und an die technische Entwicklung anzupassen. Auch diese Investitionen sind kostengünstiger durchzuführen.
- Softwareupgrades sind einfacher und daher billiger.
- Das Outsourcing des Betriebes an die Firma ASOG spart Dienstposten und ermöglicht den Bibliotheken auf Dauer eine höhere Flexibilität.

Gemeinsam genutzte ERL Server sind *optimal* für alle SilverPlatter Datenbanken geeignet. SilverPlatter bietet in allen Wissenssparten die wichtigsten Datenbanken an und kann somit ein breites Spektrum abdecken.
- Die an den Universitäten vorhandene Infrastruktur wird für einen wichtigen Dienst benutzt und die Verfügbarkeit der Datenbanken wird entscheidend verbessert.
- Es werden insgesamt Betriebskosten und Investitionskosten gespart.
- Die Unabhängigkeit der teilnehmenden Bibliotheken bzw. Institutionen bleibt voll erhalten.

Ausweitung: Die *Ausweitung* der vorgestellten Lösung auf mehrere Univ. Bibliotheken ist aus mehreren Gründen *sinnvoll*:
- Mehr Institutionen gestatten die Bildung eines Konsortiums. Innerhalb des Konsortiums ist die Subskription von teuren Datenbanken billiger. Dadurch verbessert sich der Kostenvorteil noch mehr.
- Es ergeben sich neue Vorteile für die Benutzer an den Universitäten. Mehr Datenbanken können vom eigenen Arbeitsplatz mit der selben Benutzeroberfläche verwendet werden. Dadurch wird es zu einer vermehrten Benutzung der Datenbanken kommen.
- Für die Bibliotheken bedeutet dies eine vermehrte Nutzung des Bestandes und eine Aufwertung des Stellenwertes der Bibliothek.
- Die vorbereitenden Gespräche mit den Universitätsbibliotheken haben gezeigt, daß es offensichtlich ein reges Interesse an der Bildung eines Konsortiums gibt.
- Besonderes Interesse gilt der Nutzung von Current Contents Datenbank im Rahmen eines Konsortiums.

ANGELA SCHILLING

SwetsNet – Umfassender Volltext-Service aus einer Hand –

1. Einleitung

In der heutigen Informationsgesellschaft bei zunehmender Vernetzung und Globalisierung wird die schnelle und zuverlässige Informationsversorgung immer wichtiger. Aktuelle und relevante Wissensinhalte müssen direkt verfügbar sein, und zwar unabhängig von Ort und Zeit.

Die Datennetze der Informations und Kommunikationstechnologie potenzieren die Verbreitung von Information zu einer nahezu unvorstellbaren Größe. Obgleich die gedruckte Zeitschrift noch immer das wichtigste Medium für wissenschaftliche Veröffentlichungen darstellt, gewinnen elektronische Informationssysteme doch zunehmend an Bedeutung. Denn elektronische Medien bieten ungeahnte neue Möglichkeiten für die Verbreitung von Informationen.

Bereits im vergangenen Jahr hat die Anzahl der wissenschaftlichen Zeitschriften, die im Volltext über Internet angeboten werden, rasant zugenommen. Es ist davon auszugehen, daß der Anteil der wissenschaftlichen Publikationen im Internet auch weiterhin zunehmen wird. Immer mehr Verlage gehen dazu über, neben der gedruckten auch eine elektronische Version ihrer Zeitschriften anzubieten. Daneben ist außerdem eine wachsende Anzahl rein elektronischer Zeitschriften zu verzeichnen. Bei zunehmendem Angebot wird der Überblick über die am Markt verfügbaren Titel und die jeweiligen Zugangsbedingungen bzw. Konditionen für die gewünschte Nutzungsart immer schwieriger.

Neben dieser Unüberschaubarkeit stellen sich den Bibliotheken aber auch ganz neue organisatorische und verwaltungstechnische Aufgaben etwa hinsichtlich der Zugangsregelungen und Lizenzvereinbarungen. Die Bewältigung der administrativen Abläufe erfordert häufig zahlreiche direkte Verlagskontakte und für die Nutzung der jeweiligen Angebote auch verschiedene Zugriffswege.

Genau hier möchten wir mit SwetsNet unseren Kunden Erleichterung verschaffen.

1. *Abwicklung der administrativen Vorgänge* (angefangen von der Zugangsregelung mit Benutzer- und Passwordverwaltung bis hin zur Rechnungsstellung)

2. *Zentrale Informationsbereitstellung* für eine breite Palette wissenschaftlicher Zeitschriften über einen Zugang, d.h. online-Zugriff auf die Volltexte.

2. *SwetsNet bietet:*

SwetsNet ist unser sogenanntes Electronic Warehouse und ist die logische Fortsetzung unserer bisherigen Dienstleistungen, denn die Vorteile, die wir als internationale Zeitschriftenagentur zahlreichen Bibliotheken in aller Welt seit über 90 Jahren bei der Beschaffung konventioneller Publikationen bieten, gelten umso mehr für elektronische Zeitschriften:

Umfassender Service aus einer Hand
von der Angebotserstellung über das Bestellwesen und Reklamation bis hin zur Rechnungsabwicklung.

Elektronische Publikationen aus einer Hand:
SwetsNet ermöglicht Bibliotheken und ihren Benutzern noch in diesem Jahr den direkten Zugriff auf mehrere Hundert elektronische Publikationen und deren Bezug aus einer Hand. Wir bieten damit einen kompetenten Ansprechpartner und den zentralen Zugang für die Beschaffung, Verwaltung und die Nutzung elektronischer Zeitschriften.

Minimaler administrativer Aufwand:
Der administrative Aufwand, der erforderlich ist, bevor die gewünschten Informationen letztendlich dem Benutzer zur Verfügung gestellt werden können, läßt sich auf ein Mindestmaß reduzieren, denn:

- Bestellabwicklung, Zugangsregelungen und Lizenzvereinbarungen sowie die Berechnung werden für den Benutzer erledigt.
- Die Verknüpfung mit unserem Abonnementverwaltungssystem garantiert die zuverlässige Überwachung von Laufzeiten und die korrekte Berechnung.
- Der vollständige bibliographische Titelnachweis erleichtert die Übersicht über das vorhandene Angebot.
- Integrierte Funktionen zur Benutzerverwaltung erlauben eine einfache Passwordverwaltung.
- Individuelle Suchprofile und Alerting-Funktionen dienen der bedarfsgerechten Informationsversorgung.
- Nutzerstatistiken schaffen Transparenz.

Stufenweiser Zugang
Mit Verfügbarkeit von SwetsNet im Mai werden 500 bis 600 Zeitschriften im Volltext einschließlich der zugehörigen Abstracts und Inhaltsverzeichnisse enthalten sein. Dabei erlaubt das System den stufenweisen Zugriff auf die Inhaltsverzeichnisdaten, Abstracts und die einzelnen Artikel im Volltext direkt vom Arbeitsplatz des Bibliothekars, Informationsvermittlers oder Endbenutzers.

Es handelt sich um Publikationen der folgenden Verlage:
- Springer
- Chapman & Hall
- Blackwell Science
- MCB University Press
- Baltzer
- Mechanical Engineering Publications
- American Institute of Physics
- Routledge
- Oxford University Press
- 2 Titel von Academic Press
- Swets & Zeitlinger

3. SwetsNet – Möglichkeiten der Nutzung

Zugriff über WWW im Internet und Intranet:
SwetsNet wird über WWW mit den gängigen Browsern wie NETSCAPE und Microsoft Explorer zugänglich sein. Dabei können die Daten sowohl online über Internet auf unserem Server in den Niederlanden als auch in einem campus- oder firmenweiten sogenannten Intranet lokal genutzt werden. Die Nutzung innerhalb eines geschlossenen Intranets bietet sich an zur Beschleunigung der Antwortszeiten und auch vom Sicherheitsaspekt her, der in vielen Unternehmen eine Rolle spielt.

Bei der online-Nutzung erfolgt der Zugriff auf den Swets-eigenen Web-Server in unserer Zentrale in Lisse.

Gateway-Verbindungen:
Darüber hinaus gibt es auch Gateway Verbindungen zu einzelnen Verlagsservern. Dies ist immer dann der Fall, wenn die einzelnen Zeitschriftenartikel nicht auf unserem Server bereitgestellt werden können, sondern beim Verlag im Volltext aufliegen. Dem SwetsNet-Nutzer jedoch wird dies nicht bewußt, denn unmittelbar nach dem Mouseklick auf einen gewünschten Artikel zur

Volltextanzeige wird er automatisch zum entsprechenden Verlagserver durchgeschaltet.

Zugriffschutz über Passwordvergabe und IP-Check:
Die Zugangskontrolle erfolgt zum einen per Password (wobei hier auch die Möglichkeit des mehrstufigen Passwordschutzes durch die Bibliothek selbst besteht) und zum anderen über einen Abgleich der IP-Nummer bzw. der Domain, die einen Rechner bzw. eine geographische Einheit eindeutig identifizieren. Benutzerkennung und Password gelten nur für den registrierten IP-Bereich. Dadurch lassen sich die zutreffenden Konditionen zur Nutzung elektronischer Publikationen innerhalb von SwetsNet exakt zuordnen, Zugangsberechtigungen kontrollieren und Lizenzvereinbarungen einhalten.

Effiziente Suchmöglichkeiten:
Für die Recherche stehen die üblichen Boole'schen Operatoren (AND, OR, NOT) zur Verfügung sowie Abstandsoperatoren für die kontextbezogene Suche. Die Anzeige der Ergebnisse erfolgt nach ihrer Relevanz, so daß die Treffer, die der Suchanfrage am ehesten entsprechen, zuerst aufgelistet werden. Die Hinzufügung von bibliotheksspezifischen Standortangaben erlaubt die rasche Lokalisierung eines gewünschten Titels vor Ort.

Integration über Z39.50:
Die Nutzung von SwetsNet aus lokalen Bibliotheksanwendungen wird über die Implementierung von Z39.50 realisiert werden. Damit ist es möglich, direkt aus einem OPAC, der dieses Protokoll unterstützt, auf die gewünschten Volltexte in SwetsNet zuzugreifen ohne das gewohnte System verlassen zu müssen.

SwetsNet – Kostenstruktur
Grundsätzlich wird es so sein, daß die Verlage die Konditionen für die elektronische Bereitstellung ihrer Produkte bestimmen, die wir dann entsprechend weitergeben, so wie dies auch bei gedruckten Publikationen der Fall ist. Das hat zur Folge, daß es sicherlich kein homogenes Preisgefüge innerhalb von SwetsNet geben wird, sondern verlagsspezifische Ausgestaltungen, Sonderkonditionen für bestimmte Titel oder Pakete, für Konsortia und dergleichen mehr.

Allerdings, und das ist sicherlich ein ganz entscheidender Vorteil von SwetsNet, muß sich der Endnutzer bzw. die Bibliothek, die diesen Service über uns bezieht, um Preisverhandlungen und Lizenzvereinbarungen nicht selbst kümmern. Dies wird ebenso wie die Rechnungsabwicklung von uns erledigt.

SwetsNet – Nutzungsgebühr

Neben den verlagsspezifischen Konditionen für die Nutzung der jeweiligen Online-Titel wird es eine feste jährliche Gebühr für die Nutzung von SwetsNet geben, die wir für die Nutzung dieses Service ähnlich wie Behandlungsgebühren für die Beschaffung von Print-Publikationen erheben. Die Kosten hierfür werden auf Titelbasis pro Jahr berechnet und betragen DM 2,25 pro Titel im Jahr und maximal DM 1.250,- ab einer Menge von 560 Titeln im Jahr. Der Zugang zu SwetsNet wird 1997 allerdings noch kostenfrei sein.

Diese Nutzungsgebühr berechtigt zur Anzeige des gesamten SwetsNet-Titelbestandes einschließlich der zugehörigen bibliographischen Daten sowie der kompletten Inhaltsverzeichnisdaten und außerdem zur Nutzung der Alerting- und Statistikfunktionen für den abonnierten Bestand.

Zunächst wird der Bezug der Dateninhalte nur auf Abonnementebene möglich sein, d.h. eine Bibliothek abonniert eine elektronische Zeitschrift entweder zusätzlich zu einem bestehenden Print-Abonnement oder nur in der elektronischen Version.

Im Sinne überschaubarer betriebswirtschaftlicher Kalkulationen ist dies derzeit das von den Verlagen favorisierte Modell. Aber wir gehen davon aus, daß es in Zukunft auch bedarfsgerecht abrufbare Informationen auf der Basis pay per article oder pay per view innerhalb von SwetsNet geben wird.

Mit einem laufenden Abonnement für eine elektronische Zeitschrift hat man Zugriff auf den Volltext der jeweiligen Heftausgaben, auf die darin enthaltenen Abstracts und die Inhaltsverzeichnisse mit der Möglichkeit, diese Daten beliebig oft auf den eigenen Rechner herunterzuladen und auszudrucken.

4. SwetsNet – Zeitplanung

- Noch im Laufe dieses Jahres sollen 1.000 Titel im Volltext mit Inhaltsverzeichnisdaten und Abstracts angeboten werden.
- Innerhalb der nächsten 2 Jahre sollen weitere 4.000 Titel hinzukommen, so daß dann insgesamt 5.000 Titel bereitstehen.

KATRI DEISSROTH

Totgesagte leben länger – Elektronischer Zugriff auf Mikroformen am Beispiel der Goldsmiths'-Kress Library of Economic Literature

In den letzten Jahren haben sich die elektronischen Medien und alles was dazu gehört stark verbreitet. Bei dem Wort „Netz" denkt heute kein Mensch mehr an Fischen oder das Einkaufsnetz. Wenn ich nach den Produkten, die Primary Source Media vertreibt gefragt werde, höre ich sehr häufig „Wie bitte? Mikroformen – wer kauft denn noch sowas, das ist doch Schnee von gestern." Zunächst geschockt, fragte ich mich, ob da irgendetwas an mir vorbeigegangen ist (obwohl der Großteil des Umsatzes in meinem Vertriebsbereich in den letzten Jahren nach wie vor durch Mikrofilm und -fiche bestritten wurde). In schlimmsten Träumen sah ich mich in der Schlange der Arbeitsuchenden, tagsüber aber mit der Situation auseinandergesetzt und gelangte zu folgenden Fragestellungen und Überlegungen:

1. Warum kaufen und benutzen Bibliotheken Mikroformen?
2. Woher kommt das (trotzdem) schlechte Image?
3. Was bieten die elektronischen Medien im Gegensatz zu Mikroformen?
4. – und was nicht?

1. Warum kaufen und benutzen Bibliotheken Mikroformen?

Zunächst sei angemerkt, daß Kaufen und Nutzen nicht automatisch dasselbe sind (gleiches gilt aber auch für die neuen Medien). Bei Mikroformen steht die Bestandserhaltung (sei es Sicherheitsverfilmung oder Papierersatz) zumeist umfangreicher Sammlungen an erster Stelle. Die oft hohen Anschaffungskosten können durch den Wegfall zusätzlicher Kosten, wie z.B. das Binden von Zeitschriften oder die Platzersparnis, die bis zu 95% betragen kann, kompensiert werden.

Der Zugang zu im Original unzugänglichen Dokumenten, wie z.B. Inkunabeln oder Handschriften ist ein weiterer Anschaffungsgrund, sei es weil diese Werke im Original zu wertvoll zur allgemeinen Benutzung sind, oder weil das Original nur an geographisch weit entfernten Orten vorhanden ist.

2. *Woher kommt das (trotzdem) schlechte Image?*

„Film und Fiche werden kaum genutzt. Die umständliche Handhabung beider Medien und auch die Suchmöglichkeiten sind nicht benutzerfreundlich." Was ist an der Benutzung einer Originalzeitung weniger umständlich? Jeder, der jemals versucht hat in der Economy Class eines Flugzeugs eine Ausgabe der Sunday Times zu lesen, wird mir sicherlich zustimmen. Ein Manko ist bei vielen Sammlungen sicherlich die mangelhafte Indexierung, vor allem wenn Kollektionen über Jahre hinweg immer wieder ergänzt werden, aber kein kumulierter Index fortlaufend erstellt wird, sondern der Index ausschließlich mit Ergänzungen fortgeführt wird. Hier greife ich mir als Repräsentantin eines Mikroformen-Verlags auch an die eigene Nase ...

Ungenügende Nutzung kann aber auch Indiz für fehlendes Marketing innerhalb der Bibliothek für die Bestände auf Mikroform sein. So hörte ich bei Ausstellungen während Fachtagungen im Universitätsbereich von Angehörigen der betreffenden Universität unter großem Seufzen: „Diese Sammlung wäre toll für unsere Arbeit, aber so etwas kann sich unsere Bibliothek niemals leisten", wobei mir bekannt war, daß die betreffende Bibliothek diese Mikrofilme bereits seit mehreren Jahren besaß.

EXKURS

Hierzu eine Anmerkung: ich hatte Gelegenheit im März dieses Jahres an einer Konferenz zum Thema: „The New Information Environment and its Application to Libraries" teilzunehmen, die in Famagusta / Gazimagusa, Nordzypern stattfand. Die Teilnehmer – vornehmlich Bibliothekare aus der Türkei und Nordzypern – diskutierten auch die erwähnte „Marketingfrage": Bibliothekare oder Information Scientists müßten im Hinblick auf die sich wandelnde Informationslandschaft gegenüber den sie finanzierenden Admininistrationen ihre „Daseinberechtigung" immer stärker nachweisen. So äußerte ein dort ebenfalls anwesender bibliothekarisch unbedarfter Kulturpolitiker: jetzt könne man doch alles über das Internet bekommen und bräuchte keine Bücher und Zeitschriften mehr – geschweige denn Bibliotheken, weil jede und jeder via Terminal durch die Informationslandschaft „datenreiten" kann. Hierzu paßt auch die Aussage von Vittorio E. Klostermann: Nicht die Netze sind die Feinde des Buches, sondern die Wissenschaftspolitiker, die sich in ihnen verstrickt haben.[1]

[1] Vittorio Klostermann: Durchs Internet zum Medienbruch, FAZ, 29.5.1996, Seite N6

3. Was bieten die elektronischen Medien im Gegensatz zu Mikroformen?

- Schnelligkeit bei Recherche
- große Datenmengen auf kleinstem Raum
- bisher ungeahnte Verknüpfungsmöglichkeiten und somit auch eine neue Qualität der Recherche

4. – und was nicht?

Vor allem nicht Ersatz für das „Gewußt wie“: die immense Informationsfülle in Kombination mit zahlreichen Suchmöglichkeiten führen manchen bei der Recherche in eine ähnliche Situation wie den Matrosen im Rettungsboot: so viel Wasser aber kein Tropfen zum Trinken....

Beständigkeit, die den Ansprüchen der Bestandserhaltung entspricht. Noch wissen wir wenig über die Lebensdauer von CD-ROM's und Tapes bzw. der auf Ihnen gespeicherten Daten – von der fortschreitenden technischen Entwicklung ganz abgesehen. Vielleicht hat eine zur Zeit handelsübliche CD-ROM in zwanzig Jahren den gleichen Status wie eine Schellackplatte heute und die zur Zeit gängigen CD-Drives werden uns wie Grammophone zum Kurbeln erscheinen.

In einer Information der Kommission des DBI für Bestandserhaltung, veröffentlicht in der Märzausgabe des Bibliotheksdienst heißt es hierzu „Elektronische Datenträger kommen für die Archivierung nicht in Betracht, da Aussagen über deren langfristige Haltbarkeit und Benutzbarkeit derzeit nicht möglich sind. Gleichwohl bieten Digitalisierungen auf der Basis vorhandener Ersatz- bzw. Sicherungsfilme für die aktuelle Benutzung große Vorteile.“[2]

Eine Möglichkeit die konservative, bewahrende und moderne Informationswelt miteinander zu verbinden „the best of both worlds“, möchte ich Ihnen heute am Beispiel der *Goldsmiths'-Kress Library of Economic Literature* vorstellen:

Die Mikrofilmkollektion vereinigt die Bestände von zwei der bedeutendsten Bibliotheken der Wirtschaftswissenschaften, die ursprünglich von Herbert Somerton Foxwell (1849-1936) zusammengestellt worden waren. Somerton war Professor der Ökonomie und zugleich ein leidenschaftlicher Buchliebhaber. Die beiden Basissammlungen der *Universität London* und der *Kress Library of Business and Economics der Harvard Graduate School of Business*

[2] Hartmut Böhrenz, Yorck Haase, Harald Weigel: Kriterienkatalog für bestandssichernde Maßnahmen der Bibliotheken, Bibliotheksdienst 31 (1997), H. 3, S. 405

Administration in Boston wurden zusätzlich ergänzt um Materialien aus der *Seligman Collection*, der *Butler Library der Columbia Universität*, der *Sterling Library der Yale Universität* und der *New York Public Library*

Insgesamt bilden fast 60.000 Originaldokumente diese „Primary Source“ hauptsächlich aus den Bereichen Geschichte, Politik und Sozialgeschichte und -politik, unterteilt in Monographien von der 2. Hälfte des 15. Jahrhunderts bis 1850 und Fortsetzungswerke nach 1906. Die Klassifizierung folgt dem Goldsmiths's Katalog in 14 Kategorien: Trades and Manufactures, Commerce, Colonies, Finance, Transport, Social Conditions, Slavery, Politics, Socialism, Miscellaneous, General, Agriculture, Corn Laws, Population

Der Hauptteil der Dokumente ist in englischer Sprache, weitere europäische Sprachen sind vertreten. Erwähnt sei außerdem, daß die Verfilmung auf Silberhalogenidfilmen erfolgte, die internationale Standards erfüllen und u.a. auch von der Deutschen Forschungs Gemeinschaft zur Anschaffung und Benutzung empfohlen werden.

Ein wunder Punkt war bislang der Index, da auch diese Kollektion zeitlich nicht chronologisch zusammengefügt worden ist. Der gedruckte Index ist ausgesprochen komplex und im wahrsten Sinne des Wortes von großem Gewicht (ca. 10 kg). Neben der Katalogisierung der *Goldsmiths'-Kress Library of Economic Literature* via OCLC bietet Primary Source Media nun auch den Zugang via Index auf CD-ROM. Erzielt werden soll hier durch eine größere Attraktivität und Steigerung des Bekanntheitgrades der Mikrofilmsammlung. Kriterien bei der Suche nach Dokumenten aus dieser 4.263 Filmrollen umfassenden Sammlung sind Autor, Titel, Kategorie, Jahr, sowie Identifikationsnummer pro Dokument sowie die Filmnummern.

Bedeutung und Umfang der Kollektion haben ihren Preis und da die Budgets der Bibliotheken von allen Seiten strapaziert werden, bieten wir für diese und andere Research Collections – wie z.B. auch die 8260 Filmrollen umfassende *18th Century Collection* – Konsortiumsangebote: Mehrere Bibliotheken innerhalb eines Staates, Staatenverbands oder sonstiger Interessengemeinschaften, kaufen diese gemeinsam zu Konsortiumsbedingungen. So kann jede Bibliothek die komplette Sammlung erhalten zu einem aus mehreren Budgets tragbaren Preis.

Diese Idee ist sicherlich nicht neu, aber ein Weg in die richtige Richtung um *Ihren* Kunden problemlosen Zugang zu wertvollen Informationen zu ermöglichen und das zu Bedingungen die für *unsere* Kunden akzeptabel sind.

MICHELE CASALINI

EDI-Anwendungen bei der Firma Casalini

Einführung zu EDILIBE

Das Projekt „EDILIBE – Electronic Data Interchange for Libraries and Booksellers in Europe", das von der EG-Kommission unter dem „Aktionsplan für die Bibliotheken in der Gemeinschaft" unterstützt wurde, bestand aus zwei Phasen. Die erste, die im Jahre 1991 begann und im Jahre 1992 endete, diente der Untersuchung, ob EDIFACT-Anwendungen, die in anderen Branchen verwandt werden, auf Buchhandel und Bibliotheken übertragbar wären. Hauptaufgabe der ersten Phase der Projektarbeit, die als Analyse und theoretischen Erarbeitung von Grundlagen diente, war die Entwicklung von für den Buchhandel geeigneten Formaten, die als Untermengen (sogenannten Subsets) aus den EDIFACT-Standardnachrichten (Angebote, Bestellungen, Meldungen und Rechnungen) gebildet wurden, sowie die Prüfung der Verwendbarkeit der bereits in Bibliotheken eingesetzten Austauschformate. In der zweiten Phase von EDILIBE (die im April 1993 begann und im Dezember 1995 endete und an der fünf Bibliotheken, zwei Software-Anbieter und drei Buchexporteure aus fünf europäischen Ländern teilnahmen) wurde ein Konzept erarbeitet, welches insgesamt und bezogen auf jeden Partner die notwendigen Bausteine für die Realisierung der elektronischen Kommunikation enthielt: die Festlegung auf ein Kommunikationsnetz, den Übertragungsweg und ein Message-Handling-System nach dem X.400-Standard, die Auswahl des Konverters, die Definition der Import/Export-Schnittstellen sowie die Vorgaben für den Ausbau und die Anpassung des Inhouse Systems.

Die Projektleitung wurde in beiden Phasen von der Stadt- und Universitätsbibliothek Frankfurt/Main übernommen.

Die Ausgangslage in Italien zu Beginn des Projektes

Das EDILIBE-Projekt habe ich in Italien zum ersten Mal im Juli 1991 auf einer Sitzung über die Möglichkeiten einer Kooperation zwischen europäischen Bibliotheken in der Biblioteca Nazionale in Florenz vorgestellt, welche später als Projektpartner aktiv im EDILIBE-Projekt teilnahm. Der Enthusiasmus war groß, da dieses Bibliotheksprogramm die Zusammenarbeit zwischen europäischen Ländern im besonderen Maße fördern konnte, da die Verknüpfung heterogener Bibliothekssysteme durch ein einheitliches Übertragungsformat (EDIFACT), welches die Brücke zwischen den verschiedenen Systemen bildet, so daß jeweils nur ein einziges Konvertierungsprogramm benötigt wäre, ermöglicht wird.

Analyse der existierenden italienischen Formate und Kommunikationsstandards

Einige Monate zuvor hatte die erste Projektphase begonnen. Es wurde eine Bestandsaufnahme der italienischen Standards, welche in den Erwerbungsabteilungen der Bibliotheken und im Buchhandel benutzt wurden, sowie der Message-Handling-Systeme mit X.400-Standard durchgeführt. Diese Analyse der italienischen Realität hatte die Erkenntnis zum Ergebnis, daß in Italien bis dahin kein elektronischer Datenaustausch im Bibliotheks- und Buchhandelsbereich durchgeführt wurde – abgesehen von rein bibliographischen elektronischem Austausch (generell im UNIMARC-Format) und firmeninternem Datenaustausch mittels nicht standardisierter Unternehmensformate bei einer großen Auslieferungskette. Das einzige Austauschformat, welches damals in die Bestandsanalyse aufgenommen werden konnte, war SBN-Sistema Bibliotecario Nazionale, welches seit 1985 benutzt wurde, jedoch bis 1991 noch nicht vollständig in den Erwerbungsabteilungen angewendet wurde.

Auf der anderen Seite jedoch wurde durch die Analyse im Bereich Telekommunikation klar, daß der X.400-Standard in seiner ursprünglichen Form von 1984 zwar von vielen italienischen Unternehmen benutzt wurde – daß jedoch der Buchhandel ihn nicht nutzte. Im Jahre 1993, zu Beginn der zweiten Phase von EDILIBE, wurde eine erneute Studie über den Stand der Telekommunikation in Italien von der Biblioteca Nazionale unter Einschluß von drei anderen Anbietern, die den X.400 Standard weiterhin in der Form von 1984 benutzten, verfaßt.

Was die Notwenigkeit der Wahl einer Konvertierungshardware oder -software betraf, stellte sich heraus, daß der Markt in Italien in dieser Hinsicht an getesteten Produkten sehr begrenzt war. An Konvertern standen lediglich Produkte aus anderen Branchen (z.B. das ODETTE-System aus der Automobilbranche) zur Verfügung.

Präsentationen und Initiativen im Verlauf des Projektes

Als wichtige Aufgabe der Projektteilnehmer wurde die Diffusion von Informationen durch Veröffentlichungen von Artikeln in Fachzeitschriften, durch Diskussionen auf Bibliothekartagen, Buchmessen und durch die Organisation von Seminaren angesehen.

Die Diffusion von Informationen trug Anfang des Jahres 1995 in Italien zur Bildung einer weiteren Gruppe von Bibliothekaren, Auslieferern und Verlegern bei, deren spezifisches Interesse den Problemen im Bereich EDI galt. Einige Monate später wurde auf der Buchmesse in Turin eine Versammlung organisiert, um das generelle Interesse an der Gründung eines italienischen Verbandes zur Förderung und Durchsetzung von EDI-gestützten Anwendungen für die Übertragung bibliographischer und kommerzieller Informationen im italienischen Buchhandel in Erfahrung zu bringen.

Im März 1996 entstand endlich, mit Unterstützung der drei italienischen Verbände der Buchbranche (der Bibliothekarverband, der Verlegerverband und der Buchhändlerverband) EDI*libro* "Associazione italiana per l'EDI nel settore del libro". Augenblicklich zählt EDI*libro* 42 Mitglieder.

Die Hauptaufgaben von Edi*libro* sind:

- a) Verbreitung des EDI-Standards im italienischen Buchhandel und Bibliothekswesen (Verlage, Auslieferungen, Buchhandlungen und Bibliotheken);
- b) Sicherstellung der Beibehaltung und Pflege der Zusammenarbeit mit EDItEUR (The Pan-European Book Sector EDI Group) zwecks Aktualisierung von EDI-Standards;
- c) Teilnahme an der nationalen und internationalen Standardisierung des Sektors;
- d) Organisation von Seminaren und Ausbildungs- und Weiterbildungskursen.

Ich hoffe, daß Edi*libro* dazu beitragen wird, so viele potentielle EDI-Benutzer wie möglich aus der italienischen Buchwelt zusammenzubringen und daß ähnliche Initiativen in anderen europäischen Ländern unternommen werden.

Anwendungen und Vorausschau auf die kommenden Monate

Mit der Erfahrung und den Resultaten, die durch EDILIBE gewonnen wurden, haben wir einen realen Datenaustausch in drei der vier bisher erprobten Formate (Angebote, Bestellungen, Meldungen, aber noch nicht Rechnungen) mit der Stadt- und Universitätsbibliothek Frankfurt/M begonnen und haben bisher einen Arbeitsplan mit einigen Bibliotheken verschiedener Länder festgelegt. Die Nationalbibliothek in Florenz arbeitet darüberhinaus mit anderen italienischen SBN-Verbundsystemen im Bereich einer neuen Software-Entwicklung zusammen, um die Realisierung eines EDI-Modules, welches in verschiedene SBN-Softwarepakete integriert werden kann, zu erreichen. Weiterhin wird an der Entwicklung neuer Nachrichten gearbeitet, um die Zahl der bisher implementierten Formate zu vergrößern, um den gesamten Nachrichtenfluss (Business Cycle) abzudecken und die Nutzung von EDI-Standards auch seitens der Angebotsseite des Buchhandels (Verlage und Auslieferer) anzuregen.

Im vergangenen Jahr fanden einige andere Initiativen bezüglich der Anwendung von EDI-Standards statt, die mittlerweile die von EDILIBE geschaffenen Standards benutzen. Insbesondere ist hier der Teleordering Service zu nennen, der in Italien als der erste seiner Art entwickelt wird. Einige wichtige Verlagshäuser und Auslieferungsstrukturen erwägen darüberhinaus die Anwendung von EDIFACT-Standards in zukünftigen Software-Paketen.

Ich glaube, daß die Resultate von EDILIBE allen – oder fast allen – Sektoren des Buchhandels die Möglichkeit bietet, in einem gemeinsamen Projekt zusammenzuarbeiten. Es ist vielleicht das erste Mal, daß in Italien die drei Verbände der Buchbranche einerseits und Bibliothekare, Buchhändler und Verlage andererseits mit solch einem strategischen Thema konfrontiert werden, um einen erfolgreichen Standard für alle zu realisieren.

DAVID ELEK

OCLC Electronic Collections Online (Elektronische Zeitschriften)

Mit dem Ende des 20. Jahrhunderts werden viele Bibliotheksressourcen, die bisher als selbstverständlich vorausgesetzt wurden, in zunehmendem Maße gestreckt. Die Explosion der verfügbaren Wissensmenge, steigende Ansprüche der Bibliotheksbenutzer, die revolutionäre Entwicklung der Technik, das Wachstum des World Wide Web – all das belastet die Bibliotheken erheblich. Die Regale reichen nicht aus, um die ständig ansteigende Zahl von Büchern und Zeitschriften zu fassen. Da die allgemeine wirtschaftliche Lage auch den akademischen Bereich erheblich in Mitleidenschaft zieht, werden Bibliotheksbudgets beträchtlich gekürzt. Der Nutzer verlangt mehr für weniger: mehr Information und besseren Zugriff für weniger Geld und kürzere Bearbeitungszeiten. In unserer heutigen, schnellebigen Welt wollen wir nicht mehr Tage oder Stunden auf diesen einen Artikel oder Informationsschnipsel warten – er muß sofort verfügbar sein.

In der Welt der Informationen hat jeder geringfügig unterschiedliche Bedürfnisse und Ansprüche, also sind maßgeschneiderte Lösungen gefragt. Aus diesem Grund hat OCLC sich dazu entschlossen, mit seinem neuen Electronic Journals Programm, dem Electronic Collections Online, den besonderen Anforderungen akademischer Bibliotheken zu entsprechen. ECO bietet:

1. eine große Menge von Titeln mit einem leicht anzuwendenden WWW-Interface.
2. ein komplettes Archiv an zurückliegenden Ausgaben, welches zukünftig garantiert auf Dauer zugänglich sein wird, so daß der Bedarf an lokalem Speichern entfällt.
3. vielseitige Textansichten, vom Zitat über abstrakte Begriffe bis zum Volltext.
4. vollständige elektronische Suchkapazitäten laufender und zurückliegender Ausgaben.
5. Artikel in einem ästhetisch angenehmen Format (PDF) – in der Erscheinung identisch mit der gedruckten Seite.

OCLC hat dieses ECO Programm mit der Unterstützung akademischer Bibliotheken entwickelt. Es wird zur Zeit in diversen Bibliotheken weltweit beta-getestet und in der zweiten Jahreshälfte 1997 erhältlich sein.

MARK WHEELER

New Product Developments at ISI

The Institute for Scientific Information is proud to announce new developments in all of its product groups during 1997.

The Current Awareness Product group has introduced a new Macintosh version of Current Contents. This mirrors the recently introduced Windows version and allows easier multi-platform access at a networking level. Now both IBM based machines and Apple Macintosh machines can share the same data on a network. Work has also been carried out to strengthen other implementations of Currents Contents and it is now offered with OVID, ERL, Lotus Notes and IAC interfaces. It is hoped that an Internet based subscription service for Current Contents will be introduced towards the end of this year.

The Specialised Current Awareness Product group, which was formed last year, have continued work on ISI's Internet delivery products. These include two TOCs products and three Bibliographic products. Journal Tracker and Corporate Alert are products that provide Tables of Contents delivered via email to an individual or an organisation complete with author abstracts. Personal and Professional Alert are services which provide full bibliographic data to the user depending on that user‘s customised profile. Topic Select provides bibliographic data according to set ISI profiles.

The Chemical Products group have introduced two new CD based products. Index Chemicus on CD allows the user to search for novel organic compounds via text searching or structure searching. ChemPrep, which is due to be released shortly, provides a similar service but focuses on reaction data rather than compounds. Both have an easy-to-use interface from Hampden Data Services. With the advent of these products, ISI can provide data to individuals which was formerly only available to large organisations.

Finally, the Citation Products group has been working on what is possibly ISI's biggest innovation, The Web of Science. This is an Intranet based solution that allows Wide-area access to the three Citation Indexes; The Science Citation Index, The Social Sciences Index and The Arts & Humanities Index. Using standard Internet browsers, backed by a powerful Verity search engine, users will be able to access any combination of years and databases stored on their server. The databases have been expanded to give wider coverage and now all Cited Authors are searchable. Navigation is possible from citations to the full record of that cited article if it exists on the database. This greatly improves searching capabilities and so enhances research.

Further information on ISI products and services may be obtained from ISI Europe at *uksales@isinet.com* or you may wish to visit our homepage at *www.isinet.com*

GEROLD RITTER

Speicherbibliotheken – Digitale Bibliotheken: Eine Interpretation von Außen

Präambel

Nahezu jede Art von Information wird heute angeboten. Das klassische gedruckte Material, die heute schon fast klassische elektronische Publikation, aber auch noch kaum kategorisierbare (und natürlich auch nicht im bibliothekarischen Sinn beschlagwortete) Formen aller Art. Einer der Probleme von Bibliotheken ist die umfassende Sammlung (Archivierung) und zu Verfügung Stellung von all diesen Informationsquellen. Welche Formen existieren heute also grob:

- Mikroverfilmte Daten
- Lose Blattsammlungen formbehaftet oder formfrei
- Zeitschriften und Bücher
- Magnetische und optisch portable Datenträger
- Schwer trans – portierbare Daten auf Datenbank und Hostsystemen

Lokalisierbarkeit und Archivierbarkeit gewinnen nicht zuletzt auf Grund der monoton steigenden Menge der Daten an Bedeutung. Ebenso sind Beschaffungs und Archivkosten ein bedeutenden Teil der Verfügbarkeit überhaupt. Wie ordnet sich also eine Bibliothek heute in diese Anforderungsprofil ein?

Ein Blick von außen auf die Frage.

Die gesellschaftliche Stellung der wissenschaftlichen Bibliothek in Europa.
Der Gral der Geheimwissenschaft und des Glasturmes ist in der Bibliothek viel früher zerbrochen als zum Beispiel bei den Rechenzentren und ADV-Abteilungen. Diese an sich positive Entwicklung und Selbsterkenntnis der Bibliothek als Dienstleister gegenüber der Gesellschaft hat in eine Öffnung zum Publikum geführt. Wenn auch der Zugang zur Bibliothek schon sehr frei ist, ist es andererseits noch nicht gelungen, sie zur selbstverständlichen Institution, zum *Ombudsmann der Information* zu machen. Diese beratende und helfende Stellung zum Zugang zu dem teuersten Gut unserer Gesellschaft, der Information,

hat sich noch keineswegs formiert. Ein Schritt auf diesem Weg vorwärts ist jedoch zweifellos das durch die Selbstverständlichkeit der EDV herbeigeführte Spielen mit Information. Noch hat allerdings die Bibliothek selbst diese Selbstverständlichkeit innerhalb der eigenen Reihen der Personals kaum erkämpft.

Die inneruniversitäre Stellung der Bibliothek in der akademische Gesellschaft
Interssanterweise scheint mir diese noch diametraler zu sein als erwartet. Vergleichsweise wenig Nutzung durch die Studenten (im Verhältnis zur Anzahl der Inskribierten) und kaum Fachrichtungen bzw. Fakultäten, die die Verwendung dieses Instrumentariums Bibliothek lehren, eine im Verhältnis dazu gute Nutzung der Fachbibliotheken durch das wissenschaftlich Personal innerhalb der einzelnen Abteilungen und ein starkes Vorpreschen der Information schlechthin an den größtenteils computerisierten Arbeitsplatz. Insoweit haben wir es mit einer drastischen *Verschiebung der Information zum Arbeitsplatz* zu tun. Damit leidet natürlich die Qualität der Information, da das Beraten und professionelle Helfen der Informationsvermittler durch scheinbare Informationstreffer des Informationssuchenden auf diesem bequemen Weg zu einer Informationsbefriedigung (wenn auch oft einer mangelhaften oder falschen Information) führen.

Die Abhängigkeit der Bibliothek von Ihrem Umfeld
Die Institution Bibliothek hat heute eine weitaus größere Abhängigkeit von ihrer Umwelt zu erleben als in vergangenen Epochen. Dies wohl in erster Linie darum, weil Sinnhaftigkeit und Kosten mit marktwirtschaftlichen Augen gesehen werden. Die Autonomie, soweit nicht durch gesetzliche Auflagen vorgegeben (Nationalbibliotheken), ist mehr auf die Erfüllung von *Informationsvermittlung an „produktive" Einheiten* ausgerichtet. Andererseits verstehen sich erst wenige solcher Zellen als produktive Zellen, wobei der Druck des Umfeldes den Zweck einer Bibliothek durchaus aus diesem Augenwinkel hinterfragt.

Die Mission
Bewahren und Besitzen anachronistisch gesehen, Verteilen und zur Verfügung stellen, modern sein; alle Kategorien von Information verwalten, archivieren, und bei Bedarf die benötigte Information mit Beratung anbieten und zum Anfragenden liefern. Das heißt heute, natürlich weltweit kooperieren, alle lokalen und internationalen Ressourcen kennen und mit ihnen umgehen können.

Die Infrastrukturen
Speicher, Lager, Schatzkiste, Freihandaufstellung, Personal zum Betreiben der

physischen Daten, starke Einbindung der EDV zur Verwaltung der physischen Daten, Umgehen mit den elektronischen Hilfsmitteln (alle Arten von Datenbankapplikationen), Umstrukturierung auf elektronische Hilfsmittel und Abstraktion des Datenzuganges bis hin zum rein elektronischen Dokument. Diese Virtualisierung stellt global alle Bibliotheken vor noch kaum bewältigte Aufgaben. Personal muß umgeschult und permanent ausgebildet werden, wobei der laufende Betrieb ohnehin durch Kostensparmaßnahmen betroffen ist.

Die finanziellen Rahmenbedingungen
- Budgets für Bücher und Zeitschriften,
- Zukauf oder Miete von Daten in Elektronischer Form
- Personaleinsparungen
- hohe Kosten beim Ausbau von Gebäuden und Speichern

Offene Fragen

Wohin kann sich akademische Bibliothek mit Ihrem Aufgabenkeis entwickeln und bewähren?
Die Verarbeitung des Informationszuflusses ist zu verbessern, ebenso wie die Verarbeitungsgeschwindingkeit vom Zeitpunkt des Einlangens der Information (z. B. Buch) bis hin zur Verfügungstellung für den Leser. Hier stellt bei den radikal dynamischen Disziplinen ohnehin der klassische Informationsweg längst eine Sackgasse dar. Es hat das Elektronische Medium längst das gedruckte Werk ersetzt und ist ohne merkbaren Verwaltungszyklus für den interessierten Leser verfügbar. Nachteilig ist aber zu sehen, daß die Koppelung an klassische Recherchen diese Dokumente meist nicht in Relation zu anderen Daten bringt. Die mangelnde Homogenisierung und das unterschiedlich Know How mit den verschiedenen Informationstypen umzugehen, bringt in Wirklichkeit auch eine Informationsverzerrung.

Wie können sich die personellen und materiellen Ressourcen entwickeln?
Es ist möglicherweise anzustreben, daß die zum Betrieb einer effizienten Bibliothek notwendigen Strukturmaßnahmen in radikalerem Ausmaß als bisher durchgeführt werden. Das Personal muß neben der klassischen Arbeit einen höheren Ausbildungsstand in dem sich ständig ändernden Umfeld der elektronischen Werkzeuge erhalten. Ebenso ist die wirkungsvolle Unterstützung durch andere Dienstleistungsgruppen wie etwa Rechenzentren anzustreben. Diesen Reorganisation hat in einigen Beispielen dazu geführt, daß die Biblio-

theken eigene Stabsstellen und Unterorganisationen betreiben, die wiederum ihrer Zentrale, der Bibliotheksdirektion unterstehen. Es ist auch zu überdenken, ob erfolgsorientierte Beurteilungsmechanismen einzuführen sind.

Materielle Ressourcen sind heutzutage naturgemäß beschränkter, siehe auch Mission. Es ist daher die Optimierung von Ausgaben in globalem Sinn durchzuführen. Diese Sicht wird durch die Einführung von autonomeren Bibliotheken allerdings bereits stärker gefordert, weil beurteilende und quasi marktwirtschaftliche Mechanismen auf die Gestaltung der Ausgaben rückwirken.

Eine Entwicklung in Richtung Zukunft:

Der Webserver und seine Implikationen

Immer wieder gilt die homogene Webbrowser Oberfläche als Lösungsansatz für eine Vereinfachung des gemeinsamen Zugriffes auf verschiedenste Dienste. Grund dieses Erfolges ist der Verzicht auf lokale Eigenschaften von Applikationen, die die lokale Hardwareumgebung der verwendeten Maschine sowie die spezifischen lokalen Umgebungen benötigen oder beeinflussen. Wohl sei aber darauf hingewiesen, daß heutzutage typische Maschine, die mit Webbrowsern ausgestattet sind, eher leistungsstarke und moderne Maschinen sind.

Der Applikationserver als Ersatz für ältere Technologie

- Entwurfsmodelle für neue Verknüpfung von Daten
- Datenbanken und deren Beschreibungen im Sinne eines Archives.

ENTWICKLUNGEN BEI BIBLIOTHEKSSYSTEMEN

LOOK COSTERS, STEFAN GRADMANN

Bibliotheksverbünde und Endbenutzer: Dienstleistung und Innovation

1. Einleitung

Die Entwicklung der Systeme für kooperative Bibliotheksautomation, der Verbundsysteme, orientiert sich derzeit an gesteigerten und veränderten Nutzerbedürfnissen, an den sich rapide entwickelnden und aktuell nutzbaren technischen Entwicklungen und schließlich an der im öffentlichen Dienstleistungssektor besonders ausgeprägten Ressourcenknappheit und den daraus erwachsenden Anforderungen für Schaffung und Nutzung neuer bzw. intensivierter Synergiefelder.

Aus diesen Anforderungen wird von vielen Anbietern und Systembetreibern gerne die Notwendigkeit radikaler technischer und funktionaler Brüche abgeleitet: Häufig wird Anschein erweckt, als könne der neuen Situation nur dadurch begegnet werden, daß in Bibliotheken vorhandene DV-Systeme abgelöst und durch neuere Versionen oder gar Systeme anderer Hersteller ersetzt werden. Die Folge ist regelmäßig ein zumindest temporärer Funktionsverlust und erheblicher migrationsbegleitender Aufwand.

Die folgenden Ausführungen sollen deutlich machen, inwiefern die von Pica praktizierte Entwicklungsstrategie eine spezifische und deutlich unterschiedene Antwort auf diese neue Anforderungssituation darstellt: Angestrebt ist hier der Aufbau neuer Funktionalität auf der Basis bestehender und funktionierender Verfahren. Evolution, und nicht Revolution.

In dieser Entwicklungsstrategie sind – auch als Reaktion auf die oben angedeuteten Anforderungen – drei Grundlinien wesentlich bestimmend:

- *Serviceorientierung* auf Basis bewährter, stabilisierter Verfahren und Datengrundlagen
- Avancierte Entwicklungen auf Grundlage von *offenen und standardisierten Methoden,* wo möglich und sinnvoll in Kooperation mit anderen Herstellern

- Weitere *Qualitätssteigerung* der angebotenen Dienste: Qualität – und zwar im Sinne von Informationsqualität – wird in Zukunft möglicherweise das entscheidende 'Add on' bibliothekarischer Dienstleistungen sein. Informationsakkumulation mit rein quantitativer Orientierung gelingt auch anderen Dienstanbietern (so etwa in Suchdiensten vom Typ AltaVista) mindestens ebenso gut.

Konkret sollen im folgenden vier Aspekte des funktional-technischen Paradigmenwechsels im Bereich der kooperativen Bibliotheksautomation angesprochen werden, die für die aktuelle Ausprägung und die zukünftige Gestaltung der Pica-Bibliotheksverbünde besonders große Auswirkungen haben. Zwei dieser Aspekte finden in den Pica-Verbünden ihre Entsprechung im Rahmen funktionierender Dienstleistungen, zwei weitere Aspekte geben Gelegenheit, den innovationsorientierten Charakter der von Pica zugrunde gelegten Entwicklungsstrategie zu illustrieren.

2. *Dienstleistung und Innovation*

2.1 *Funktionierende Dienste*

2.1.1 RapDOC: Dokumentbestellung und -lieferung

Wie auch im Falle der anderen regionalen Verbundsysteme in Deutschland sind die in den Pica-Verbünden aufgebauten Datenbanken ursprünglich im Sinne dienstinterner Rationalisierungsverfahren für die kooperative Katalogisierung entstanden (im Falle Picas ist diese Wurzel in der Auflösung des Akronyms Pica noch erkennbar: *P*roject for *I*ntegrated *C*atalogue *A*utomation). Die im Zuge dieser kooperativen Katalogisierungsarbeit entstandenen Titel- und Bestandsnachweisressourcen werden nun zunehmend und sogar hauptsächlich zur Grundlage für neue Dienste im Bereich der Fernleihe, der Dokumentbestellung und der Dokumentlieferung.

Mit dieser Tendenz war Pica als Verbundbetreiber in den Niederlanden schon sehr frühzeitig konfrontiert. Die in Deutschland erst heute dramatisch durchschlagende Verknappung der Haushaltsmittel in Bibliotheken hatte in den Niederlanden ähnlich radikal schon in den 80er Jahren eingesetzt. Pica hat auf diese Entwicklung reagiert, indem mit hoher Priorität die Entwicklung von Verfahren für die Online-Fernleihe und die Dokumentbestellung unter Einschluß von Routing-Algorithmen und der Lieferung nicht-rückgabepflichtiger Dokumente betrieben wurde. Aufgebaut wurden diese Verfahren hauptsächlich im Rahmen des niederländischen Rapdoc-Projektes und begleitend zur Beteiligung an europäischen und nationalen Querschnittsprojekten (ION,

DBV-OSI, etc.) Ergänzend wurden Möglichkeiten für die Integration von Aufsatznachweisen (Online Contents-Dienste) geschaffen.

Die damit realisierte und komplexe Funktionssequenz ist inzwischen in den Pica-Verbünden in den Niederlanden und im GBV verfügbar und kann auch grenzüberschreitend genutzt werden. Sie ist schematisch im nachfolgend wiedergegebenen Diagramm dargestellt.

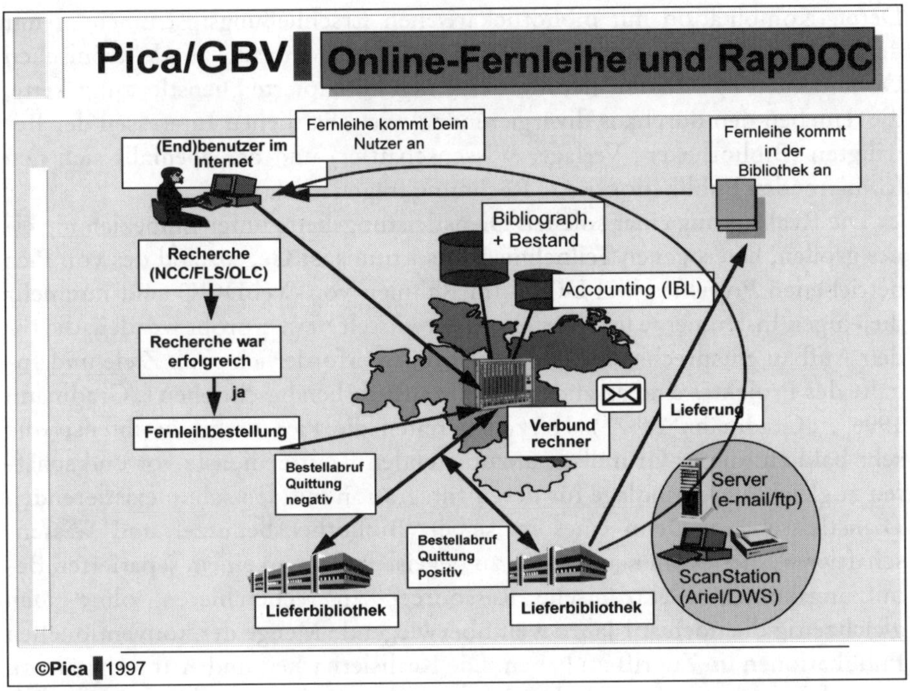

2.1.2 WebDOC: Elektronische ‚Document-like objects' in Bibliotheken und Bibliotheksverbünden

Obwohl mit dem Begriff der ‚Digitalen Bibliothek' eine griffige und im ersten Angang vielleicht auch hilfreiche Metapher in die Welt gesetzt ist, sind Informationsanbieter allgemein und Bibliotheken in besonderer Weise durch die zunehmende Präsenz genuin elektronischer Dokumente oder auch digitalisierter Bücherbestände letztlich mit völlig neuen Herausforderungen konfrontiert. Die hierbei erforderlichen Verfahren können nur in erster Näherung in grober Analogie zu gewohnten bibliothekarischen Geschäftsgangselementen konzipiert werden: weit trägt die Analogie der ‚Digitalen Bibliothek' nicht. Elektronische Ressourcen ‚erwerben' ist etwas völlig anderes als Bücher kaufen. Diese Ressourcen zu erschließen ist nicht das gleiche wie katalogisieren.

Sie benutzbar zu machen, erfordert gänzlich andere Methoden und Instrumente als das Verleihen physikalisch greifbarer Bibliotheksbestände. Und schließlich ist auch sehr die Frage, ob man ihre Rezeption noch einfach als ‚lesen' bezeichnen kann.

Die Konturen zukünftiger verteilter digitaler Bibliotheken werden heute gerade erst erkennbar. Die für ihren Aufbau benötigten Werkzeuge sind ganz überwiegend generische, im WWW-Umfeld verbreitete Standardinstrumente. Deren Kombination mit bibliothekarischen Erschließungsinstrumenten mit dem Ziel, stabil funktionierende Dienste für den Zugang zu elektronischen Dokumenten zu schaffen erfordert eine neu konzipierte Dienstleistungskette, die daneben den durchaus divergierenden wirtschaftlichen Interessen der Beteiligten (Bibliotheken, Verlage, Wissenschaftler) und der ebenfalls sich neu formierenden Publikationskette Rechnung tragen muß.

Die Realisierung einer solchen Dienstleistungskette unter Einbeziehung eines großen, heterogenen Teilnehmerkonsortiums ist Gegenstand des von Pica betriebenen Projektes WebDOC. Im Rahmen von WebDOC sind nunmehr diejenigen Instrumente und Verfahren entwickelt bzw. erprobt worden, die für den Aufbau entsprechender Dienstleistungen erforderlich sind. Ziele und Inhalte des Projektes sind an anderer Stelle ausführlich beschrieben („Gradmann 1996", „Gradmann 1997"). Derzeit bereiten die Pica-Verbünde intensiv die sehr bald auf dieser Grundlage anzubietenden Routinedienste vor und schaffen zugleich die Grundlage für deren Integration mit den schon existierenden Dienstleistungen. Denn eines ist sicher: Bibliotheksbenutzer und Wissenschaftler werden wohl kaum dafür zu begeistern sein, in einem separierten Benutzungskontext elektronische Ressourcen zu recherchieren, ohne auch gleichzeitig die noch auf Jahre weit überwiegende Menge der konventionellen Publikationen im Zugriff zu haben. Die Realisierbarkeit und Attraktivität von Dienstleistungen im Bereich der elektronischen Dokumente hängt wesentlich davon ab, daß diese Dienste Bestandteil einer funktionierenden Konzeption für die 'hybrid library' werden.

2.2 Innovative Entwicklungen

2.2.1 Superindex: Standardorientierte Multi-Target-Operationen (Metaquery)

Die vergangenen Jahre haben mit der zunehmend verbreiterten Verfügbarkeit von protokollbasierten Anwendungskoppelungen über Z39.50 sowie der Allgegenwart von Standards wie HTTP eine erheblich gesteigerte Transparenz auch bibliothekarischer Informationsanwendungen mit sich gebracht. Ungeachtet der mit solchen standardorientierten Koppelungen verbundenen Probleme sind hier insgesamt gesehen Fortschritte erzielt worden, auf denen nun im Interesse zukunftsorientierter Entwicklungen aufgebaut werden kann.

So ist es etwa im Rahmen des Projektes DBV-OSI gelungen, Partnersysteme aus dem bibliothekarischen Bereich (DBI/ZDB, Südwestdeutscher Bibliotheksverbund, Bayrischer Bibliotheksverbund, GBV) und aus dem Bereich der Fachinformation (FIZ-Karlsruhe, DIMDI) mit einer einheitlichen, protokollorientierten Standardschnittstelle zu versehen, so daß nunmehr das gesamte Datenbankangebot dieser Partner mit einheitlichen Zugriffsverfahren nutzbar ist. Im Endnutzertest ist jedoch erkennbar geworden, daß als eines der nächstdringlichen Probleme dasjenige der Informationslokalisierung zu lösen ist: derzeit ist ein Nutzer des DBV-OSI-Dienstes gezwungen, unter einer Anzahl je bilateral definierter Verbindungsmöglichkeiten auszuwählen, ohne (in der Regel) zu wissen, welche dieser Informationsbeziehungen seiner spezifischen Fragestellung am ehesten gerecht wird. Bildlich gesprochen steht der Endnutzer dabei vor dem Problem, den Heuhaufen unter vielen ausfindig zu machen, in dem die von ihm gesuchte Nadel letztlich steckt. Erforderlich ist mithin ein Dienst, der die bilateral definierbaren Informationsbeziehungen aus Benutzersicht integriert.

Ein ähnlich gelagertes Problem stellt sich jedoch auch innerhalb der von Pica und vom GBV betriebenen Informationssysteme. Beide Anbieter vermitteln dort den Zugang zu den jeweiligen bibliographischen *Verbunddatenbanken* (mit jeweils Millionen von Titel- und Bestandsnachweisen aus Hunderten von Bibliotheken), zu *Online-Contents Datenbanken* (mit Aufsatznachweisen aus mehr als 14.000 wissenschaftlichen Zeitschriften), zum *WebCAT* (Nachweis elektronischer Volltexte im Rahmen des WebDOC-Projekts) und zur *EROMM-Datenbank* (Nachweis von mehr als 300.000 Mikroform-Mastern in europäischen Bibliotheken). Daneben bietet der niederländische Pica-Host eine Vielzahl z. T. auf separaten Serversystemen über Z39.50 zugängliche *Fachdatenbanken* mit Abstractinformationen (z. B. *Embase, Pascal, Techindex, Frances*) und *Volltextdatenbanken* mit den Inhalten von Tageszeitungen an.

In solchen und anderen vergleichbaren Konstellationen stellt sich in je spezifischer Form das Problem der Lokalisierung des nutzerrelevanten Suchkontextes. Die vielversprechendste Lösung für diese Problematik ist die Schaffung von Metainstanzen, die – abstrakt formuliert – eine Anzahl technisch eigenständiger Operationen über verteilte Datenbestände auf einer anwendungslogisch höheren Ebene zusammenfassen und an der Benutzerschnittstelle als integrierten Retrievalkontext präsentierbar machen. Damit ist eine explizite Lokalisierung des spezifischen, datenhaltungsbezogenen Ausschnitts des logischen Retrievalraums nicht mehr erforderlich.

Für die Schaffung solcher Metainstanzen werden derzeit prinzipiell drei grundsätzliche Alternativkonzepte diskutiert bzw. Z. T. auch schon praktiziert:

- *Statische, als eigenständige physikalische Datenschicht implementierte Sekundärinstanzen.* Dabei wird über den Ressourcenfeldern eine eigene Indexschicht etabliert, die sich aus suchmaschinenbasierten, über die Primärobjekte operierenden Extraktionsprozessen speist. Die auf diese Weise indexierten Ressourcenfelder können variabel (und teilweise sehr weit) definiert sein: dies ist der Fall bei den von Informationsdiensten wie AltaVista, Lycos oder InfoSeek erschlossenen Internetbereichen. Der zu indexierende Objektbereich kann jedoch auch prädefiniert und spezifisch eingeschränkt sein und als Intranetumgebung mit Produkten wie Catalog Server (Netscape) oder Index Server (Microsoft) erschlossen werden. – Die auf diese Weise entstehende zugriffsvermittelnde Indexschicht kann zudem rein maschinell generiert sein oder – wie bei Yahoo! – erhebliche intellektuelle Erschließungsanteile beinhalten.
- *Dynamische, prozesslogisch definierte Sekundärinstanzen.* Die Lösung besteht in solchen Fällen in der Implementierung von Metaprozessen, die im Anwendungskontext ausgehend von der Benutzerschnittstelle eigenständig ein Bündel (oder eine Sequenz) bilateraler Retrievaloperationen generieren und deren Resultate wieder integriert an der Benutzerschnittstelle abliefern. Beispiele hierfür sind der Karlsruher Virtuelle Katalog (KVK) oder – im Normierungskontext – das Stanford Protocol Proposal for Internet Retrieval and Search (STARTS/ *http://www-db.stanford.edu/~gravano/starts.html)* bzw. das entsprechende Z39.50-Profil für dessen Protokollimplementierung (ZSTARTS/ *http://lcweb.loc.gov/z3950/agency/profiles/zstarts.htm).*
- *Dynamische, agentenbasierte Sekundärinstanzen.* In dieser jüngsten Konzeption übernehmen Software-Agentenprozesse die Rolle des im vorstehenden Punkt definierten Metaprozesses. Software-Agenten verfügen zusätzlich zur Fähigkeit, in unterschiedlichen Zielkontexten operieren zu können über auf den Benutzungskontext bezogenes Wissen. Eine detaillierte Darstellung dieses Ansatzes findet sich bei „Hermans".

Es handelt sich bei den hier angedeuteten Lösungsansätzen nicht um ‚harte' konzeptionelle Alternativen: die Ansätze können durchaus gedanklich komplementär behandelt und kombiniert werden. Unterschiede bestehen v. a. im Ausreifungsgrad: dynamische Sekundärinstanzen sind derzeit allenfalls als experimentelle Prototypen realisiert und noch stark in Entwicklung befindlich, während statisch implementierte Metainstanzen in Form von Indexsystemen Grundlage inzwischen eingeführter und erprobter Internet-Dienste sind. In den Pica-Systemen ist die Indexschicht gar Kernvoraussetzung für wesentliche Teile der Systemfunktionalität.

Dieser erprobte, indexbasierte Ansatz wird von Pica in Kombination mit

Techniken der automatisierten Indexierung aus dem Suchmaschinenumfeld im Rahmen einer der Hauptlinien unserer Entwicklungsstrategie optimiert und erweitert: Diese von uns unter dem Stichwort 'Superindex' geführte Entwicklung wird in Zukunft effiziente Suchoperationen gleichzeitig über mehrere Pica-Datenbanken und Z39.50-fähige Ressourcen möglich machen, wobei diese Operationen von der immer gleichen und entsprechend ausdifferenzierten Superindex-Schicht vermittelt werden.

Die Problemstellung, die Anlaß für die Superindex-Entwicklung gewesen ist, wird in dem folgenden Schaubild in der konkreten Ausprägung der Z39.50-basierten Recherche aus Sicht eines Pica-Endnutzers dargestellt, der in der heutigen Situation über die verfügbaren Target-Umgebungen eben leider nicht viel mehr weiß, als daß diese jeweils viele inhaltlich z.T. sich überschneidende bibliographische Informationen enthalten:

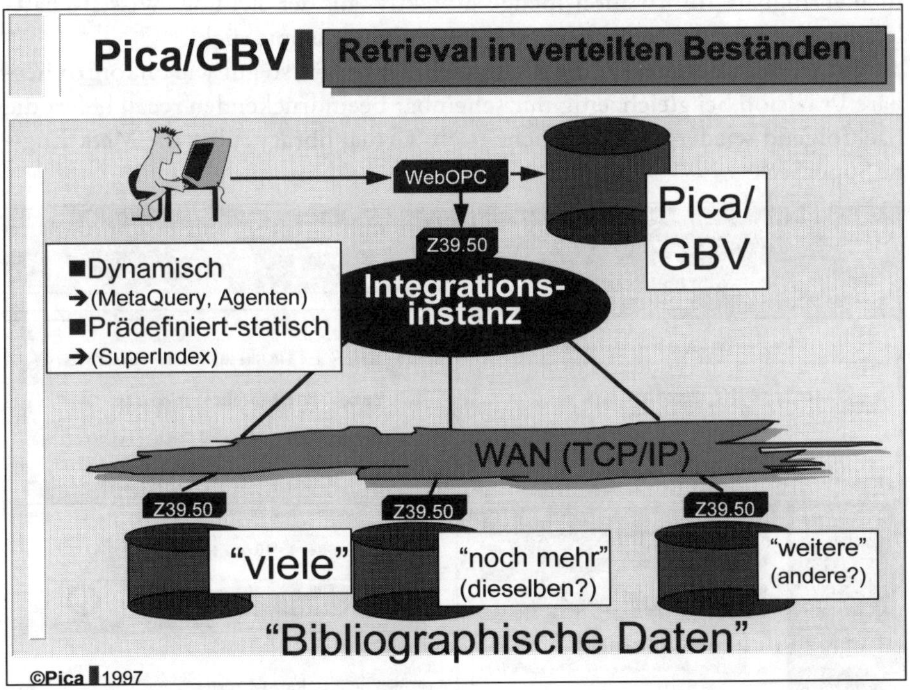

Superindex ist zugleich ein gutes Beispiel für den von Pica praktizierten evolutiven Entwicklungsansatz. Die bestehende Indexfunktionalität wird hier zur Grundlage für eine innovative Entwicklung, ohne daß entwicklungsbedingte Funktionsdefizite in Kauf genommen werden müssen.

2.2.2 COLIBRI: Kontextgenerierung und linguistische Normalisierung
Suchmaschinenbasierte Erschließungsansätze im WWW vom Typ Excite oder AltaVista indexieren Teilbereiche des Netzes oder gar das gesamte World Wide Web in der Regel undifferenziert im Sinne eines Basic Index. Selbst unter Zuhilfenahme flankierender Technikansätze (Integration von adjacency- und proximity-bezogenen Informationen bei der Indexierung u. ä.) bleibt das daraus resultierende Grundproblem des fehlenden Kontextbezugs der indexierten Stichwörter bestehen: dies führt in aller Regel zu einer massiven Überfrachtung von Suchbegriffslisten mit undifferenziert präsentierten und zumeist überwiegend nicht themenrelevanten Fundstellen. Der daraus folgende information overkill ist auch mit Techniken des relevance ranking nur unzureichend begrenzbar (weiteres bei „Steinberg“ und „Hermans“). Solange das hier angedeutete Problem nicht befriedigend gelöst ist, besteht beim retrieval in stichwortbasierten Suchumgebungen immer die Gefahr, daß die gewaltige, virtuell verfügbare Informationsmenge subjektiv (aus der Sicht des Wissenschaftlers) in die Nähe der semantischen Informationsentropie rückt.

Ein schönes Beispiel für die suchmaschinenbasiert so gut wie unkontrollierbare Präzision bei gleichzeitig nur scheinbar beeindruckenden recall liefert die nachfolgend wiedergegebene Suche nach 'virtual library' über die Meta-Engine SuperSeek:

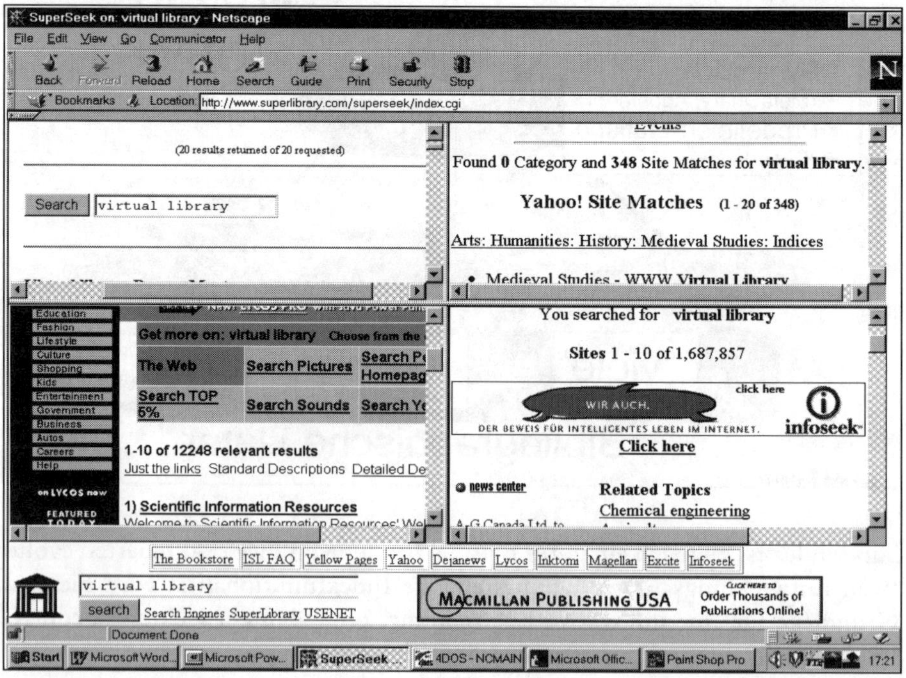

Die hier erzielten 'Ergebnisse' sind sicher fragwürdig: *The Bookstore* meldet 20 Hits, *Yahoo!* immerhin noch deren 348, *Lycos* wartet aber schon mit 12.248 als „relevant results" bezeichneten Treffern auf und *Infoseek* schließlich bringt es auf 1.687.857 'Sites'.

Aus der Vielzahl möglicher Lösungsmöglichkeiten des hier illustrierten Problems (s. dazu überblicksartig „Kiernan") sei zwecks Einordnung des letztlich von Pica gewählten Ansatzes nur der Suchdienst Yahoo! genannt. Charakteristikum von Yahoo! ist der systematische Einsatz intellektueller Erschließungsaktivität für die Einordnung der indexierten Web-Inhalte in eine Yahoo!-eigene *Ontologie*, letztlich eine Modellierung dieser Inhalte auf Basis eines klassifikatorischen Weltmodells. Yahoo! (inzwischen auch mit einer deutschsprachigen Variante) ist ein äußerst erfolgreicher, qualitätsorientierter Dienst. Dennoch kann die langfristige Tragfähigkeit dieser Lösung bezweifelt werden: intellektuelle Erschließungsarbeit (ob in Yahoo! oder ansonsten im Bibliotheksbereich) ist personalintensiv und birgt zudem immer die Gefahr subjektiver oder gar arbiträrer Entscheidungen in sich. Daher ist Yahoo! auch heute schon bewußt selektiv (eine vollständige Erschließung der Web-Inhalte auf dieser Basis wäre völlig unrealistisch) und wird es an Erschließungstiefe wohl nie auch nur annähernd mit der Gesamtheit der im Internet verfügbaren Informationsquellen aufnehmen können.

Wenn mithin angenommen werden kann, daß eine durchgängige intellektuelle Kontextgenerierung für maschinelle Indexate nicht zu leisten ist, muß nach geeigneten automatisierbaren Komplementäransätzen gesucht werden. Pica tut dies im Rahmen des in der Leidener Entwicklungsabteilung unter dem Akronym COLIBRI geführten Projekts. Die Auflösung von COLIBRI, *CO*ntext generation and *LI*nguistic tools for *B*ibliographic *R*etrieval *I*nterfaces, benennt in groben Zügen das Umfeld ds Arbeitsvorhabens. Kern des Verfahrens ist dabei der Aufbau einer Wissensbasis, die Kontextbeziehungen zwischen (kontrolliertem oder freien) Vokabular und klassifikatorischen Einordnungen von Datenbankinhalten verwaltet. Dabei resultiert ein maschineller Extraktionsprozeß, der jeweils satzbezogen die Kopräsenz von Vokabular und Systemstellen protokolliert, in einer datenbankbezogenen statistischen Aussage über die Beziehung zwischen einer Systemstelle und dem in diesem Kontext statistisch relevanten Vokabular. Ermittelt wird mit Hilfe eines komplexen Gewichtungsalgorithmus letztlich die statistische Signifikanz eines potentiellen Suchbegriffes in einem klassifikatorischen Kontext. Gleiches gilt für die Beziehung von auf Datenbankebene kopräsenten alternativen Klassifikationssystemen.

Eine solche Wissensbasis kann nutzbar gemacht werden, um (a) einen Dialog zwischen Retrievalsystem und Endnutzer zu generieren, in dem das System dem ausschließlich mit natürlichsprachigen Elementen operierenden Endnutzer ggf. und unter Rückgriff auf die Wissensbasis differenzierende oder erweiternde Kontextbeziehungen vorschlägt und um (b) ein Verfahren für die computergestützte Sacherschließung praktizierbar zu machen, in dem das System dem Bibliotheksmitarbeiter nach Analyse der in einem bibliographischen Datensatz präsenten Sacherschließungs- und Stichwortinformationen unter Zuhilfenahme der in der Wissensbasis verwalteten Konkordanzen einen klassifikatorischen Kontext für die Einordnung des Dokuments vorschlägt.

Beide Ansätze sind prinzipiell um die Dialogkompenenten reduzierbar und können dann als Basis für vollständig automatisierte Verfahren der Kontextgenerierung beim Retrieval und der Generierung von Kontextinformationen bei der Indexierung verwendet werden. Der besondere Vorteil des hier gewählten statistischen Ansatzes für den Aufbau der Wissensbasis jedenfalls liegt in der Tatsache, daß für die Nutzbarkeit von Kontextbeziehungen nicht die durchgängige Präsenz klassifikatorischer Informationen im Objektbereich Voraussetzung ist: ausreichend ist in der Ausgangsdatenbasis eine statistisch signifikante Anzahl der in der Wissensbasis verwalteten Paarbeziehungen.

Gerade im Deutschen führt allerdings die extreme morphologische Varianz zu erheblichen formalen Abweichungen des natürlichsprachigen Wortmaterials in einem gegebenen semantischen Umfeld. Weiter kompliziert wird die Ausgangslage bei der Indexierung durch die gerade im Deutschen extrem produktiven Mechanismen der Kompositabildung. Im Interesse einer Stabilisierung und Homogenisierung retrievalorientierte und indexbasierter Anwendungen ist daher eine morphologische Normalisierung des Wortmaterials mit Rückführung auf Grundformen und eine leistungsfähige Dekompositionsmethode erforderlich.

Methoden für die Dekomposition und Normalisierung sollten ferner mit identischem Resultat bei der Generierung von Indexbegriffen und beim *parsing* von Benutzereingaben einsetzbar sein, um homogen aufeinander bezogene Operationen für die Aufbereitung von Suchschlüsseln und Suchbegriffen zu erlauben.

Nachnutzbare Ansätze für die morphologische Reduktion und Normalisierung unter Einbeziehung lexikonbasierter Abgleichsverfahren existieren bereits als Ergebnis europäischer und nationaler Projektarbeiten (MILOS, CANAL-LS, etc.) und werden im Rahmen von COLIBRI für die Normalisierung von Indexelementen und in gleicher Weise für das *parsing* von Nutzereingaben Einsatz finden. Das Ergebnis wird im Verhältnis zu den derzeitigen Internet-Suchmaschinen eine deutlich gesteigerte *precision* bei gleichzeitig optimiertem *recall* sein.

Die obenstehend überblicksartig skizzierten Beispiele für realisierte Dienste und mit diesen eng verschränkte innovative Ansätze sollte vor allem deutlich machen, wie eng nach unserer Auffassung Dienstleistung und Innovation im Sinne der Alltagsarbeit in der Entwicklung des Pica-Systems zusammenhängen: das eine ohne das andere betreiben zu wollen macht wenig Sinn. Dienstleistung ohne Bewußtsein für alternative technische und funktionale Szenarien gerät zum kurzsichtigen Pragmatismus, Innovation um ihrer selbst willen wird schnell zu teurer und abgehobener Spielerei.

3 ... und warum Bibliotheksverbünde?

Die unlängst veröffentlichte Konzeption für den „Kooperativen Bibliotheksverbund Berlin-Brandenburg" hat in Fachkreisen, aber auch auf der politischen Ebene zu heftigen und kontroversen Diskussionen Anlaß gegeben. Bewußt intendiert ist mit dieser Konzeption eine Abkehr von den ‚klassischen' Verbundstrukturen, die als schwerfällig, teuer und letzten Endes ineffizient apostrophiert werden. Gleichzeitig wird postuliert, eine Lösung der Erschließungs- und Bestandsvermittlungsprobleme sei kostengünstig mit den Mitteln der aktuellen Internet-Technologie lösbar. Auf den Kern reduziert sind dieser Konzeption entsprechend nur drei wesentliche technische Komponenten erforderlich:

- Lokale Systeme in den einzelnen Bibliotheken für Katalogisierung und Bestandsnachweis, die eine offene Schnittstelle für Retrieval und Datenübernahme auf Anwendungsebene bereit halten (Z39.50 origin und target).
- Ein für alle Teilnehmer dieses ‚virtuellen Verbundes' erreichbarer Fremddatenserver, von dem strukturierte Daten im Sinne des ‚copy cataloguing' über Z39.50 bezogen werden können; dieser Fremddatenserver ist in einer konzeptionellen Variante auch abstrakt als ein logisches Cluster beliebiger externer Datenressourcen vorstellbar.
- Ein Meta-Query-Prozeß als Endnutzerschnittstelle, der Retrievalanfragen in Form eines ‚broadcast search' über die logisch gruppierten OPAC-Systeme verschickt, die eingehenden Antwortmengen in einem Set integriert und bei Bedarf auch dedupliziert, um sie anschließend dem Endnutzer als homogenisierte Antwort auf seine Anfrage zu präsentieren.

Die mit diesem Ansatz verbundenen und z.T. auch elementar technisch noch gar nicht gelösten Probleme sollen an dieser Stelle nicht im Detail diskutiert werden. Allein schon die auch datenlogisch noch in keiner existierenden Bibliotheksanwendung und in keinem der mit dem Problem befaßten Projekte gelöste Fragestellung der dynamischen Deduplikation bibliographischer Daten in Meta-Sets läßt vermuten, daß ein auf dieser Konzeption basierendes Szenario noch auf einige Zeit mindestens stark experimentellen Charakter haben wird, wenn es denn überhaupt kurzfristig im eingeschränkten Umfang operational realisierbar ist.

Der Hinweis auf diese 'Berliner Konzeption' erfolgt an dieser Stelle aber vor allem, weil u.E. auch bei nur oberflächlichem Durchdenken der sich aus dieser Konzeption ergebenden praktischen Konsequenzen die Notwendigkeit und sogar noch gesteigerte Berechtigung kooperativer Verbundansätze in der von Pica realisierten Form klar erkennbar wird. Bei der Bewertung des mit dem Pica-System verfügbaren Ansatzes sollte vor allem bedacht werden, daß dieser eine bewährte Grundlage gleichermaßen für Service und Innovation darstellt.

Wir sind der Ansicht, daß die ökonomischen und standardisierenden Effekte einer kooperativen Katalogisierungslösung als Basis auch für eine echte Erwerbungskooperation und Verfahren für den komplementären Bestandsaufbau gerade in Zeiten knapper öffentlicher Finanzressourcen mehr denn je benötigt werden. Auch denken wir, daß automatisierte Dienste für die Fernleihe, die Dokumentlieferung und den Zugang zu elektronischen Dokumenten nur auf der stabilen Grundlage einer gemeinsamen Datenhaltungsschicht, und jedenfalls nicht auf Basis dynamischer und nicht zuverlässig reproduzierbarer Meta-Operationen realisierbar sein werden: Zumindest wird für die letztere Variante mit all ihren Unsicherheiten niemand bezahlen wollen.

Kooperative, integrierte Verbundstrukturen sind in gleicher Weise aber auch Voraussetzung für innovative Prozesse. Funktionierende Verfahren für den metadatenbasierten Zugang zu digitalen Dokumenten setzen eine gesicherte Verfügbarkeit dieser Dokumente selbst, eine technisch stabilisierte Linking-Beziehung zwischen den Metadaten und den referenzierten Objekten sowie eine transparente und zuverlässige Administrierbarkeit der Zugangskonditionen voraus. Dies wird in radikal virtualisierten Kooperationsstrukturen kaum erreichbar sein. Ebenso wenig wird sich auf dieser Grundlage ein mehr als nur diffuses Miteinander konventioneller und ‚digitaler' Bibliotheksdienste im Sinne der ‚hybrid library' realisieren lassen.

Der technisch integrierte Verbundansatz macht Synergieeffekte verfügbar, die bei einer letztlich auf isolierten OPACs basierenden Lösung nicht verfügbar sind. So ist insbesondere zu fragen, ob denn jede isoliert agierende Bibliothek in der Lage sein wird, die in den kommenden Jahren erforderlich werdenden funktionalen und technischen Innovationen zumindest in den eigenen Betrieb zu übernehmen, wenn schon nicht zu entwickeln. Wir glauben, daß diese Innovationen nur in echt kooperativen Strukturen überhaupt realisierbar sein werden.

Und schließlich könnte die Zusammenarbeit in technischen Kooperationsstrukturen für Bibliotheken in Zukunft noch in ganz anderer Weise zu einer Überlebensfrage werden: Ihre Rolle als Integratoren und Vermittler von Informationsobjekten wird schon heute ebenso offen diskutiert, wie etwa die künftige Rolle der Buchverleger als Produzenten dieser Informationsobjekte. In einer Situation, in der in Wissenschaft und Politik offen über die Ersetzbarkeit von Bibliotheksdienstleistungen durch das fast schon mit Allmachtsphantasien befrachtete Internet nachgedacht wird – wenn denn ‚nachdenken' das richtige Wort ist – müssen Bibliotheken und Bibliothekare deutlich machen können, was auch in Zukunft ihr spezifischer Beitrag zur Gestaltung der Informationslandschaft wird sein können. Dieser spezifische Beitrag besteht nach unserer Auffassung sehr wesentlich in der Qualitätsverbesserung von Informationsdienstleistungen und in der gesicherten Verfügbarkeit dieser Dienstleistungen.

Präziser, schneller und zuverlässiger als etwa AltaVista sein zu können und dennoch die Möglichkeiten der Internet-Technologie wo irgend möglich und sinnvoll zu integrieren: Dies wird möglicherweise in Zukunft das überlebenssichernde 'quality add on' von Bibliotheken sein. Und diese Qualität ist in dem hier schlaglichtartig dargestellten Verbundansatz des Pica-Systems jedenfalls realisierbar.

Literatur

Gradmann, Stefan: WebDOC – Baustein für die virtuelle elektronische Bibliothek, in: Zeitschrift für Bibliothekswesen und Bibliographie (ZfBB), Sonderh 60.1996, pp 176-186 (= „Gradmann 1996").

Gradmann, Stefan: Schluß mit dem Chaos: WebDOC als Chance für die Zusammenarbeit von Verlagen und Bibliotheken, in: Börsenblatt für den Deutschen Buchhandel 10.1997, pp. 22 – 25 (= „Gradmann 1997").

Hermans, Björn: Intelligent Software Agents on the Internet. An Inventory of Currently Offered Functionality in the Information Society & A Prediction of (Near-)Future Developments. Tilburg: Tilburg University, 1996. (= „Hermans", http://www.hermans.org/agents/dlp.htm)

McKiernan, Gerry: Project Aristotle(sm). Automated Categorization of Web Resources. (= „McKiernan", http://www.public.iastate.edu/~CYBERSTACKS/Aristotle.htm)

Steinberg, Steve G.: Seek and ye shall find (maybe), in: Wired 4.05 (1996). (= „Steinberg", http://www.hotwired.com/wired/4.05/features/indexweb.html).

MARTIN KÖHLER

Internationale Verbundsysteme: Projektmanagement und Realisierung durch die Dynix GmbH am Beispiel der kooperierenden Verbünde Deutschlands

Das Unternehmen Dynix/MDIS

Die Dynix GmbH wurde 1993 gegründet und ist ein ausschließlich im Bibliotheksmarkt tätiges unabhängiges Softwarehaus. Sie entwickelt, vertreibt und pflegt integrierte Bibliothekssysteme. Als unabhängiger Distributor von Ameritech Library Services ist sie für das deutschsprachige Europa und Osteuropa verantwortlich. Geschäftsstellen befinden sich in Deutschland, der Schweiz, Österreich und Polen. Am 31.12.1995 erwarb sie zu 100 % den Geschäftsbereich „Library Business" der englischen McDonnell Information Systems in Europa. Rückwirkend zum 1.1.1996 kam das Hamburger Softwarehaus UNIBASE hinzu, und im vergangenen Geschäftsjahr betrug der Umsatz 20 Mio. DM. Zur Zeit arbeiten für die Dynix GmbH 74 Mitarbeiter ausschließlich im Bibliotheksmarkt. Mit den Dynix Schwestergesellschaften sind in Europa 172 Mitarbeiter tätig. Weltweit sind es über 1.000.

Mehr als 4.000 Bibliotheken nutzen international Dynix/Ameritech Library Services. Von diesen befinden sich 251 im Vertriebsgebiet der Dynix/MDIS GmbH. Zur Produktpalette der Dynix/MDIS GmbH gehörten neben dem Client/Server Bibliothekssystem HORIZON das Client/Server Museumsinventarisierungssystem MUSYS. Unser Produkt CardPac ermöglicht die rückwärtige Titelerfassung von Katalogkarten als Bilddaten, und wir bieten CD-ROM Datenbanken im PC-Netz mit Client/File Server Technologie an (INFOSHARE).

Von Deutschland aus wird die Dynix GmbH die Projektleitung für das Western Library Network in den USA mit zehn zusätzlichen Entwicklern übernehmen. In diesem Zusammenhang rechnen wir mit großen, positiven Synergieeffekten.

Zusammengefaßt bedeutet dies: *Die Dynix / MDIS Firmengruppe versteht sich als internationaler Partner für die Bibliothek der Zukunft.*

Internationale Verbundprojekte (Überblick)

Auf der Midwinter ALA in Chicago im Februar 1997 unterschrieb das *Western Library Network (WLN)* einen „Letter of Intent“ zugunsten unseres Client/Server Bibliothekssystems HORIZON. Das Western Library Network ist ein „non-profit“ Anbieter von Informationsdiensten. Zu seiner Produktpalette gehören:

- Online Datenbanken
- Internet Dienste
- CD-ROM Kataloge
- Normdaten und ein
- Erwerbungsservice

Dem Verbund gehören über 500 Kernbibliotheken mit ca. 22 Mio. Datensätzen an. Die Normdaten und der Erwerbungsservice des WLN werden in der ganzen USA verwendet.

Ein weiteres Verbundprojekt der Dynix GmbH ist das *OLIVER* Projekt, in dem sich die Länder Baden-Württemberg, der Freistaat Bayern, Nordrhein-Westfalen und das Deutsche Bibliotheksinstitut (DBI) zusammengeschlossen haben. Interessanterweise sind trotz unterschiedlicher Sprache und Kultur in beiden Projekten sehr ähnliche Vorgaben zu erfüllen, so daß für OLIVER entwickelte Anpassungen auch für das WLN Verwendung finden werden. Diese Tatsache mag aber auch damit zusammenhängen, daß im Zusammenhang mit der Entwicklung internationaler Normungen zum bibliothekarischen Datenaustausch, wie z. B. Z39.50, Angleichungen stattfinden. In der OLIVER-Kooperation sind insgesamt mehr als 5.000 Bibliotheken mit ca. 46 Mio. Datensätzen nachgewiesen. 1995 gab es 824 aktive Teilnehmer, und im Endausbau wird mit ca. 2.500 gleichzeitigen Nutzern gerechnet. Die Entscheidung zugunsten von HORIZON fiel im Mai 1996.

HORIZON erfüllt die Kernanforderungen der DFG und der Kooperationspartner nach einem Standardbetriebssystem, einer Standarddatenbank und einer Client/Server Systemarchitektur. Darüber hinaus ist das System in weiten Teilen bereits fertiggestellt und verfügt schon heute über eine Z39.50 Schnittstelle (Level 3), eine WWW-Anbindung (inkl. URL-Verwaltung), sowie über die Möglichkeit, Volltexte, Bilder und Multimedia-Daten zu verwalten. So lassen sich beispielsweise die WWW-Adressen von Bild- oder Multimediadaten in der HORIZON-Datenbank ablegen, so daß dem Benutzer aus seinem OPAC heraus ein direkter Zugriff auf diese entfernten Daten möglich ist.

Hinzu kam, daß Dynix mit den HORIZON Installationen der University of Chicago bzw. der Indiana University Referenzinstallationen ähnlicher Größenordnung vorweisen konnte.

Realisierung

Zur Realisierung dieses komplexen Projektes wird ein Prozeßmodell auf der Basis des V-Modells des BMI verwendet [1]. Hierbei sind eine kontinuierliche Verfeinerung während der Planungsphase, sowie eine Fortschreibung im Projektverlauf ausdrücklich vorgesehen. Im zugehörigen Projektmanagement werden die folgenden Vorhabensphasen unterschieden:

1. *Definitions- und Planungsphase.* Diese Phase ist in Profjekten dieser Größenordnung naturgemäß lang und aufwendig. In ihr wird jedoch der Grundstein für ein erfolgreiches Qualitätsmanagement gelegt, und die zur späteren reibungslosen Kommunikation nötigen Schnittstellen werden initialisiert. Insbesondere in dem hier vorliegenden Fall, daß Auftraggeber (AG) und Auftragnehmer (AN) unterschiedliche Systemtools verwenden, ist die Vereinbarung und Initialisierung von Kommunikationsschnittstellen essentiell.
2. *Einrichtung eines Testlabors.* Dieses bietet eine strukturelle Abbildung des Zielsystems und wird für Demoinstallationen Schulungen, Tests, Validierungen und als Referenzsystem verwendet. Die zugehörige Systementwicklung findet ebensfalls in Phasen statt:
   A. Bereitstellen des Kernsystems. Es enthält den für den Auftraggeber „verwertbaren“ Teil der zur Zeit aktuellen HORIZON Version 4.2 (Katalogisierung, Dienstrecherche und OPAC).
   B. Das Basissystem, welches die für das deutsche Verbundprojekt zwingend erforderlichen Basisfunktionen enthält.
   C. Das Zielsystem mit den vom Auftraggeber gewünschten Zusatzfunktionen.
3. *Implementation von Basis- und Standardsoftware.*
4. *Änderungs- und Erweiterungsmanagement.* In dieser vierten Phase werden Änderungen und Erweiterungen zwischen AG und AN vereinbart, überwacht, validiert und dokumentiert. Sie ermöglicht das konkrete Fortschreiben der Anforderungen.

Instrumente

Zur Umsetzung dieser Phasen werden verschiedene Instrumente eingesetzt:

- Ein allgemein gebildeter *Steuerungsausschuß* mit den Aufgaben der allgemeinen Information, der Besprechung und Klärung von bevorstehenden Aufgaben und anstehenden Problemen, der Erarbeitung von Lösungswegen und organisatorischen Maßnahmen, sowie der Entscheidungsvorbereitung.

- Ein *Änderungsausschuß*, der Änderungen und Erweiterungen plant, priorisiert und validiert, sowie *Workshops* für die fachliche Arbeit. Selbstverständlich finden auch EDV-gestützte Management-Tools Verwendung. Konkret ergibt sich damit für das OLIVER Projekt das folgende Organisationsmodell:

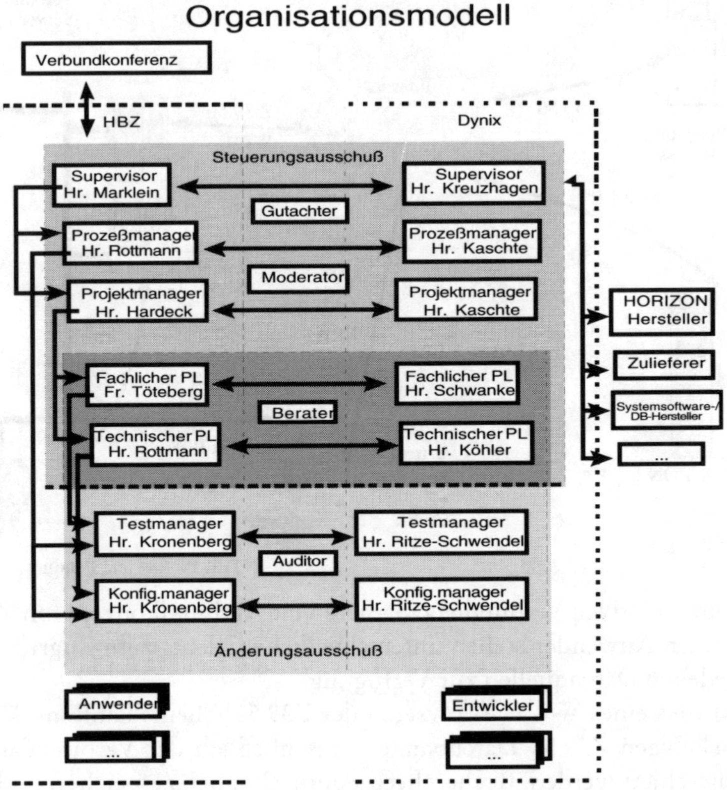

- Die (externen) Rollen des Gutachters, Moderators etc. dienen dem *Konsensmanagement* und ermöglichen in Konfliktsituationen eine Deeskalation. Gerade in der Planungs- und Definitionsphase besteht ein erhöhtes Risiko, daß unterschiedliche Standpunkte zur Eskalation führen. Externe Moderatoren und Gutachter, die von beiden Seiten als neutral akzeptiert werden, können in diesem Fall eine wichtige Vermittlerrolle spielen. Es ist in diesem Zusammenhang auch sinnvoll, daß zumindest der Moderator regelmäßig – und nicht nur in Krisensituationen – an den Sitzungen teilnimmt. Auf diese Weise wird Vertrauen aufgebaut, und die Chancen für ein erfolgreiches Krisenmanagement steigen.

Prinzipieller Aufbau des Verbundsystems

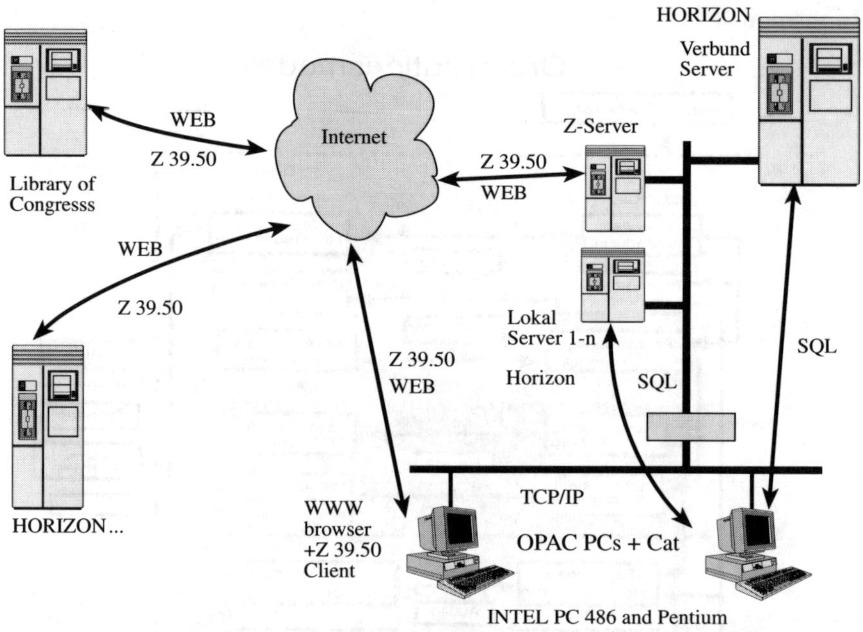

Die kooperativen Verbünde favorisieren ein Verbundkonzept mit Zentralkatalog. Dem Anwender stehen unterschiedliche Clients zum Zugriff auf die verschiedenen Datenquellen zur Verfügung.

1. Mittels eines WWW-Browsers oder Z39.50 Clients kann im Web oder auf beliebigen Z39.50 Datenbanken einschließlich der Verbunddatenbank recherchiert werden. Recherchеergebnisse können gespeichert und weiterverwendet werden. Katalogisierungsclients von Fremdsystemen greifen über die von Dynix lizensierte Z39.50 Schnittstelle des Verbundsystems auf die Verbunddatenbank zu.
2. HORIZON Katalogisierungsclients können aufgrund der HORIZON Client/Server Architektur direkt mit HORIZON Lokalsystemen oder der Verbunddatenbank kommunizieren. Der Zugriff auf entfernte Datenquellen via Z39.50 oder WWW ist aber ebenfalls möglich. Rechercheergebnisse

können gespeichert, gedruckt und ggf. ergänzt in der Verbunddatenbank oder im HORIZON Lokalsystem abgelegt werden.

Zur Erläuterung möchte ich im folgenden den typischen Arbeitsablauf für eine Titelneuaufnahme auf dem Verbundserver beschreiben. Mit den Katalogisierungs-Client wird im ersten Schritt im Lokalsystem recherchiert. Eine Neuaufnahme darf nur durchgeführt werden, falls in dieser Suche der Titelsatz *nicht* gefunden wird. Analog wird mit den für den Titelsatz benötigten Normdaten verfahren. Falls die benötigten Normdaten nicht im Verbundserver vorliegen und auch nicht in anderen erreichbaren Datenpools gefunden werden, werden die Normdaten lokal erfaßt und an den Verbundserver übergeben. Anschließend wird der neue Titelsatz im Lokalsystem erfaßt und mit den Bestandsdaten in die Verbunddatenbank kopiert. Im Verbunddatensatz werden dann weitere Felder und Besitznachweise ergänzt. Anhand der Besitznachweise benachrichtigt der Verbundserver die betroffenen Lokalsysteme, und diese können die entsprechenden Datensätze vom Verbundserver kopieren.

Selbstverständlich gehören zu allen benötigten Verbundfunktionen Berechtigungsprüfungen verschiedenster Art, die vom Systemverwalter des Verbundsystems eingetragen werden müssen. Lokalsysteme bzw. die entsprechenden Anwender müssen sich bei der Anmeldung identifizieren, damit ihre Berechtigung überprüft werden kann. Auch kann es ggf. Funktionen geben, die nur mit vorhergehendem Korrekturantrag und dann nur von der Zentralredaktion ausgeführt werden dürfen.

Die Vorteile dieses Modells sind folgende:
- es handelt sich um ein Master/Slave Modell
- das Modell ist flexibel, da Z39.50 „extended services“ benutzt werden und
- die Zentralredaktion hat die volle Kontrolle über die Client-Rechte

Ausblick

Als Ausblick möchte ich die folgenden ausgewählten Meilensteine präsentieren:

30.04.97	Redaktionsschluß Basissystem
30.06.97	HORIZON 4.2ga deutsch
01.01.98	Redaktionsschluß Zielsystem
15.01.98	Lieferung Basissystem (Module Verbundkatalogisierung und OPAC)

Fazit

Die Realisierung von Projekten in der Größenordnung des OLIVER Projektes verlangt ein aufwendiges Projektmanagement mit einer langen Initialisierungsphase. Falls beide Partner unterschiedliche Systemtools einsetzen, kommt außerdem die aufwendige Definition von Schnittstellen hinzu. Andererseits erhält man als Lohn dieses Aufwandes eine gesicherte Qualität, die Dokumentenhaltung erfolgt transparent, und es ist ein erfolgreiches Konsensmanagement möglich. Während der Planungs- und Definitionsphase konnte ferner bestätigt werden, daß sich die auf den Erfahrungen bestehender Altsysteme beruhenden Kernanforderungen an ein Verbundsystem bereits mit der aktuellen HORIZON Version 4.2 abdecken lassen. Entwickelt werden müssen Zusatzfunktionen, die sich aus den weitergehenden Anforderungen an ein modernes Verbundsystem ergeben.

Literatur:

[3]: Das V-Modell: Der Standard für die Softwareentwicklung mit Praxisleitfaden. Hg. von Adolf-Peter Bröhl und Wolfgang Dröschel, München, Wien, 2. Aufl. 1995

NICHOLAS RAWSON

OCLC and the Future

It occurred to me that I couldn't really talk about OCLC's future direction without telling you something about OCLC and its development and the products and services we currently offer. The structure of my talk will therefore be as follows:

- OCLC History
- Online Union Catalog (WorldCat)
- Products and Services
- The future – beyond 2000

1. Company History

OCLC is well aware that "one size no longer fits all", and it is my privilege today to show how OCLC can co-operative with your library, whatever its size, to customise services by connecting to OCLC.

Originally called the Ohio College Library Center, OCLC was founded in 1967 by librarian Frederick G. Kilgour and the Ohio College Association. It was charged with creating a shared electronic catalogue for the academic libraries of Ohio.

Today OCLC Online Computer Library Center is a nonprofit computer library service and research organisation whose computer network and services link nearly 24,000 libraries in 63 countries and territories. Nearly 1,000 people now work at OCLC and currently 60 additional positions are being recruited to. In 1996 OCLC was selected as company of the year in Columbus, Ohio.

OCLC is dedicated to its public purpose mission of furthering access to the world's information and reducing the cost of that information.

1.1. OCLC Europe

The office of OCLC Europe was established on 1st January, 1981 in the then Managing Directors attic of his home in Birmingham, with just three members of staff. OCLC Europe office now has 18 members of staff and serves more than 800 libraries throughout Europe, the Middle East and Africa.

159 libraries use OCLC services in the UK including such libraries as the

universities of Oxford, Edinburgh, Newcastle, and Strathclyde and world renowned research organisations such as the Wellcome Institute. OCLC Europe also works with partners such as CHEST in the United Kingdom and RBT in Norway to bring its services to the library communities they represent. OCLC also works with a number of distributors such as BTJ in Scandinavia and ITS in the former countries of Eastern Europe which market and support our services in these regions.

2. WorldCat

OCLC's Online Union Catalog (WorldCat) is the world's premier database of bibliographic information. WorldCat contains more than 36 million records in over 370 languages for all types of library materials from books to computer files and manuscripts. Each record contains a description of the item and a list of libraries that have the item.

Through contributions made by libraries around the world, WorldCat grows by more than 2 million records a year, that is one every 15 seconds. In 1996, libraries catalogued more than 39.7 million books and other materials and arranged 7.9 million interlibrary loans using WorldCat.

3. OCLC Building the Electronic Library: Products and Services

Services in libraries have changed dramatically during the last decade. This is an exciting time for both library professionals and library users. Unfortunately, time does not allow to present all of OCLC's products and services to you today. However, I intend to give you an overview of OCLC's Collections and Technical Services; OCLC Forest Press; Retrospective Conversion; Online Reference Services and our SiteSearch software will allow your library to build a virtual library.

3.1. OCLC Collections and Technical Services

OCLC offers a tool kit of online services and software to build your own electronic library, based on your needs, budget and goals. We can help you customise, connect and co-operate in building an integrated, comprehensive collection of both index and full-text information.

OCLC now has a suite of integrated services that you can customise for your library's unique operation. OCLC products and services in collection development, cataloguing, authority control and retrospective conversion help you streamline the flow of materials from publisher, to your library, to users. At the core of all these integrated services is the OCLC Online Union Catalog, WorldCat, which I have already mentioned. WorldCat offers you and your users access to resources that no single institution could possess. It is the worlds largest, busiest and best and has just celebrated its 25th anniversary.

Examples of the kinds of things we are doing in this area: OCLC has recently been involved in a pilot project with the Academic Book Centre and Yankee Book Pedlar to provide shelf-ready materials to libraries through PromptCat. PromptCat automatically provides OCLC-MARC records and sets holdings for files identified by your library's participating vendors. This enables you to increase cataloguing efficiency and save search charges and labour costs.

OCLC's automated Authority Control Service helps you improve online retrieval for staff and users, improves cataloguing productivity, and reduces local database maintenance costs by using state-of-the-art software to correct or modernise name, series, and subject headings in your library catalaogue.

RERO a network of some 60 libraries in Switzerland has concluded an agreement to use the OCLC Cataloguing Service. The first 6 libraries began cataloguing in March of this year.

OCLC has embarked upon a very ambitious project to provide all of its Collections and Technical Services to the Florida Gulf Coast University, a new public university to open its doors this year. By 2003 it will have 15,000 students. There will be no technical processing department within the university.

3.2. OCLC Forest Press

In 1988, OCLC bought the publishers of the Dewey Decimal Classification, Forest Press. Since that time, the classification has benefited greatly from the OCLC office of research, most recently in the production of an electronic version „Dewey for Windows" based on the 21st Edition which was released in August 1996.

The DDC is currently used by 200,000 libraries in 135 countries and is translated into 30 languages.

OCLC Europe is the sole distributor of DDC products in the UK and Europe.

3.3. OCLC Retrospective Conversion Services

The richness of the OCLC database (WorldCat) makes it an obvious choice as a source of machine readable data for libraries wishing to undertake retrospective conversion projects.

OCLC has 20 years experience in this most demanding of fields. To date OCLC has converted more than 90 million records for more than 2,000 libraries. OCLC provides services specifically designed for retrospective conversion which are appropriate to each library's requirements and budget.

At the simplest level OCLC provides a batch offline service called MICROCON whereby libraries key OCLC search keys and local data onto floppy diskette and ship these to OCLC for matching against the OCLC database. OCLC returns the matched records on MARC tapes together with printed reports of the non-matched items.

For a comprehensive and fully customised service OCLC maintains a Retrospective Conversion Unit at it's headquarters which employs more than 150 specialist retrospective conversion professionals who convert library catalogues and return the converted records to the library on a variety of output media such as diskette, and DATTAPE or by electronic file transfer. Each contract is tailored to the needs and budget of the contracting library who can be confident of an expert conversion in an agreed timeframe.

For more special or unique collections which will not obtain a high hit rate on WorldCat, or for titles that may not meet minimal level input standards, OCLC's conversion Keying Service can create MARC records quickly and economically.

Finally, for those libraries who have simple machine readable records, perhaps derived from a circulation system, OCLC provides a tape conversion service TAPECON which can upgrade these records to full MARC cataloguing standards.

Major Retrospective Conversion projects include:
- Oxford Bodleian Library post 1920 catalogue
- Queens University, Belfast
- John Rylands University Library of Manchester
- Royal Botanic Gardens, Kew
- A recent major project was the conversion of 13 Follett libraries including:
- University of London Warburg Institute together with other Institutes
- School of Oriental and African Studies and
- University College, London

Finally, a major European project is the agreement or Marché with the Ministry of Education in France. We are now onto our third Marché. Libraries which have had their collections converted under the terms of this agreement include:
- Bibliothèque Interuniversitaire Cujas
- Bibliothèque d'Art et Archéologie
- Bibliothèque Nationale et Universitaire de Strasbourg

3.4. OCLC Reference Services

3.4.1. FirstSearch

OCLC FirstSearch, is rapidly becoming one of OCLC's core services, and is growing by 50% annually. It has recently celebrated its 5th anniversary. It is an end-user reference service which approximately 85% of users access through the WWW. Users can go directly to Topic Area Selection to obtain information quickly.

FirstSearch has over 60 databases to choose from. 7 new databases have been added in the last year. FirstSearch can meet on-demand requests for articles not held locally with document delivery, available on most databases. Users simply choose the appropriate action from a bibliographic record to see a list of document ordering choices, commercial suppliers, payment options, and interlibrary loan via the OCLC ILL system.

Resource sharing products and services from OCLC build on and strengthen the tradition of library co-operation. OCLC is combining searching, interlibrary loan, and document delivery into a single, fast, low-cost service.

The OCLC ILL Fee Management service helps libraries reduce administrative costs by tracking and reconciling ILL charges. More than 770 libraries are using the service. OCLC processes more than 1,000 electronic transactions each day. It is used by over 6,000 libraries in 44 countries. 200,000 searches each day are made on FirstSearch.

For the professional librarian, FirstSearch is a powerful tool that increases the availability of reference information, reduces reference costs, and improves service to users.

In a recent IMI report, FirstSearch was the first most popular reference service. In a table of top 20 databases, three OCLC Databases were listed: WorldCat was the 3rd, ArticleFirst the 6th, and ContentsFirst the 16th most used databases. In the same report, amongst Academic Libraries, WorldCat is the first choice and ArticleFirst the second choice, WorldCat is also the first choice for Public Libraries, 2nd choice for Government Libraries and 3rd choice for industry.

NetFirst, which is OCLC's Directory of Internet Resources, is being used by 85 Higher Education libraries in the United Kingdom through an agreement with CHEST/NISS.

3.4.2. FirstSearch Electronic Collections Online

In 1991, OCLC developed Electronic Journals Online with its proprietary interface Guidon before the WWW became available.

OCLC's new electronic journal product, FirstSearch Electronic Collections Online is a service designed to support the efforts of libraries to acquire, circulate, manage and archive large collections of academic journals on the web. The service will be accessible via a single web interface that supports extensive cross journal searching and browsing. OCLC has currently signed up 260 journals from 9 publishers including Blackwells and Thompson, and expects to announce more publishers shortly. By the end of the first year of the service we expect to have over 500 journals mounted.

In designing the service, OCLC preserves the library's role in collection development by creating a virtual information store where libraries can choose the journals to which they subscribe to meet the needs of their patrons. Journals will be loaded on or before their print publication dates, giving researchers timely access to information. The service will include a link to OCLC's First-Search Service in 1998 when FSECO will be accessible via the FS interface.

OCLC FirstSearch Electronic Collections Online is expected to be available in June 1997. Starting this month until the release date 9 CHEST First-Search users are previewing ECO and providing vital feedback to OCLC.

3.5. Building the Virtual Library

SiteSearch is software that lets libraries build their own information resources, provide access to remote databases and unify access to both local and remote resources. SiteSearch is now up and running at some 75 installations in the USA.

When used in all of its possible permutations, and in common with other OCLC products and services, you have something that starts to look like a digital library. To give an example:

In Georgia, SiteSearch is helping 34 academic libraries in the Galileo System build an innovative electronic library. It serves each library within their university system with more resources than any one of them could afford alone.

Another example in Mid West America is the Committee on Institutional Operations: Web Z software has benefited 500,000 students and 35,000 faculty members in 10 libraries. It has enabled them to have a virtual electronic library which includes linking OPAC's, FirstSearch, ILL, Document order and delivery and Full Text through a single interface.

In the UK, EDINA at the University of Edinburgh, is the first UK site to use SiteSearch, mounting the Chadwyck-Healey Periodicals Contents Index for researchers in the humanities. They have indicated their willingness to act as a reference site for other interested European libraries.

Elsevier Science recommends the OCLC SiteSearch software for building, maintaining and searching the Elsevier electronic journal collection totally using a worldwide web browser of your choice and for integrating the collection with your other local and remote information resources.

4. OCLC and the future

Within OCLC's Strategic Plan we are committed to working on several projects in the future:

1. To enhance and integrate core services.
2. To increase global expansion and perspective by reviewing multilanguage capabilities and international standards.
1. To provide new, cost-effective electronic alternatives.
2. To add educational and training services.

4.1. Beyond 2000

From these goals, it can be seen that OCLC is working on the four „I's": To Integrate, Innovate, Internationalise and Inform!

In enhancing our core services, OCLC will continue to expand and enrich the OCLC Online Union Catalog by developing its definition to become a virtual catalog of both traditional and electronic resources, with improved linkages to library resources. We plan to introduce new services which will reduce library costs for acquiring and cataloguing materials, by transferring copy cataloguing to an electronic customised service.

In resource sharing we will respond to the growing use of consortia to provide local, regional, national and international access to resources, including end user initiated document ordering and interlending through the incorporation of FirstSearch full text and document delivery services. Electronic journals will increasingly be viewed as an alternative full text source, and we are already positioned to integrate the new Electronic Collections Online service into FirstSearch. We will develop pricing strategies which will enable libraries to mix and match services they require.

4.2. New Electronic Alternatives

The provision of new electronic alternatives will require libraries to perform expanded functions, despite continuation of flat or declining budgets. Libraries will be called upon to manage provision of services to a changing mix of print and electronic resources. The traditional tasks of collecting, organising and preserving access to materials will continue. Libraries will be required to arrange user access to remote collections, which will not be free, and which will require sophisticated authorisation and access control systems. Users will demand integrated access – expecting to locate in a single search desired information – whether print or on the Web, and to access it by the most convenient and cost-effective manner.

OCLC is convinced that archival systems, to give permanence and ensure future access to resources, is a critical role which will depend on the creation of archival repositories of electronic material – the economies of which can only be achieved through continuing the long established tradition of library co-operation. OCLC is prepared to play a leadership role in this, area and is taking the first steps in this direction, by providing an archival function to its electronic collections online service.

In moving to electronic alternatives, OCLC believes it has a role to play in developing and utilising international standards, and assisting libraries in mapping future access strategies.

4.3. Global Expansion

Our third goal is to increase global expansion by bringing more libraries into OCLC membership. We have achieved a great deal in recent years in our international expansion both in Europe, Asia Pacific, Latin America and Canada. The keys to this success have been increasing hours of availability, installing improved and reliable internet links across the world, adopting international standards such as UNIMARC for the sharing of bibliographic records and increasing staff resources working in the international arena – both directly and by working with distributors.

We must continue to develop products for a global market, and to develop a global mindset as an organisation. We intend to increasingly support multi-lingual interfaces, or provide the tools to customise language locally, and we will work to support the adoption of international standards.

OCLC is currently working on two international cataloguing rules harmonisation projects – with Germany in the REUSE project, based at the University of Gottingen, and in Russia with the National Library of Russia in St. Petersburg. Both projects involve the co-operation of experts from OCLC and the Library of Congress.

4.4. Educational

Our final goal is to provide an educational function to assist librarians and educators in transition to new information technology. OCLC has a deserved reputation for the quality of its research – we need to ensure that we disseminate and share the expertise we create. OCLC has recently announced the foundation of the „OCLC Institute", which will be charged with sharing its knowledge base with libraries, and which will work with foundations, government agencies, professional organisations and library schools.

The OCLC Vision is for seamless and reliable access to the world's bibliographic, abstract and full-text information, when and where needed, at an affordable price.

4.5. OCLC Mission

Now in its 30th year, OCLC remains dedicated to its public purpose mission of furthering access to the world's information and reducing the cost of that information.

Let OCLC take your library into the new Millennium!

CHRISTA REICH

BIBOS:IV – Stand der Entwicklung

1 Einleitung

BIBOS:IV ist geplant als verbundfähige integrierte Bibliothekssoftware, die nach Grundsätzen der Offenheit, Modularität und der Standardisierung entwickelt wird. Der Entwicklungsaufwand für die nachfolgend beschriebene Funktionalität beträgt ca. 30 Personenjahre. Die Dauer wurde mit 4 Jahren angesetzt. Durchschnittlich arbeiten 20 Personen an dem Projekt BIBOS:IV. Begonnen wurde BIBOS:IV nach einer umfangreichen Marktanalyse Anfang 1995. Fertiggestellt ist das Modul OPAC (inkl. Remote-OPAC, WEB-OPAC und Multimedia-OPAC), in Programmierung sind derzeit die Module Entlehnung und Organisatorisches Umfeld.

Im folgenden werden der Funktionsumfang von BIOBS:IV, einige exemplarische Highlights und die technische Konzeption vorgestellt.

2 Funktionsumfang BIBOS:IV

Die Entwicklung wurde in mehrere Phasen eingeteilt, wobei mit den lokalen Modulen begonnen wurde, die jeweils Online-Schnittstellen zu den Mainframe-Versionen von BIBOS haben. Dahinter steckt die Überlegung, sukzessive einzelne Module abzulösen und auf BIBOS:IV umsteigen zu können.

2.1 Phase I – OPAC, Entlehnung und Organisatorisches Umfeld

- OPAC
  - Recherche in Experten- und Standardmodus
  - WEB-OPAC
  - Multimedia-OPAC
- Organisatorisches Umfeld
  - Verwalten der organisatorischen Einheiten (Verbund, Bibliothek, Bibliothekarische Einrichtung, Standort) mit besonderer Berücksichtigung der notwendigen Funktionalität zur Entlehnung
  - Verwalten der Profile (inkl. Zuordnung zur organisatorischen Einheit)
  - Administration von Mitarbeitern (= Bibliothekspersonal)

- Verwalten von Druckern
- Installation und Setup von BIBOS:IV
- Administration von Benutzern (= Bibliotheksbenutzer)
- Benutzerseitige Entlehnung
  - Bestellung, Vormerkung, Verlängerung (inkl. Altbestandsbestellung) – Magazinsausleihe
  - Bezahlung von Gebühren
  - Bearbeiten des Benutzerstandes
- Bearbeiterseitige Entlehnung
  - Sonderbestellungen (bei Sperren, Fehlen einer Entlehnkondition etc.)
  - Entlehnverbuchung (Freihand und Magazin, Altbestand; gebührenfrei bzw. gebührenpflichtig)
    Mahnlauf
    Reservierung und Verständigung
    Verlängerung (Einzel- und Pauschalverlängerung)
    Bearbeiten von Sperren
    Rückgabeverbuchung
    Verlustbearbeitung
    Gebührenverwaltung (Abrechnung der Kassa, Stornos, Erledigungen,
  - Journalführung)
    Statistische Auswertungen von Daten
- Schnittstellen
  - Online Anbindung an BIBOS1 und BIBOS2: das bedeutet, daß der Geschäftsgang und die Katalogisierung in BIBOS1 oder 2 durchgeführt werden, die Entlehnung jedoch in BIBOS:IV, das sich die benötigten Daten aus BIBOS1 bzw. BIBOS2 holt.

  Z39.50 Schnittstelle

2.2 Phase II – Geschäftsgang und Organisatorisches Umfeld

- Erwerb
  - Zugriff auf Fremddaten und CD-ROM (Bestellzitate, Pflichtexemplare)
  - Bestandsprüfung
  - Bestellvorschläge mit Genehmigungsverfahren
  - Budgetdeckungsprüfung
- Einkauf
  - Bestellung mit unterschiedlichen Bestellarten
  - Lieferanten-/Bestellempfänger-/ Rechnungsleger verwalten
  - Evidenz (Mahnungen) Lieferanten
  - Stornierung von Bestellungen
  - Liefereingang buchen

  - Reklamation
- Rechnungsbearbeitung
- Inventarisierung (inkl. Sonderinventare)
- Signierung
  - Erstsignierung
  - Umsignierung
  - Standortänderungen
  - Mehrfachsignaturen
- Organisatorisches Umfeld
  - Verwalten von Signaturgruppen und -nummern
  - Verwalten von Bestellnummern und Inventarnummern
  - Verwalten von Klassifikationen und Systematiken
  - Budgetverwaltung
  - Statistische Auswertung von Daten
- Schnittstellen
  - Online Anbindung an BIBOS1 und BIBOS2: das bedeutet, daß die Katalogisierung in BIBOS1 oder 2 durchgeführt werden, die Entlehnung und der Geschäftsgang jedoch in BIBOS:IV, die sich die benötigten Daten aus BIBOS1 bzw. BIBOS2 holen.
  - Z39.50 Schnittstelle

2.3 Phase III – Katalogisierung und Zeitschriftenverwaltung
- Katalogisierung
  - Formalkatalogisierung
  - Normdateien nutzen und verwalten
  - Sacherschließung mit Deskriptorenlisten bzw. Thesaurus
  - Thesauruspflege
- Zeitschriftenverwaltung (Loseblattausgaben, Lieferwerke)
  Die Katalogisierung von Zeitschriften kann in der Katalogisierung vorgenommen werden. In diesem Modul geht es um die Verwaltung (Eingangsbuchungen etc.) der einzelnen Lieferungen.
  - Einkauf
  - Rechnungsbearbeitung
  - Inventarisierung
  - Signierung
  - Katalogisierung
  - Entlehnung

2.4 Phase IV – Weitere Ausbaustufen

Fernleihe (aktiv und passiv)
Tauschabwicklung (aktiv und passiv)
Buchbindeverwaltung
Rundlauf
Briefkasten
Literaturdienst
Schnittstellenausbau

3 Exemplarische Highlights

Einige im folgenden aufgeführte und im Detail beschriebene Beispiele sollen veranschaulichen, wie das Produkt BIBOS:IV im Detail geplant ist. Besonderes Augenmerk wird auf Flexibilität und leichte Erweiterbarkeit der Module gelegt. Herausgegriffen wurden insbesondere diejenigen Eigenschaften von BIBOS:IV, die es von anderen Produkten am Markt wesentlich unterscheiden und die die Stärke des Systems ausmachen. Es sei nochmals betont, daß nur einige ausgewählte Highlights angeführt sind und dieser Abschnitt daher keine vollständige Beschreibung wiedergibt.

3.1 Katalog

Der Katalog stellt, wie in jedem Bibliothekssystem, das Kernstück dar. Dieser Bereich erlaubt die Anforderungen der Formalerschließung und der zentralen und lokalen Sacherschließung zu erfüllen. Je Titelaufnahme ist ein Katalogisat zu schaffen. Jeder Katalogeintrag wird durch verschiedene Kategorien beschrieben. Für ein gültiges Katalogisat gibt es eine Minimalanforderung an zu spezifizierenden Kategorien. Das Aufnehmen des Inhalts einer Kategorie kann auf verschiedene Arten erfolgen:

- direkte Eintragungen
- Verweise auf Normdateien (inkl. Kettenansetzungen, z.B. bei der Schlagwortnormdatei)
- Verweise auf beschreibende Kategorien eines anderen Katalogisats
- Verweise auf externe Normdateien bzw. Thesauri

Beschreibende Kategorien können von lokaler Bedeutung sein oder verbundweit Verwendung finden. Ein wesentliches Merkmal von BIBOS:IV ist, daß gleichzeitig verschiedene Kategorieformate (MAB2, UNIMARC, etc.) gespeichert werden können. Diese Forderung stammt nicht aus einem falsch verstandenen Universalismus, sondern vielmehr aus der Tatsache heraus, daß vielfach keine verlustfreie Konvertierung unterschiedlicher Austauschformate möglich ist. Die nicht verlustfreie Konvertierung kann zwei Ursachen haben, einerseits aufgrund der Definition der beiden Formate oder anderseits aufgrund einer Regelwerksänderung, die momentan noch nicht in der Konvertierungsroutine berücksichtigt wurde.

Beispiel:

Jeder Titel wird im BIBOS:IV-internen Format gespeichert. Sollte bei einer Titelanlieferung (z.B. in UNIMARC) nicht jede Kategorie durch eine oder mehrere BIBOS:IV-interne Kategorien abgedeckt sein, so werden jene BIBOS:IV-internen Kategorien, die durch Konvertierung erreicht werden können, zunächst einmal gespeichert. Jene externe, nicht konvertierbare Kategorien werden direkt im Fremdformat aufgenommen, um keine Informationen zu verlieren.

Hierzu gibt es als verschiedene Kategorieformate:

- das interne BIBOS:IV-Format
- Kategorien von Austauschformaten (MAB 2, UNIMARC, etc.), die nicht vollständig im internen Format dargestellt werden können
- bibliotheksabhängige Kategorien, die seitens der Anwender erweiterbar sind

Prinzipiell erfolgt die Anzeige eines Titels im BIBOS:IV-Format. Es besteht aber durchaus die Möglichkeit, den Titel auch in anderen Formaten auszugeben.

3.2 Bestandsverwaltung

Es sei hier nur auf ein Feature der Bestandsverwaltung, nämlich auf das Konstrukt „Bindebeschreibung", verwiesen, das BIBOS:IV von anderen Bibliothekssystemen wesentlich unterscheidet. Eine Bindebeschreibung verweist auf alle gleichartig gebundenen Exemplare einer Bibliothek. Sie erlaubt erworbene Exemplare eines Titels folgendermaßen zu behandeln:

- verschiedene erworbene Exemplare werden zu einem aufgestellten Exemplar zusammengeführt (Beispiele: Lehrbuch und Lösungsheft, alle Zeitschriften eines Jahrgangs)
- ein erworbenes Exemplar wird in mehrere aufgestellte Exemplare geteilt (Beispiel: Buch und Diskette werden gesondert aufgestellt)
- die Entsprechung zwischen erworbenem und aufgestelltem Exemplar ist eindeutig (Normalfall)

Die Bindebeschreibung ist auf lokaler Ebene zu erstellen, da jeder Bibliothek (bzw. organisatorischen Einheit, z.B. einer Fachbibliothek, einer Zweigstelle, etc.) die Aufstellung ihrer erworbenen Exemplare freisteht. Für die Entlehnung bzw. Fernleihe ist dieses Konstrukt von enormer Bedeutung, da sich die Ausleihe immer auf ein aufgestelltes Exemplar bezieht. Recherchiert wird das gewünschte Werk im OPAC (Titelaufnahme im Katalog), der Ausleihvorgang bedient sich der Bindebeschreibung um eine Aussage über die Form der Verfügbarkeit[1] des aufgestellten Exemplars machen zu können.

3.3 Normdatei

Ähnlich wie bei der Beschreibung des Katalogisats wird ein Eintrag in der Normdatei durch verschiedene beschreibende Kategorien erreicht. Dadurch kann dieses Modell leicht an spezielle Normdateien angepaßt werden, sowie auch um bibliotheksspezifische Kategorien erweitert werden, die nur von lokaler Bedeutung sind. Als weiterer Vorteil sei angeführt, daß diese Vorgangsweise ein einheitliches User Interface erlaubt und somit erheblich weniger Schulungsaufwand bedeutet bzw. eine leichtere Bedienbarkeit erreicht wird.

Entsprechend den Anforderungen können Beziehungen zwischen verschiedenen Einträgen der Normdatei gespeichert werden. Dies können einerseits Hierarchien (z.B. Hauptschlagwort, Unterschlagwort in der Ansetzungskette) und anderseits Querverweise (z.B. zwei Einträge „Foto“ und „Photo“, jeweils als „siehe auch“ Verweis) sein. Pauschalverweise, die vor allem für den Zettelkatalog von Bedeutung sind bzw. bei der Aufnahme eines neuen Eintrags als Hilfestellung dienen könnten, können ebenfalls eingebracht werden.

BIBOS:IV garantiert die Offenheit, auch zu einem späteren Zeitpunkt Normdateien im System zu integrieren. Eine Datenkonversion von jenen beschreibenden Kategorien, die zuvor durch direkte Eintragungen repräsentiert waren und künftig durch verweisende Kategorien auf die neue Normdatei ersetzt werden müssen, ist natürlich auch bei unserer Vorgangsweise unumgänglich. BIBOS:IV kann für die Übergangsphase die Haltung beider Kategorien ermöglichen, um bei Problemfällen - wo die Konversion nicht erfolgreich war - eine händische Nachbearbeitung seitens des Bearbeiters zu gegebener Zeit zu gewährleisten.

Jede Normdatei wird durch eine eigene Instanz im System repräsentiert. Gegenwärtig sind die Personennamendatei, die Körperschaftsnormdatei und die Schlagwortnormdatei vorgesehen; aufgrund unseres generischen Modells ist es - wie bereits zuvor erwähnt - kein Problem weitere Normdateien hinzuzufügen, wie z.B. eine Verlagsnormdatei.

[1] Nicht hinsichtlich des Status „entlehnt“ und somit nicht verfügbar, sondern hinsichtlich der Form der Verfügbarkeit:

- gemeinsame Aufstellung mit anderen Werken (untrennbare Bindung zweier Werke zu einem Entlehnobjekt)

3.4 Normdatenkette

Die vielleicht etwas eigenartig, anmutende Bezeichnung des Konstruktes „Normdatenkette“ ist an sich schnell erklärt. Eine Normdatenkette entspricht einer geordneten Menge von Normdaten. Gegenwärtig findet sie ausschließlich für Sacherschließung von Titelaufnahmen Verwendung, wo eine Schlagwortkette - gebildet aus Schlagwörtern der Schlagwortnormdatei - einem Katalogisat zugeordnet wird.

Beispiel einer Schlagwortkette: Europa – Politik – Frieden

Im Gegensatz zu Normdateien, bei denen der Umfang feststeht, werden Normdatenketten im Bedarfsfall geschaffen. Das soll nicht heißen, daß im Laufe der Zeit keine Zugänge in der Normdatei möglich werden, sondern vielmehr den Unterschied unterstreichen, daß nicht alle möglichen Kombinationen von Normdaten zu Normdatenketten erfaßt werden, sondern diese erst bei Bedarf angelegt werden. Diese Vorgangsweise ist erstens eine Überlegung hinsichtlich des Speicherplatzbedarfes sowie zweitens auch eine Frage der Notwendigkeit aus fachlicher Sicht. Jede Normdatenkette wird durch eine eigene Instanz repräsentiert. Dieses generische Modell könnte auch in künftigen Bereichen zum Einsatz kommen, die einer ähnlichen Handhabung bedürfen.

3.5 Entlehnservice

Auch im Entlehnservice wurde auf größtmögliche Flexibilität hinsichtlich der Einbringung der Entlehnordnung (Parametrisierung des Entlehnservices) sowie auf einfache Bedienbarkeit Wert gelegt. Bestellungen können direkt aus dem OPAC erfolgen und sind nicht auf den Online-Bestand beschränkt. Ausgehend vom OPAC ist es auch möglich, Entlehnobjekte des Altbestandes zu bestellen. Ist keine Bestellung möglich, so kann sich der Benutzer auf den Titel vormerken. Die Möglichkeit der automatischen Verlängerung, sofern keine Nutzung durch andere Benutzer angemeldet ist, wird ebenfalls geboten. Weiters wurde berücksichtigt, daß in Freihandbereichen keine Bestellung möglich ist, sondern der Benutzer den gewünschten Titel selbst vom Standort holen muß. Für diesen Fall bietet der OPAC eine Standortinformation (Adresse, Öffnungszeit, etc.) an.

Ein weiterer fixer Bestandteil des Entlehnservices ist die Gebührenverwaltung. Sie erlaubt Kautionen bzw. Gebühren für die Ausweiserstellung, für jeden Entlehnfall (einmalige bzw. täglich anfallende Kosten, Mahngebühren, etc.) sowie auch weiterverrechenbare Kosten (z.B. Kopierentgelt) zu erfassen.

Die Rahmenbedingungen des Entlehnservices werden durch Profile festgelegt. Die Bestimmung einer konkreten Entlehnkondition erfolgt anhand der gewünschten Einflußgrößen. Einflußgrößen können aus Datenfeldern des Titels, des Benutzers und der Entlehnart gewonnen werden.

Beispiel:
Die Entlehnfrist, ein Parameter der Entlehnkondition, könnte

- je Medienart (Buch, CD, etc.)
- je Benutzerklasse (Professor, Student, Firma, Mitglied, etc.)
- je Entlehnart (Nutzung im Haus, Entlehnung außer Haus, etc.)
- bzw. aus gewünschten Kombinationen oben angeführter Einflußgrößen jeweils einen unterschiedlichen Wert aufweisen.

Durch die Schaffung der Entlehnkondition und das skizzierte Modell können weitgehend alle Bedürfnisse von unterschiedlichen Bibliothekstypen abgebildet werden, ohne eine individuelle Programmänderung vornehmen zu müssen.

3.6 Organisatorisches Umfeld

Der Bereich des Organisatorischen Umfeldes in BIBOS:IV erlaubt die Aufbauorganisation einer Bibliothek im System abzubilden. Diese Aufbauorganisation dient in weiterer Folge zur gezielten Mitarbeiterberechtigung. Prinzipiell gehen wir davon aus, daß die Organisation der Bibliotheken sehr unterschiedlich ist und daher BIBOS:IV ein äußerst flexibles Modell anbieten muß.

Die Aufbauorganisation hält fest, wie eine Bibliothek regional/räumlich (z.B. Wien, Graz oder Neubau, Altbau) bzw. logisch/fachlich (z.B. Chemie, Physik) organisiert ist. Diese Struktur ist noch um jene organisatorischen Einheiten zu ergänzen, die Dienstleistungen (z.B. Erwerbsabteilung, Entlehnservice) an einer bestimmten Stelle der Hierarchie erbringen. Sie könnten als Stabsstellen der ihr übergeordneten organisatorischen Einheit gesehen werden. Die Aufbauorganisation besteht aus organisatorischen Einheiten, die hierar-

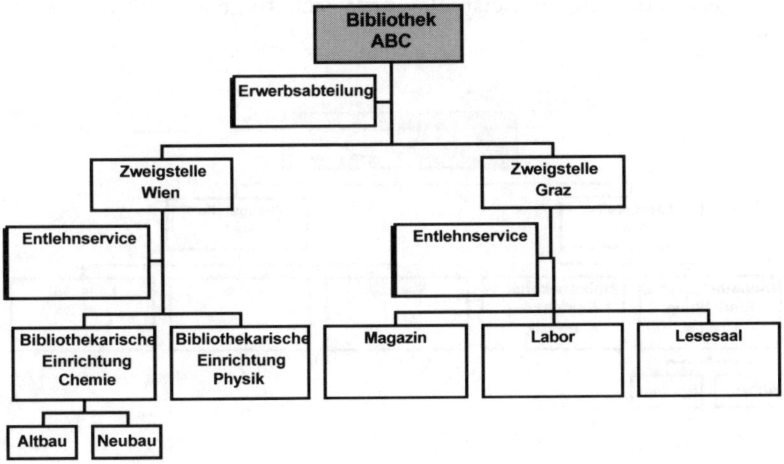

chisch gegliedert sind. An der Spitze der Hierarchie steht die Bibliothek selbst. Die Aufbauorganisation kann durch ein Organogramm beschrieben werden. Jene organisatorischen Einheiten, die die vorher erwähnten Dienstleistungen erbringen, werden im Organogramm unterhalb der ihr vorgesetzten organisatorischen Einheit seitlich gezeichnet.

Beispiel:
Interpretiert man obiges Organogramm (ein abstraktes Beispiel), so hat die Bibliothek ABC zwei Zweigstellen, nämlich Wien und Graz. Die Zweigstelle Wien ihrerseits gliedert sich wiederum in die Bibliothekarische Einrichtung Chemie und die Bibliothekarische Einrichtung Physik. Die Bibliothekarische Einrichtung Chemie befindet sich in zwei Häusern, nämlich dem Altbau und dem Neubau. Die Zweigstelle Graz besteht aus den Standorten Magazin und Labor und hat weiters einen Lesesaal.

Betrachtet man nun die angebotenen Dienstleistungen (Kästchen mit Schatten), so kann man dem Organogramm entnehmen, daß die Erwerbung zentral in der Bibliothek durchgeführt wird. Das Entlehnservice hingegen stellt jede Zweigstelle selber zur Verfügung.

Die oben skizzierte Anforderung wird in BIBOS:IV in mehreren Schritten eingebracht.
- Aufnahme der Bibliotheksstruktur
- Mitarbeiterberechtigung

3.6.1 Bibliotheksstruktur
Die Bibliotheksstruktur ermöglicht die Abbildung der Aufbauorganisation einer Bibliothek ohne vorerst die angebotenen Dienstleistungen darzustellen. Entsprechend vorherigem Beispiel würde sich folgende Bibliotheksstruktur ergeben:

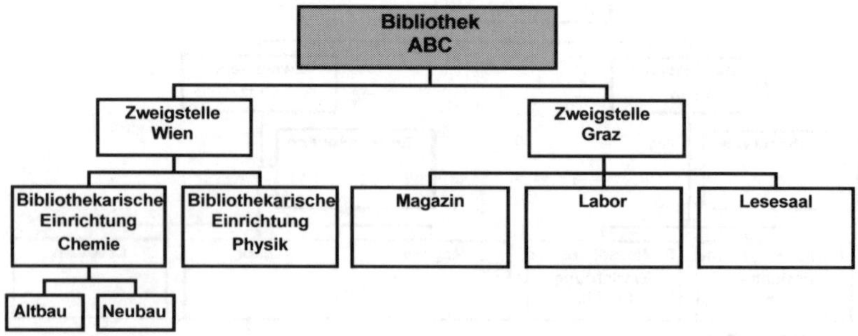

Jede organisatorische Einheit wird entsprechend dem Organogramm in der Bibliotheksstruktur beschrieben. Die Beschreibung umfaßt die Benennung und das Aufnehmen weiterer Daten, wie etwa der Adresse, der Öffnungszeiten, der Schließtage, etc. Bei kleineren Bibliotheken kann die Bibliotheksstruktur auch aus genau einer organisatorischen Einheit bestehen, nämlich der Bibliothek selbst. Es gibt keine Beschränkung hinsichtlich der Hierarchieebenen für die Bibliotheksstruktur. Natürlich erlaubt die Administration auch die gleichzeitige Aufnahme mehrerer Bibliotheken in einem BIBOS:IV System, so daß eine Verbundstruktur darstellbar ist.

3.6.2 Mitarbeiterberechtigung

Um zeigen zu können, wie die Mitarbeiterberechtigung erfolgt, ist zunächst der Zusammenhang zwischen Dienstleistung, Geschäftsfunktion und Profil zu erklären.

Die Dienstleistungen werden von den Mitarbeitern der Bibliothek erbracht.

Eine Geschäftsfunktion in BIBOS:IV bietet eine Unterstützung für den Mitarbeiter an, damit er die Dienstleistung leichter und effizienter erbringen kann. Eine Geschäftsfunktion deckt nur jenen Grad einer Dienstleistung ab, der vernünftigerweise automatisiert werden soll. Jede Geschäftsfunktion ist über ein Profil parametrisierbar, so daß einem Mitarbeiter nicht alle Funktionsbereiche einer Geschäftsfunktion angeboten werden müssen. Erbringen Mitarbeiter aufgrund ihrer Qualifikation oder anderer Gründe die Dienstleistung (z.B. Entlehnservice) nicht im vollem Umfang (z.B. darf keine Mahnungen im Entlehnservice erstellen), so wird für diese Personengruppe ein neues Profil entsprechend dem gewünschten Tätigkeitsbereich geschaffen und zugeordnet. Diesen Mitarbeitern stehen dann nur jene BIBOS:IV-Funktionen der Geschäftsfunktionen zur Verfügung, die zur Bearbeitung ihres Teilaufgabengebietes notwendig sind.

Über ein Profil wird in BIBOS:IV ein Mitarbeiter an einer organisatorischen Einheit der Bibliotheksstruktur berechtigt und kann dort seine Dienstleistung mit Unterstützung des BIBOS:IV-Systems zur Verfügung stellen. Ein einmal erstelltes Profil kann wiederholt verschiedenen Mitarbeitern zugewiesen werden, die den selben Aufgabenbereich haben und daher entsprechend der im Profil zum Ausdruck gebrachten Rolle mit dem BIBOS:IV-System interagieren.

In unserem Beispiel könnte man die Dienstleistungen folgendermaßen der Bibliotheksstruktur zuordnen.

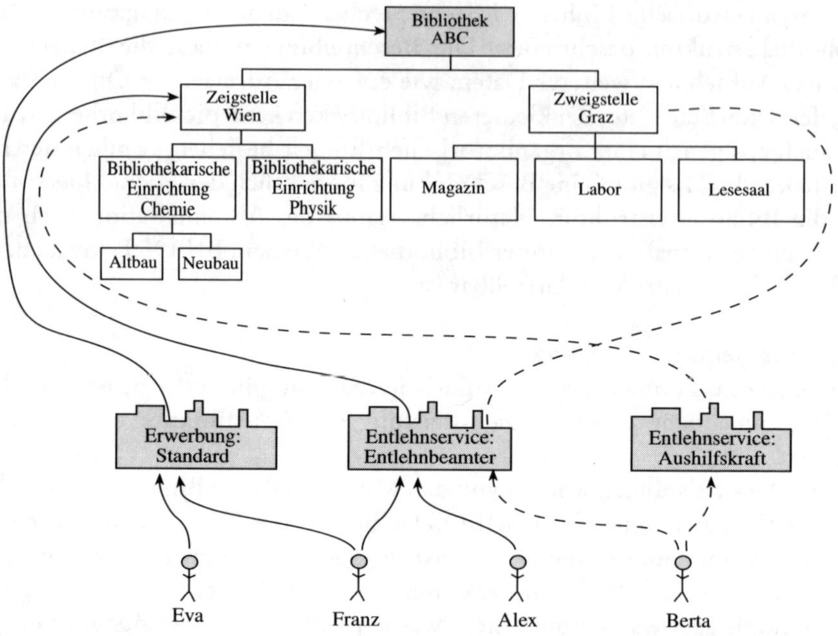

Entsprechend unserem vorherigen Beispiel benötigt man mindestens jeweils ein Profil für die Erwerbsabteilung und für das Entlehnservice. Um auch die Möglichkeit zu zeigen, daß Mitarbeiter für eine BIBOS:IV-Geschäftsfunktion unterschiedlich berechtigt werden können, werden für das Entlehnservice zwei Profile angelegt. Das Profil „Entlehnbeamter" umfaßt alle Berechtigungen des Entlehnservices; ein weiteres Profil „Aushilfskraft" hingegen umfaßt nur die Grundfunktionalität des Entlehnservices (d.h. z.B. kein Umgehen der Benutzersperren, etc.)

Das Beispiel zeigt, daß Eva und Franz als Erwerbungsbeamte für die Bibliothek arbeiten; Franz kann aber auch als Entlehnbeamter in der Zweigstelle Wien eingesetzt werden. Alex ist ausschließlich Entlehnbeamter in der Zweigstelle Wien. Berta ist Entlehnbeamtin in der Zweigstelle Graz und kann als Aushilfskraft in Wien tätig werden.

4 Technische Konzeption

4.1 Grundlegende Designentscheidungen

Das Design der BIBOS:IV Systemarchitektur orientiert sich an mehreren Gesichtspunkten:

- optimale Nutzung moderner Hard- und Softwareplattformen
- Skalierbarkeit, um die Bedürfnisse von Bibliotheken verschiedenster Größe abdecken zu können
- Modularität, um durch den Austausch von Komponenten unterschiedlichen fachlichen Anforderungen zu genügen
- Datenbankunabhängigkeit
- Offene Schnittstellen
- flexible Bildung von Bibliotheksverbünden

Jeder dieser Punkte wird im Folgenden näher beleuchtet.

4.2 Architektur

Wie bereits einleitend erwähnt, sind zwei der wesentlichen technischen Designziele von BIBOS:IV Modularität und Skalierbarkeit. Um diese Eigenschaften zu ermöglichen, haben wir uns von der klassischen Zwei-Ebenen-Client-Server Architektur der moderneren Drei-Ebenen-Architektur zugewandt. Die angewandte Methode des „Thin Clients“ erlaubt eine einfache Portierung auf JAVA und stellt Intranetlösungen für die Zukunft sicher.

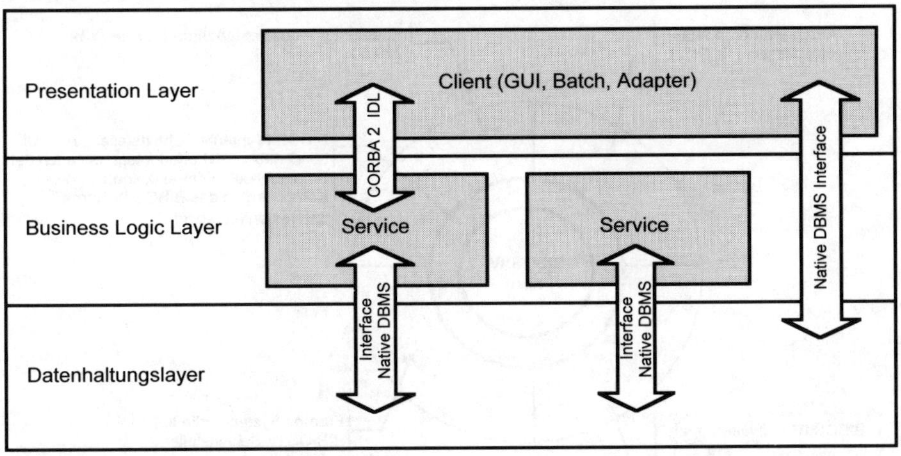

Diese Architektur ermöglicht es uns, abhängig von den konkreten Leistungserfordernissen eine Konfiguration zu nutzen, die für jeden Teil der Gesamtapplikation optimale Hardwarevoraussetzungen bietet, oder auch nur aus einem einzelnen Server besteht. Damit ist das Ziel der Skalierbarkeit erreicht.

Modularität verfolgt andere Ziele. Diese Eigenschaft soll es ermöglichen, wechselnden Anforderungen und unterschiedlichen Kundenbedürfnissen fachlicher Natur zu begegnen, ohne die Gesamtkomplexität des Systems wesentlich zu erhöhen. Während die Skalierbarkeit nur die horizontale Partitionierung des Systems, also die Unterscheidung der technischen Merkmale von Systemteilen über den gesamten Funktionsumfang hinweg betrachtet, ist für die Modularität die vertikale Partitionierung ausschlaggebend, die Aufteilung in die verschiedenen Funktionsgruppen der einzelnen fachlichen Teilkomponenten. Durch die Isolation dieser Komponenten und die konsequente Nutzung von definierten und stabilen Schnittstellen auch innerhalb des Systems ist die Austauschbarkeit einzelner Komponenten gewährleistet, die wiederum eine flexible Konfigurierbarkeit erlaubt.

4.3 Schnittstellen

BIBOS:IV bietet eine Vielzahl von Schnittstellen, die sowohl die internen Systemkomponenten als untereinander als auch BIBOS:IV mit Fremdsystemen verbinden. Schnittstellen zu Fremdsystemen können sowohl Industriestandards wie Z39.50 als auch proprietäre Schnittstellen wie z.B. PICA-Protokolle sein. Diese werden in Form von Adaptern auf die BIBOS:IV-Schnittstellen aufgesetzt. Dadurch wird ein hohes Maß an Flexibilität für die spätere Erweiterung der angebotenen Schnittstellen erreicht.

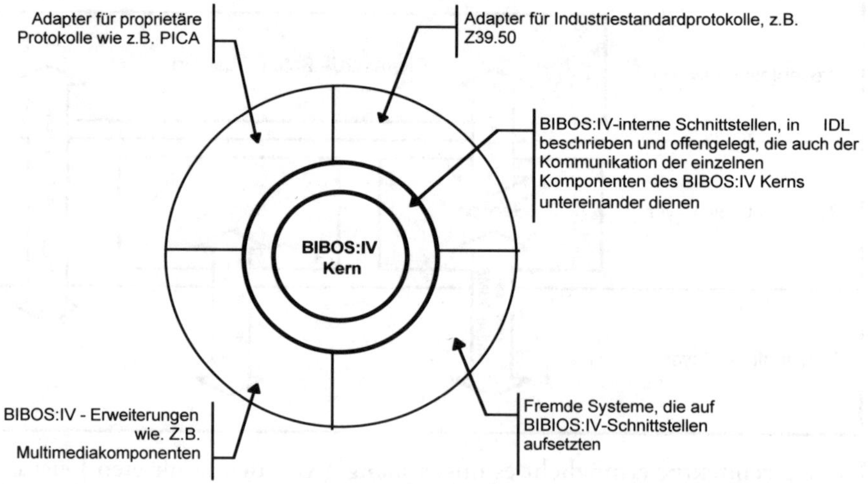

4.4 Technische Grundlagen

4.4.1 Allgemeines

BIBOS:IV wird durchgängig objektorientiert entwickelt, beginnend von objektorientierten Methoden der Analyse mit entsprechenden Unterstützungswerkzeugen bis zur Implementierung. Sowohl die Clients als auch die Server von BIBOS:IV werden in C++ entwickelt. Dadurch ist eine Portierung auf gängige UNIX-Systeme sowie Windows NT möglich. Die Entwicklungsumgebung ist AIX auf IBM RS/6000. Als relationale Datenbank wird bei der Entwicklung ORACLE Version 7 eingesetzt, durch einen entsprechenden Softwarelayer ist die Unterstützung anderer RDBMS möglich. Als Volltextretrievalkomponente kommt Fulcrum SearchServer zum Einsatz.

4.4.2 Clients

Die interaktiven Clients von BIBOS:IV basieren auf einer portablen User Interface Class Library. Ausgehend von der Stadardumgebung Win32 (Windows 95, Windows NT) ist eine Portierung auf andere Plattformen wie OS/2 oder UNIX/X-Window möglich. Textbasierte Clients sind nicht vorgesehen. Clients im erweiterten Sinn sind auch Batchprogramme oder Adapter für Standardprotokolle aus der Bibliothekswelt wie z.B. Z 39.50. Diese nutzen ebenso wie die interaktiven Clients die von den Servern bereitgestellten Schnittstellen.

4.4.3 Server

Im Rahmen von BIBOS:IV sprechen wir nicht von einem einzelnen Server (soweit die Software betroffen ist), sondern von einer Anzahl von Servern, die über definierte Schnittstellen fachliche Funktionalität zur Verfügung stellen, die von den Clients genutzt wird.

BIBOS:IV wird insgesamt durchgängig objektorientiert entwickelt. So ist es natürlich, diese Funktionen als Objektservices verfügbar zu machen. Zur Kommunikation zwischen den Clients und den Servern, wie auch zwischen den Servern wird ein Object Request Broker (ORB) eingesetzt. Diese mittlerweile ausgereifte Technologie ermöglicht es, die Schnittstellen in einer Industriestandards (CORBA 2) gehorchenden Form, der Interface Definition Language (IDL) zu definieren und somit auch Fremdsystemen, die über eine kompatible Entwicklungsumgebung verfügen zugänglich zu machen. Damit besteht erstmals die Möglichkeit, die Funktionalität eines Bibliothekssystems über die gängigen Datenaustauschformate (Off-Line) oder standardisierten Kommunikationsprotokolle wie z.B. Z39.50 aus einem Fremdsystem heraus zu nutzen. Auch die Entwicklung zusätzlicher Clients wird dadurch vereinfacht, da die fachliche Funktionalität nicht im – normalerweise dem Kunden nicht zugänglichen – Clientcode, sondern in den Servern liegt und durch die erwähnten Schnittstellen zugreifbar ist. Der Zugriff auf die relationale Datenbank erfolgt durch eine weitere Class Library, die es ermöglicht, verschiedene RDBMS ohne Änderung des Applikationscodes zu verwenden. Der erste Release wird jedoch mit ORACLE entwickelt und getestet.

4.5 Verbundkonzeption

Ein Verbundsystem besteht aus einer Anzahl von Services, die physisch auf einem oder mehreren Rechnern liegen und ist vorerst ein traditionelles zentrales, wenn auch in sich verteiltes System. Von außen, also aus Clientsicht, stellt es sich wie ein einziger Rechner dar. Wenn wir uns jetzt vom zentralen Verbund abkehren, stellt sich die Frage nach alternativen Architekturen. Es gibt drei Möglichkeiten:

- Ein hierarchischer Verbund mit der Gesamtmenge aller Daten an der Spitze und redundanten Untermengen an den Knoten und Replikation von höheren zu niedrigeren Hierarchieebenen
- Ein „flacher" Verbund mit teilredundanter Datenhaltung und Replikation zwischen den Knoten
- Eine Mischform aus beiden Strukturen

Das Ziel von BIBOS:IV ist es, alle drei Varianten abbilden zu können. Wie also sieht ein solcher hierarchischer, verteilter Verbund aus?

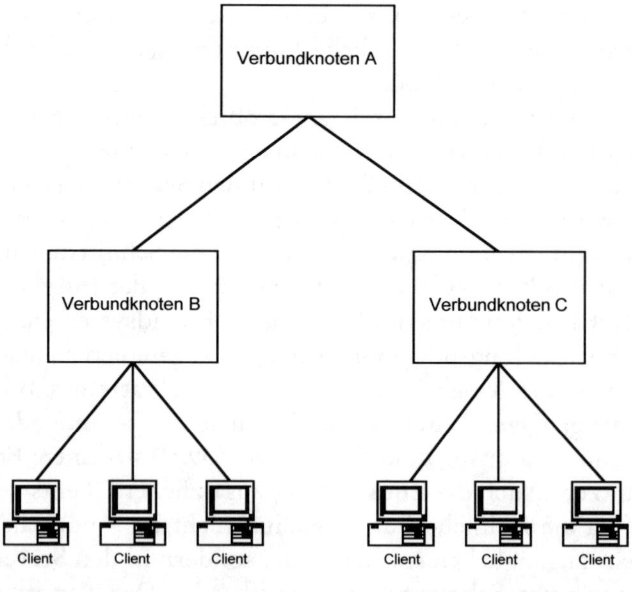

A, B, und C sind vollfunktionale Verbundknoten. A ist nach wie vor der Zentralrechner, der die Gesamtmenge der Verbunddaten hält. B und C sind abhängige Knoten, die jeweils eine Region unterhalb von A bedienen und die Menge der Daten ihrer Region sowie eine beliebige Menge von Verbunddaten anderer Regionen halten. Clients können sich an jeder Stelle, also an A, B und C in den

Verbund einhängen und haben die gleiche Sicht auf den gesamten Verbund. Bei einem flachen Verbund fällt der übergeordnete Knoten, der die Gesamtdaten hält aus, eine Gesamtsicht auf die Daten kann nur durch Kommunikation der einzelnen Verbundknoten gewonnen werden. Kritisch für die Wahl der Verbundstruktur ist die Leistungsfähigkeit der verfügbaren Kommunikationsinfrastruktur.

Insgesamt ist die letztendlich gewählte Verbundform nur eine Parametrisierung der zugrundeliegenden Replikationsschicht, die für die Verteilung der verbundrelevanten Daten zuständig ist. Die verbundrelevanten Daten wie Katalogisate, inhaltliche Erschließungen, Normdateien, Bestandsnachweise, Daten zur Fernleihe müssen bei der Installation definiert werden. Prinzipiell steht für alle Daten, die als verbundrelevante definiert wurden, der Replikationsmechanismus zur Verfügung.

Bei der Datenaufnahme werden nach einer Verbundsuche (zur Vermeidung von Doubletten) die Daten am nächstgelegenen Verbundknoten gespeichert und stehen damit allen lokalen Funktionen sofort zur Verfügung. Unabhängig vom User werden die verbundrelevanten Daten auf den nächst höher gelegenen Verbundrechner repliziert, so daß am zentralen Knoten die Summe aller verbundrelevanter Daten aller Knotenrechner vorhanden ist. Ist ein Datum schon vorhanden und wird es von einer Bibliothek nur mehr genutzt, werden aus dem zentralen Rechner die jeweiligen Daten auf die darunter liegenden lokalen Rechner kopiert.

4.6 Multimedia

Multimediale Erweiterungen sollen BIBOS:IV in die Lage versetzen, nicht nur die Beschreibungen von „analogen" Objekten sondern auch digitale Repräsentationen dieser in einer natürlichen Form anzubieten. Das Spektrum der Inhaltstypen reicht von Dokumenten im herkömmlichen Sinn in ihrer Originalform (z.B. Diplomarbeiten in Textverarbeitungsformaten) über die mittlerweile üblichen statischen Bild- und Tondukumente bis hin zu Animationen und Video Streaming.

Angesichts der stetig wachsenden Anzahl von Inhaltstypen und -formaten erscheint die Entwicklung und Wartung eines eigenen BIBOS:IV Multimediaclients als ziemlich aussichtsloses Unterfangen. Es ist daher zu überlegen, welche Komponenten unbedingt von BIBOS:IV zur Verfügung gestellt werden müssen und welche von externer Software abgedeckt werden können. Als Clients werden demgemäß Webbrowser verwendet, um größtmögliche Unabhängigkeit zu garantieren. Über Schnittstellen ist gewährleistet, daß Multimedia-Server mit Komponenten des Datenimports und des Storages in BIBOS:IV integriert werden können.

BENÜTZUNG

REIMER ECK

Selbstverbuchung durch den Bibliotheksbenützer Erfahrungen und Wünsche aus der Sicht des Anwenders

Trotz digitaler Bibliotheken, trotz virtueller Bibliotheken, trotz Bibliotheken ohne Grenzen und trotz dramatisch zunehmender Direktlieferung von Dokumenten unmittelbar an den EDV-Arbeitsplatz des Endnutzers werden wir Bibliothekare uns auch noch lange Zeit mit einem ganz profanen Problem der Zunft beschäftigen müssen, nähmlich mit der Ausgabe und Rücknahme von Büchern – meinetwegen auch Medien und Dokumenten, wie es Neu-Bibliotheks-Deutsch sagen mag. Daß dies tunlichst in geregelter und kontrollierter Form zu erfolgen hat, ist allgemein geläufig.

Andererseits erwachsen der modernen, zukunftsorientierten Bibliothek laufend neue Aufgaben, die ohne den sinnvollen Einsatz moderner Technologien nicht mehr geleistet werden können. Neue Technologien aber erfordern auch geschultes und sachkundiges Personal, das bekanntlich mit dem wachsenden Aufgabenkatalog nicht mitwächst. So scheint es sinnvoll, nachdem wir den Bibliotheksbenutzer an elektronischen Bestellvorgängen vor Ort und im Fernleihbetrieb bereits regelmässig beteiligen, ihn im normalen rechnergestützten Ausleihverbuchungsgeschäft auch direkt zu beschäftigen[1].

[1] Zu vom Enbenutzer getätigten Bestellungen im ONline-Fernleihsystem vgl.: Uwe Rosemann, Irena Sens: Das Online-Fernleihsystem im GBV. Auf dem Wege zu einem leistungsfähigen Dokumentliefersystem. In: Bibliotheksdienst 31(2), 1997, p. 224-249. Und im Jahresbericht des GBV: Abschnitt Online-Fernleihe. = http//www.brzn.de/jb96/jb966.html. Inzwischen (Sommer 1997) werden z.B. in Göttingen über 70 % der Bestellungen im passiven Leihverkehr vom Benutzer selbst im Online-Fernleihsystem des GBV aufgegeben. Über den Göttinger OPAC wickeln die Benutzer derzeit jährlich über 1 Million Transaktionen (Bestellungen, Vorbelegungen, Fristverlängerungerungen etc.) ab.

1. Buchsicherungsanlage im Göttinger Neubau: ein Muß

Das neue Göttinger Bibliotheksgebäude erbrachte eine dramatische Veränderung des Nutzerangebots. Von der klassischen Magazinbibliothek sind wir in kürzester Zeit in eine Freihandbibliothek umgestiegen.

Der im Jahr 1993 eingeweihte Göttinger Bibliotheksneubau brachte für die Nutzer zunächst eine erhebliche Erweiterung des frei zugänglichen Buchbestandes. Von einem Präsenzlesesaal im Altbau mit einem Bestand von 35.000 Bänden konnten wir im Neubau das Freihandangebot auf 150.000 Bände Monographien und ca. 200.000 Bände an aktuellen Zeitschriften erweitern, das heißt verzehnfachen. Im Herbst des Jahres 1996 Jahres konnten wir außerdem ein großes Flächenmagazin im Untergeschoß mit ca. 800.000 Bänden Nachkriegsbestand an Zeitschriften und Serien sowie aktuellen Monographien für die Freihandausleihe dem Publikum öffnen.

Dies bedeutete schon in der Planungsphase, daß wir bei so großen Freihandbeständen intensiv an Buchsicherung denken mußten: Die frei zugänglich aufgestellten Bestände der Lesesäle, des bibliographischen Apparats und der Lehrbuchsammlung wurden zunächst teilweise, dann vollständig mit Magnetstreifen geschützt. Buchsicherungsanlagen an den Schnittstellen von öffentlichem und bibliotheksinternem Bereich wurde von vornherein mit eingeplant.[2]

1.1. Nutzungsexplosion, Probleme zu Stoßzeiten

Im neuen Gebäude erlebte die Bibliothek nun innerhalb kurzer Zeit eine Ausweitung des Nutzerandrangs, die mit dem vorhandenen Personal kaum noch abzufangen war. Kurz, im Vergleich zu den Nutzungszahlen des Altbaus hat sich die Nutzung vor Ort praktisch verdoppelt. Zu Spitzenzeiten bildeten sich an den Ausgabe- und Verbuchungsschaltern lange Schlangen. Bei der Magazinausleihe am Ortsleihtresen mag das noch tolerierbar sein, Durchgangskontrollen aus Freihandbereichen mit integriertem Verbuchungsplatz aber werden in ihrer Kontrollfunktion bei großem Nutzerandrang erheblich eingeschränkt.

Für diese Nutzungsexplosion gibt es natürlich ein ganzes Bündel von Gründen. Das neue attraktive Gebäude mag einigen neuen Anreiz bieten, die Zentralbibliothek zu nutzen. Primär aber ist es wohl die Standortverlagerung

[2] Wie in Göttingen die Entscheidung für Buchsicherung mit dem System 3M gefallen ist, kann ich leider nur rekonstruieren, denn ich war damals nicht beteiligt. Sicher ist, daß der Entscheidungsprozeß damals dadurch erleichtert wurde, daß in einer Reihe von Neugründungen im Hochschulbereich in Niedersachsen 3M Buchsicherungsanlagen installiert waren und offenbar zur Zufriedenheit der betreibenden Kollegen funktionierten. Daneben fiel die Göttinger Entscheidung natürlich durch eine öffentliche Ausschreibung, um das Preis-Leistungsverhältnis der Angebote der verschiedenen Hersteller sorgfältig abwägen zu können.

aus dem Altstadtkern hinaus auf den Campus, dann die Einführung des OPAC mit seinen vielschichtigen Such- und Bestellmöglichkeiten, schließlich aber auch die Mittelverknappung in den Institutsbibliotheken und die schwindende Kaufkraft der Studenten selbst.

Effekt also: erheblicher Benutzerandrang mit langen Warteschlangen an den Kontrollpunkten zwischen Buchbereichen, bzw. Lesesälen und unkontrolliertem Bereich.

Der Göttinger Bibliothek war es unter diesen Umständen sehr recht, daß der Hersteller unserer Buchsicherungssysteme, die Firma 3M, anbot, zum Deutschen Bibliothekartag 1995 zunächst probeweise einen Selbstbucher für Benutzer in unserer Lehrbuchsammlung aufzustellen. Dazu mußte zunächst die notwendige Software entwickelt werden. Die Göttinger Bibliothek arbeitet mit dem niederländischen PICA System, das als voll integriertes Bibliotheksverwaltungssystem seit 1993 in Göttingen und den im GBV zusammengeschlossenen Bibliotheken Anwendung findet.

Die Entwicklung der entsprechenden Schnittstellen zwischen dem lokalen Verbuchungssystem OUS im PICA-Paket und dem bei 3M eingesetzten Selbstbucher erfolgte in kürzester Zeit bei der PICA-Stiftung in Leyden. Die Softwareentwicklung sollte auch in anderen Ausleihverbuchungssystemen wenig Problemem machen, denn der Selbstbucher ist schließlich nicht mehr als ein vom Benutzer selbst bedienter Ausleih-Verbuchungsplatz am Netz. Er steht selbstverständlich innerhalb des durch die Buchsicherungsanlage kontrollierten Bereichs. Alle Bücher, die ein Nutzer an dem Gerät verbucht hat, kann er, ohne sie dem Personal noch einmal vorlegen zu müssen, direkt aus dem kontrollierten Bereich und damit der Bibliothek herausnehmen.

1.2. Das Gerät besteht aus folgenden Komponenten:

- Einem *Farbmonitor*, der den Nutzer durch Wort und Bild in die einzelnen notwendigen Verbuchungschritte einweist.
- Einem *Skanner* zum Einlesen von Nutzer- und Buchbarkodes
- Einer *Tastatur* zur Eingabe eines Zahlenkodes oder Passworts. Diese Funktion wird derzeit in Göttingen nicht genutzt. Wir geraten allerdings zunehmend unter Nutzerdruck, diese Sicherungsfunktion aus Gründen des Datenschutzes zusätzlich einzusetzen.
- Einem *Entmagnetisierungsgerät*, das nach erfolgter Verbuchung das Buch frei gibt. Dies ist kombiniert mit einem Prüfmechanismus gegen Manipulation, etwa durch Einlegen mehrerer Bücher übereinander.
- Einem *Belegdrucker*, der am Ende des Buchungsvorgangs einen Ausleihbeleg mit Angabe der Leihfristen erstellt.
- Und schließlich dem zum Verbuchungs-PC gehörigen *Keyboard*, das dem

Nutzer nicht zugänglich ist und nur vom Bibliothekspersonal für Einstellungen und Statistikabrufe eingesetzt wird.

1.3. Der Ausleihvorgang am Selbstbucher gliedert sich also in folgende Schritte:

1. Der Benutzer legt seinen Ausweis in die vorgegebene Stelle ein.
   Der Nutzer wird identifiziert.
   Der Nutzerstatus überprüft.
   Im Positivfall wird das Nutzerkonto geöffnet, die Ausleihverbuchung kann beginnen.
2. Das Buch wird aufgeschlagen mit dem Barkode unter dem Skanner eingelegt.
   Das System prüft, ob der Band ausleihbar ist; also Überprüfung auf Präsenzbestand, oder Altbestand.
   Ist der Band ausleihbar, wird das Buch auf das Nutzerkonto verbucht.
   Der Buchsicherungsstreifen wird entmagnetisiert.
3. Der Nutzer nimmt seinen Ausweis aus dem Skannerfeld heraus.
   Das Nutzerkonto wird geschlossen.
   Ein Friststreifen wird ausgedruckt und ausgegeben.

Das heißt also nochmals: Der Verbuchungsgang am Selbstbucher spielt sich in genau denselben Schritten ab, wie die Verbuchung durch das Bibliothekspersonal am Ausgabeschalter.

1.4. Nutzerakzeptanz, Funktionsfähigkeit, und Personalbedarf

Grundsätzlich wird der Selbstbucher von den Nutzern akzeptiert. Wer ihn erfolgreich genutzt hat, benutzt ihn auch wieder. Allerdings erfordern die Geräte vom Benutzer einiges an Geschick und für die Bibliothek einen nicht unerheblichen Schulungsaufwand.

Wir konnten mit dem Hersteller vereinbaren, daß für einige Monate eine studentische Hilfskraft eingestellt wurde, die sich während der Spitzenzeiten beim Selbstbucher aufhielt, um neue Nutzer einzuweisen. Dadurch, daß diese Kraft sich für einige Zeit eingehend mit dem Gerät beschäftigte, konnten die technischen Einstellungen des Selbstbuchers schrittweise so optimiert werden, daß das Gerät in der Lehrbuchsammlung nach etwa 3 Monaten reibungslos lief.

Allerdings ist das Buchmaterial in der Lehrbuchsammlung auch in der Selbstbuchungspraxis das schwierigste, da dicke juristische Kommentare ein anderes Einlegen unter den Skanner erfordern, als Paperbacks.Die Bücher sind verschieden dick, der eingeklebte Buchbarkode erfordert eine unterschiedliche Positionierung zum Skanner. Dem Nutzer sind diese Probleme nur selten ersichtlich.

Die Benutzer hatten folglich überraschend grosse Schwierigkeiten die

Geräte erfolgreich zu benutzen. Öfter als erwartet, können Transaktionen nicht vorgenommen werden, da der Selbstbucher ein Buch zurückweist. Oft legen die Leser die Bücher falsch ein, sodaß der Barkode nicht gelesen werden kann. Aber auch die Akzeptanz, beziehungsweise Lesefähigkeit des festen Skanners ist nach unseren Erfahrungen geringer, als bei den an den Verbuchungsplätzen eingesetzten Handscannern.

In Verbindung mit dem von der Bibliothek eingesetzten Ausleihverbuchungssystem arbeitet das Gerät allerdings völlig reibungslos. Ist eine Transaktion am Selbstbucher einmal erfolgt, ist sie korrekt im System verbucht, und über den Selbstbucher ausgeliehene Bücher werden stabil entmagnetisiert. Es hat nie einen Fehlalarm mit einem vom Nutzer am Selbstbucher korrekt verbuchten Buch gegeben. Dies geschieht viel eher bei Verbuchungen durch das Bibliothekspersonal, das vergisst, nach der Verbuchung einen Band zu entmagnetisieren. In der Lehrbuchsammlung hat sich die Nutzung des Selbstbuchers bei knapp 50 % der Verbuchungen eingependelt. Beim Ausgang aus dem Lese- und Freihandbereich liegen wir bei etwa 30 % freiwilliger Nutzung. Insgesamt wurden im Februar 1997 etwas über 5000 Ausleihvorgänge über die Selbstbucher im Hauptgebäude getätigt.

Ich komme zum Personaleinsatz. Die eben gemachten Ausführungen sollten deutlich machen, daß Selbstbucher das Bibliothekspersonal nicht ersetzen können. Im laufenden Großbetrieb wird es immer notwendig sein, neben dem Selbstbucher auch Personal einzusetzen. Dies beginnt logischerweise schon mit der Überprüfung des Nutzerstatus. Wer zuviel Mahn- oder Fernleihschulden hat, oder wer vom System nicht mehr als aktiver Nutzer geführt wird, kann auch den Selbstbucher nicht benutzen. Das Selbstbuchungssystem verweist ihn durch Text auf dem Bildschirm des Selbstbuchers dann direkt an die Bibliotheksmitarbeiter. Wer versucht, Präsenzbestände auszubuchen, bedarf selbstverständlich auch der Beratung durch das Bibliothekspersonal.

2. Quintessenz der Göttinger Erfahrung:

Was die Geräte definitiv leisten können, und deswegen setzen wir sie in Göttingen ein, ist eine Entlastung des Personals von stumpfsinnigen Routinearbeiten. Damit werden die Mitarbeiter an den Kontrollpunkten frei für Nutzerberatung und Nutzerdialog. So führt der Selbstbucher bei allem dahinter stehenden technischen Aufwand zu einer Humanisierung der Bibliothek. Die Geräte helfen uns, bei gleichbleibendem Personalstand und steigenden Nutzeranforderungen unsere Aufgabe weiterhin in angemessen entspannter Atmosphäre zu erfüllen. Diese positive Erfahrung ist für uns auch Veranlassung, über weitere Einsatzmöglichkeiten nachzudenken.

Als Beispiel für eine greifbare greifbare positive Auswirkung sei aus den Göttinger Erfahrungen auf folgenden willkommenen praktischen Nutzeffekt hingewiesen: Neuanmeldungen zur Bibliotheksbenutzung wickeln wir im neuen Gebäude am Verbuchungsschalter der Lehrbuchsammlung ab. Hier erhält der Nutzer sein Anmeldeformular, reicht es ausgefüllt zurück, seine Daten werden erfasst, und er erhält seinen Nutzerausweis mit den notwendigen Grundinformationen, Benutzungsordnung und Informationsblättern; letzlich an dieser Stelle auch erste mündliche Auskunft über das Dienstleistungsangebot der Bibliothek.

Seit wir in der Lehrbuchsammlung den Selbstbucher einsetzen, können Neuanmeldungen bei gleichem Personalstand in der Regel sofort bearbeitet werden. Wer sich neu anmeldet, und die notwendigen Dokumente dabei hat, kann auf Ausstellung seines Ausweises warten. Bevor wir den Selbstbucher in der Lehrbuchsammlung einsetzen konnten, wurde routinemässig auf den nächsten Tag vertröstet, da die Erfassung der Nutzerdaten nur in den benutzungsschwachen Zeiten durchgeführt werden konnte. Seit Anfang des Jahres setzen wir einen zweiten Selbstbucher am Ausgangs- und Kontrollpunktpunkt aus den Lesesälen ein.

Der ursprünglich noch sehr offene Ausgangs- und Kontrollbereich wurde um einige zusätzliche Installationen erweitert. Die Durchgänge haben ein Drehkreuz und eine Schranke erhalten. Die sinnvolle Wegeführung für den Nutzer wird durch zusätzliche Ausschilderung unterstützt. Das Verbuchungsgerät des Mitarbeiters sitzt in einem Faradayschen Käfig, und am Fuß der Freitreppe aus den Lesesälen wurde ein weiterer Selbstbucher aufgestellt. Am Fuß der Treppe bildet sich ein natürlicher Nutzerstau, der zur Benutzung des Selbstbuchers geradezu einlädt. Für die, die selbst an derartige Installationen denken, sei gesagt, daß der hier gewählte kombinierte Verbuchungs- und Kontrolltresen fünf Meter lang ist. Bis zur Blockierungsschranke hinter der eigentlichen Buchsicherungsanlage sind es sogar sechs Meter.

An dieser Stelle sei ein Exkurs zur Wirksamkeit der Buchsicherungsanlagen erlaubt. Die jetzt folgenden Ausführungen beziehen sich also nicht auf den Selbstbucher.

Das Magnetfeld der Kontrollanlage und der Verbuchungs-PC beeinflussen sich gegenseitig negativ. Das Magnetfeld führt zu Zeilensprüngen auf dem Buchungs-PC. Das Magnetfeld des PC wiederum beinflusst die Wirsamkeit des Magnetfelds der Durchgangskontrolle. Selbst moderne Energiesparleuchten in unmittelbarer Nähe können die Wirsamkeit der Kontrollsysteme negativ beeinflussen. Ebenso mußten wir die Erfahrung machen, daß eine hohe Konzentration von Kabeln im Doppelboden die Wirksamkeit des Kontrollfelds ganz erheblich reduzieren kann. Hier sind die Hersteller derartiger Anlagen weiterhin gefordert, ihre Geräte zu optimieren, gegebenenfalls gewisse Frequenzen aus dem Magnetfeld herauszunehmen. Wir haben durch fördernde Kritik in Göttingen die Wirksamkeit der Anlagen zwar verbessern können, sind aber noch nicht vollständig zufrieden.

Zugleich sei jeder gewarnt, der eine Buchsicherungsanlage etwa in einem Altgebäude einbauen will. Wir haben im Februar 1997 mit der Installation einer Buchsicherungsanlage in unserem Altbau begonnen, und zwar in einem Raum, in dem eine ältere doppelstöckige eiserne Regalanlage steht. Der kontrollierte Ausgang führt nun durch diese Anlage hindurch. Das viele Eisen beinflusste offenbar die Wirksamkeit des Kontrollsystems so erheblich, daß wir mit dem ursprünglichen Sicherungseffekt unmöglich zufrieden sein konnten. Der Hersteller hat sich inzwischen mit einigem Erfolg bemüht, die Einrichtung unserem Sicherheitsbedürfnis entsprechend ein- und umzustellen.

Zurück zum Selbstbucher und zum Thema Nutzerakzeptanz und Personalbedarf:

Wir gehen davon aus, daß wir an dieser Stelle den Selbstbuchungsanteil noch erheblich erhöhen können. Diese Anlage wurde im Berichtsmonat Februar erstmalig voll eingesetzt, machte einige Tage morgens beim Hochfahren noch Schwierigkeiten und war den Nutzern des Lese- und Freihandbestands noch weitgehend unbekannt. Insgesamt wurden im Februar dieses Jahres 5.800 Bände über die beiden im Göttinger Neubau eingesetzten Selbstbucher ausgeliehen. Selbstverständlich streben wir einen höheren Ausnutzungsgrad der Selbstbucher an, aber auch dieser Anteil der Verbuchungen machte das Thekenpersonal in erwünschter Weise für den notwendigen Dialog mit den Nutzern frei. Daher wollen wir Selbstbucher in Göttingen weiterhin einsetzen und machen uns darüber entsprechend Gedanken.

3. Weitere Göttinger Überlegungen über den Einsatz von Selbstbuchern

3.1. Einsatz des Selbstbuchers in einer kleineren Bereichsbibliothek mit privilegiertem Nutzerzugang außerhalb der regulären Öffnungszeiten

Seit dem Vorjahr betreiben wir im Altgebäude in der Innenstadt eine neu eingerichtete Bereichsbibliothek Physik von ca. 50.000 Bänden. Die Göttinger physikalischen Institute haben ihre diversen Klein- und Zwergbibliotheken aufgegeben, ihre Bestände und die Erwerbungsetats in die Verwaltung der Zentralbibliothek überführt. Dies ist zunächst einmal eine willkommene Entwicklung auf dem Sektor der Konzentration von Buchbeständen einer Fakultät. Dies alles im Kontext eines klassischen zweischichtigen Literaturversorgunssystems, das neben der Zentralbibliothek noch über 140 einzelne Institutsbibliotheken kennt.

Die einschlägigen Bestände der Zentralbibliothek wurden dazugestellt. So ist eine leistungsfähige Fachbibliothek entstanden, die von den Nutzern gut angenommen wird.

Die Bibliothek ist während der Öffnungszeiten lediglich mit einer Aufsichtskraft besetzt, die neben dem Nutzungsbetreib vor Ort, auch die aktive Fernleihe, die Schnelldienste, den Kopierdienst und Bestandspflege abwickelt.

Die Öffnungszeiten (= ca. 35 Wochenstunden) entprechen selbstverständlich nicht den Wünschen der Vertreter der Fakultät. Der Lehrkörper verlangt auch am Wochenende und zu Spätzeiten Zugang. Dem konnten wir uns nicht verschließen. Wir haben also die Eingangs- und Schließanlage zu dieser Bereichsbibliothek so eingerichtet, daß sie mit individualisierten Checkkarten betrieben werden kann. Ein entsprechendes Zu- und Ausgangsprotokoll für die Benutzung ausserhalb der regulären Öffnungszeiten wird über einen separaten Rechner mitgeschrieben. Zugleich stellten wir in der Bereichsbibliothek einen Selbstbucher in Verbindung mit einer Buchsicherungsanlage auf. Wer die Bibliothek nun ausserhalb der normalen Öffnungszeiten aufgrund seines Checkkartenprivilegs aufsucht, wird auch Bücher entleihen wollen. Der Selbstbucher steht ihm zur Verfügung. Zugleich wird die Buchsicherungsanlage etwaige Alarme mit Zeitpunkt registrieren. Wir gehen davon aus, daß wir mit dieser Kombination von technischen Hilfsmitteln einem qualifizierten Nutzerkreis diese Fachbibliothek praktisch rund um die Uhr zur Verfügung stellen können. Selbstverständlich kann man den Kreis der qualifizierten Nutzer nicht unbegrenzt erweitern, aber es ist durchaus denkbar, auch Doktoranden und Diplomanden auf diesem Wege zur Bibliotheksnutzung ausserhalb der regulären Öffnungszeiten zuzulassen. Wir sehen das ganze als ein Experiment, das wahrscheinlich nicht unbegrenzt wiederholbar ist. Die technischen Installationen wurden im Sommer 1997 abgeschlossen. Das System scheint bislang einwandfrei zu arbeiten.

3.2. Einsatz des Selbstbuchers bei der Buchrückgabe

Weiterhin überlegen wir, ob wir den Selbstbucher nicht auch bei der Rückgabeverbuchung einsetzen können. Zur Zeit ist das Hauptgebäude unserer Bibliothek im Durchschnitt 13 Stunden pro Wochentag geöffnet. Der Ausleih- und Rücknahmetresen für die Magazinentleihung und die Buchrücknahme gegen Quittung dagegen nur die Hälfte dieser Zeit. Längere Öffnungszeiten der Buchausgabe- und Rücknahmetheke werden wir beim derzeitigen Personalstand auch kaum darstellen können. Selbstverständlich wird am Kontrollplatz im Erdgeschoß derzeit auch außerhalb der Öffnungszeiten der Leihstelle Literatur zurückgenommen. Aber es ist denkbar, daß wir den Selbstbucher während der nutzungsschwachen Zeiten auch bei der Buchrücknahme einsetzen. Entsprechende Software sollte ohne große Schwierigkeiten entwickelt werden können. Der normale Arbeitsplatz an der Ausleihverbuchungstheke erlaubt ja auch die beliebige Umstellung des Verbuchungs-PCs zwischen Buch-Ausgabe und – Rücknahme. Der Nutzer müsste im Eingangsmenü des Selbstbuchers lediglich gefragt werden, ob eine Ausleihe, oder eine Rücknahme erfolgt.

Einziges Problem sind die Vorbelegungen. Zur Zeit sind etwa 10% des in Göttingen entliehenen Bestands, wohlgemerkt auf Kosten einer Bearbeitungsgebühr von DM 1,–, bereits wieder vorbelegt. Wenn der Nutzer nun selber zurückbucht, kann ihm weder zugemutet werden, auch die Vorbelegung einschließlich Benachrichtigungsroutine zu aktivieren, noch darf er aus Datenschutzgründen erfahren, wer das zurückgegebene Buch vorbelegt hat. Für das bestehenden Buchrücknahmeverfahren müsste also einen Routine entwickelt werden, die zwar den rückgebenden Nutzer sofort entlastet, den im Buch enthaltenen Magnetstreifen auch sofort wieder aktiviert, aber die so zurückgegebenen Bücher müssten sozusagen eine vom Schleife durchlaufen, in der das Bibliothekspersonal die so zurückgebuchten Bände nochmals auf Vorbelegungen überprüft. Wir sind für dieses Denkmodell sehr zuversichtlich, denn selbstverständlich sollte der dem derzeit in den Selbstbucher integrierte Belegdrucker auch die notwendigen Rückgabequittungen erstellen können. Personal für die Abarbeitung von Vorbelegungen wird eher am Folgetag morgens als während der spätabendlichen Rückgabezeiten frei sein.

Ich fasse abschließend kurz zusammen: Wenn vom Nutzer richtig bedient, arbeiten nach unsreren Erfahrungen die in Göttingen eingesetzten Selbstbucher in Verbindung mit dem eingesetzten Ausleihverbuchungssystem und der Buchsicherungsanlage ausserordentlich zuverlässig. Dies ermutigt uns, Überlegungen anzustellen, wie wir diese Geräte über die vom Hersteller angebotenen Anwendungsroutinen hinaus einsetzen können. Die moderne Bibliothek wird im Sinne des „intelligent use of technology“ den Benutzer an den Routinetransaktionen Ausleihe und Rückbuchung immer stärker beteiligen müssen. Die bislang in Göttingen gemachten Erfahrungen veranlassen uns, auf diesem Wege weiter zu denken, natürlich ohne daß wir den notwendigen Personaleinsatz zum Nutzerdialog reduzieren wollen.

Mit den Selbstbuchern sind wir nach den in Göttingen gemachten Erfahrungen also weitgehend zufrieden. Im Bereich der effektiven Buchsicherungskontrolle dagegen, sind die Buchsicherungssysteme in ihrer Wirksamkeit und Funktionalität noch nicht vollständig zuverlässig und bedürfen noch weiterer Entwicklungen. Hier sollten alle Bibliothekare auf die Hersteller einwirken, die Geräte noch effektiver zu machen.

MANFRED HIRSCHEGGER

Die neue Mediathek der Universitätsbibliothek Graz

Die Mediathek wurde im Juli 1996 als neue Abteilung der Universitätsbibliothek gegründet und ist im Bibliothekstrakt des neu errichteten ReSoWi-Zentrums (2. OG) auf einer Grundfläche von 545 m2 untergebracht. Ihre Aufgabe besteht darin, audiovisuelle Materialien zu allen Wissensgebieten zu erwerben, zu erschließen und bereitzustellen, wobei die Bestände als Präsenzbestände definiert sind. Die wichtigsten AV-Materialien werden in den Räumlichkeiten der Mediathek selbst aufbewahrt, die übrigen lagern in einem Kompaktmagazin, welches über einen Lift schnell erreichbar ist. Nach einer mehrwöchigen Vorlaufphase wurde der Publikumsbetrieb termingerecht am 14. Oktober 1996 aufgenommen.

Die Schwerpunkte der Mediathek liegen in den Bereichen Video, Mikroformen (Rollfilme und Fiches), Tonträger (CDs, Audiokassetten), CD-ROMs und Internet. Die personelle Ausstattung der Mediathek umfaßt 2,5 Dienststellen, die Öffnungszeiten der Mediathek betragen wöchentlich 26 Stunden. Bei Voranmeldung können Benützer auch außerhalb der Öffnungszeiten die Mediathek in Anspruch nehmen. Für das Arbeiten mit den Videofilmen, CD-ROMs, Tonträgern und den Internet-PCs ist die Vorlage der Benützerkarte der Universitätsbibliothek erforderlich. Die Benützerkarte wird jedermann kostenlos in der Hauptbibliothek ausgestellt. Das wissenschaftliche Universitätspersonal und die Studierenden haben die neue Einrichtung „Mediathek" sehr gut angenommen, die Benützungsfrequenz steigt ständig.

Folgende Einrichtungen stehen dem Publikum zur Verfügung:

- 8 Videoarbeitsplätze (Carrels), die mit einem analogen Videoserver verbunden sind: Ein gewünschtes Band wird über den Server direkt zu einem oder mehreren Arbeitsplätzen gespielt. Jeder Arbeitsplatz ist mit einem Bildschirm, einem Kopfhörer und einer Steuerungseinrichtung (Vor- u. Rücklauf etc.) ausgestattet.
- 3 Audioarbeitsplätze für CDs und Audiokassetten (mit Kopfhörern)
- 12 Arbeitsplätze für Mikroformen (Lesegeräte und Rückvergrößerungsmöglichkeiten mittels Reader-Printern)
- 3 Internet-Arbeitsplätze, dort auch wahlweiser Zugang zu den CD-ROM-Datenbanken der Universitätsbibliothek im Uni-Netz
- 3 CD-ROM-Arbeitsplätze für die Benützung lokal gehaltener CD-ROMs

- 3 Recherchearbeitsplätze für die EDV-Bibliothekskataloge BIBOS und GRIBS
- 2 PCs „Video-Clip-Verzeichnis“ (s. letzen Absatz)
- 30 sonstige Arbeitsplätze
- 1 separater Gruppenarbeitsraum, in welchem bis zu 15 Personen Video-, Audio und sonstiges AV-Material konsumieren können. Ein Video- und Dataprojektor ist vorhanden. Die Tonübertragung ist hier über Lautsprecher möglich. Dieser Raum steht Benützergruppen ebenso zur Verfügung wie Universitätsinstituten, die dort AV-unterstützte Lehrveranstaltungen abhalten.

Während der ersten zwei Betriebsmonate 1996 wurde die Mediathek von 750 Personen frequentiert, alle Konsumierungsmöglichkeiten wurden dabei ausgeschöpft. (Video, Internet, CD-ROM, Mikroformen Audio). Stark benützt wurden außerdem die Reader Printer, mit deren Hilfe 4.500 Rückvergrößerungen aus Mikroformen angefertigt wurden.

Den Grundstock der Mediathekbestände bildeten die AV-Materialien der Hauptbibliothek. In den ersten Betriebsmonaten hat die Mediathek mehrere hundert Medienstücke erworben, in erster Linie Videos, CD-ROMs, Tonträger und Mikroformen.

Der gegenwärtiger Bestand umfaßt (März 97):

- 850 Videobänder aus den Gebieten Naturwissenschaften allgemein, Chemie, Medizin/Gesundheit, Biologie/Zoologie, Psychologie, Rechtswissenschaften, Wirtschaftswissenschaften, Geschichte/Politik, Geographie /Reisen, Kunst(geschichte)/Architektur, Technik/EDV, Astronomie, Religion/Theologie, Sportwissenschaften, Fremdsprachen-Ausbildung, Autoren und Literatur, Literaturverfilmungen und Spielfilme, Medien/Buch- und Bibliothekswesen, Satire und Kabarett.
- Ca. 230.000 Mikrofiches: Volltext- und Bild-Editionen zu den Gebieten: Biographien, Kunstgeschichte, Geschichte, Germanistik, Anglistik und Romanistik und Technik. Außerdem: Lexika, Kataloge und Verzeichnisse.
- Ca. 5.000 Rollfilme Darunter befinden sich etwa 300 komplett verfilmte Zeitungen und Zeitschriften. Schwerpunkte: steirische und Wiener Presse sowie internationale Zeitungen. (Neuerwerbungen: z.B. Die Zeit, Der Spiegel, Neue Zürcher Zeitung, Süddeutsche Zeitung, Die Presse u.a., alle von ihrem 1. Jahrgang an bis etwa 1995, entsprechende Abos für die laufende Aktualisierung wurden eingerichtet)
- 550 Tonträger, 55 CD-ROMs, 350 sonstige Medien

Erschlossen sind die Bestände durch die EDV-Bibliothekssysteme BIBOS und GRIBS-INFO. Für Schnellinformationen wird außerdem ein systematisch geordnetes Handverzeichnis geführt, welches auch in gedruckter Form vorliegt und in periodischen Abständen aktualisiert neu aufgelegt wird. Es ist auch über Internet abfragbar: *http://www-ub.kfunigraz.ac.at/Mediathek/Mediathek.html* (dort auch Infos und Fotos).

Zukünftig werden auch die Autoren/Titel-Verzeichnisse umfangreicher Mikrofiche-Volltext-Editionen, die in der Mediathek vorhanden sind, im Internet verfügbar sein. So z.B. die Sammlungen „Edition Corvey", „Bibliothek Stein" und „Deutsche Zeitschriften des 18. und 19. Jahrhunderts".

Für die Benützerbetreuung ist ein Info-Schalter eingerichtet. Die Verwaltung ist so organisiert, daß alle bibliothekarischen Arbeiten vom Mediathekpersonal durchgeführt werden. Dies betrifft: Vorakzession, formale und inhaltliche Erschließung in GRIBS und BIBOS, Setzen der Sonderstandorte, Erstellung des Handverzeichnisses, Etikettierung, Aufstellung, Aushebung, Rückstellen, Betreuung der Magazinsbestände, Revision u.a.

Das Test-Projekt „Video-Server"
(Projektmanagement: EDV-Zentrum der Universität)
Ziel diese Vorhabens ist es, ein elektronisches Verzeichnis zu erstellen, in dem die Videofilme der Mediathek digital als Zwei-Minuten-Clips angeboten werden. Ein Benützer kann auf diese Weise besser beurteilen, ob das gewählte Videoband seinen Erwartungen entspricht. Oder er/sie „blättern" einfach und lassen sich zeigen, welche Filme zu den einzelnen Fachgebieten vorrätig sind. An zwei PCs können die Clips betrachtet werden, zusätzliche PCs werden in den kommenden Monaten aufgestellt.

WERNER SCHLACHER

Benützererwartung an die elektronische Bibliothek und Benützerzufriedenheit im Bereich Sacherschließung – Ergebnisse einer Umfrage an der Universitätsbibliothek Graz

1. Ausgangssituation

Soweit mir bekannt ist, gab es vor dieser Umfrage keine empirischen Untersuchungen zum Benützerverhalten und zur Benützerzufriedenheit im Bereich der inhaltlichen Suche seit der Einführung des BIBOS 2-Verbundes an österreichischen Bibliotheken. Es ist daher verständlich, daß innerhalb der Gruppe der österreichischen Sacherschließer große Unsicherheit darüber herrschte, ob und in welchem Ausmaß die vom Bibliothekar / der Bibliothekarin verrichtete Arbeit der Inhaltserschließung den intendierten Effekt – die Auffindbarkeit der Bücher nach sachlichen Kriterien – erzielt. Der IFLA- Schwerpunkt: Leistungsmessung in Bibliotheken, vorgestellt am Deutschen Bibliothekartag 1996 in Erlangen und dokumentiert in der von Roswitha Poll und Peter te Boekhorst verfaßten Publikation „Measuring Qualitity. International Guidelines for Performance Measurement in Academic Libraries“ München usw. 1996 (= IFLA Publications. 76.) gab den entscheidenden Anstoß, den Versuch zu wagen und etwas Licht in das Verhältnis zwischen Sacherschließer und Bibliotheksbenützer zu bringen. Darin sind unter anderem auch Vorgaben zur Leistungsmessung auf dem Gebiet der thematischen Suche enthalten, die z. T. im Zuge des Projektes umgesetzt wurden.

2. Entstehung und Entwicklung des Projektes

Im April 1996 fand das erste Treffen der Arbeitsgemeinschaft Benützerforschung (AG/SE-Ben) statt, die auf der Basis eines Beschlusses der Kommission für Sacherschließung der Vereinigung Österreichischer Bibliothekarinnen und Bibliothekare (VÖB) eingerichtet wurde. Zunächst standen methodische Fragen im Mittelpunkt der Diskussion. Folgende Möglichkeiten, das Benützerverhalten zu überprüfen, boten sich an:

- Protokollierung und Auswertung von Benützeranfragen am BIBOS-Zentralrechner

- Protokollierung und Auswertung von Suchen an Benützer-PCs in den einzelnen Bibliotheken
- Auslegen von Fragebögen im Katalogbereich der Bibliotheken
- Interviews mit Benützern mit Wiederholung des Suchlaufes durch den Bibliothekar und Vergleich der Ergebnisse entsprechend dem Vorschlag der IFLA

Es wurde auch in Erwägung gezogen, Teile der Untersuchung im Rahmen einer bibliothekswissenschaftlichen Hausarbeit durchführen zu lassen.

Im Laufe der ersten Zusammenkünfte wurde uns, den Mitgliedern der AG/SE-Ben, ziemlich rasch bewußt, daß eine dringende Notwendigkeit bestand, unseren Horizont auf dem für uns alle neuen Arbeitsgebiet zu erweitern. Zu diesem Zweck wurde eine einschlägige Literaturdatenbank eingerichtet und Vorträge zur Weiterbildung organisiert. Trotz dieser Bemühungen konnten wir kein Modell ausfindig machen, das unseren Absichten voll entsprochen hätte und das wir eins zu eins hätten übernehmen können. Schließlich waren wir vor die Notwendigkeit gestellt, eine Entscheidung zu treffen, um mit der Durchführung des Projektes beginnen zu können. Diese fiel zugunsten einer Methodenvielfalt, das heißt, jede beteiligte Bibliothek sollte für sich festlegen, welche der aufgelisteten Methoden zur Feststellung des Benützerverhaltens und der Benützererwartungen für sie technisch und vom Personalaufwand her realisierbar sei. Zwar spricht aus dieser Vorgangsweise eine gewisse Unsicherheit der Beteiligten, aber keine der Methoden für sich wäre imstande gewesen, alle relevanten Fragen zu beantworten und die Gegebenheiten an den einzelnen Bibliotheken unterscheiden sich auch beträchtlich.

3. Zielsetzung

Unsere Absicht bestand darin, den derzeitigen Stand der Benützererwartungen und des Benützerverhaltens im Bereich Sacherschließung an mehreren und verschiedenartigen österreichischen Bibliotheken zu erheben. Auf diese Weise sollte ein Gesamtbild der aktuellen Situation – mit regionalen Varianten – entstehen, das in Form einer Publikation der bibliothekarischen Öffentlichkeit zugänglich gemacht werden soll. Der vorliegende Beitrag hat das Ergebnis der Untersuchung an der Universitätsbibliothek Graz zum Inhalt. An dieser Stelle bedanke ich mich herzlich für die freundliche Unterstützung durch Herrn Josef Labner, Herrn Wolfram Ecker und Herrn Helmut Peitler, die mir bei der Datenauswertung behilflich waren.

4. Durchführung an der Universitätsbibliothek Graz

Für die Universitätsbibliothek Graz habe ich mich entschieden, den Richtlinien der IFLA weitgehend zu folgen, weil es nur mit dieser Vorgangsweise möglich schien, die Intentionen und die ursprüngliche Fragestellung der Benützer zu ermitteln. Jedoch besitzt diese Methode den gravierende Nachteil, daß die grundlegende Frage nach dem Anteil der inhaltlichen Suchen an der Gesamtzahl der Anfragen nicht beantwortet werden kann. Weiters muß davon ausgegangen werden, daß sich die Benützer bei komplexeren, länger dauernden Recherchen nicht an alle Suchschritte und -ergebnisse erinnern können und schon aus diesem Grund unvollständige bzw. unrichtige Angaben machen. Es schien daher vorteilhaft, die Befragung durch die parallele Abspeicherung der Recherchen zu ergänzen und zu objektivieren. Leider war es bisher aus technischen Gründen nicht möglich, in Graz lokal solche Protokoll-Files zu erstellen.

Eine erste, formale Auswertung von WWW-Gateway-Protokollen für die Monate März bis Mai 1996 durch Herrn Labner ergab, daß bei insgesamt 163.888 Anfragen das Feld Schlagwort – allein oder in Kombination – 45.133 mal verwendet wurde. Dieser Anteil von rund einem Drittel Schlagwortsuchen entspricht in etwa den Beobachtungen, die ich während meiner Befragung im Katalog der Universitätsbibliothek Graz gemacht habe. Über das Erinnerungsvermögen der Befragten läßt sich leider keine Aussage machen.

Für die Befragung in Graz wurde von mir ein Fragebogenentwurf erstellt, der einem Prätest mit zehn Personen unterzogen wurde. Die dabei gewonnenen Erfahrungen wurden in der AG/SE-Ben diskutiert und fanden Eingang in die schließlich verwendete Fassung des Fragebogens. Die 50 Interviews wurden zwischen 21. November 1996 und 11. März 1997 durchgeführt, wobei zur Ausfüllung des Fragebogens im Schnitt 6 Minuten benötigt wurden. Wurde von den Befragten eine begleitete Wiederholung der Recherche gewünscht, erhöhte sich der zeitliche Aufwand um 20-30 Minuten. Sehr auffallend und der Durchführung der Befragung überaus förderlich war die hohe Bereitschaft der Benützer, an den Interviews teilzunehmen. Insgesamt erhielt ich im gesamten Zeitraum nur zwei Ablehnungen, wovon aus der Reaktion nur einmal geschlossen werden konnte, daß das Ansinnen, sich für ein Interview zur Verfügung zu stellen, als Belästigung empfunden wurde. In den meisten Fällen haben sich die Benützer jedoch erfreut und dankbar gezeigt, daß sich jemand um sie und ihre Probleme annimmt und ihnen mehr Zeit widmet, als dies der Routinebetrieb im Normalfall zuläßt. Besonders deutlich war diese Reaktion bei jenen 35 Benützern zu spüren, die das Angebot einer begleiteten Suchwiederholung angenommen haben, unabhängig davon, ob dabei weitere Treffer erzielt wurden oder nicht.

5. Ergebnisse

5.1. Soziodemographische Auswertung

Das während der Umfrage von den Benützern der Universitätsbibliothek Graz gewonnene Bild zeigt einen ziemlich homogenen Benützerkreis. 94% aller Befragten gehören der Altersgruppe der 16-30jährigen an, alle bis auf einen haben Matura, fünf davon ein abgeschlossenes Studium. 88% aller Benützer waren Studenten, der Anteil der Wissenschaftler, die sich entweder auf andere Weise als über den Katalog mit Literatur versorgen oder für die die angebotene Literatur nicht relevant ist, scheint mit nur 4% sehr gering und bietet sich als Gegenstand einer weiterführenden Untersuchung an.

Fakultäten

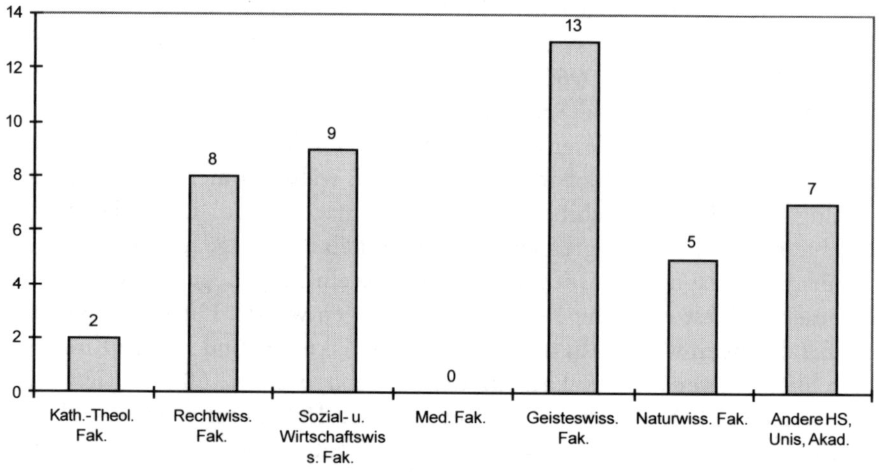

Die Aufgliederung nach Fakultäten zeigt mit 30% die führende Stellung der Geisteswissenschaften, gefolgt mit je rund 20% von den Rechts- und Sozial- und Wirtschaftswissenschaften. Mit 16% unerwartet hoch war der Anteil der Studierenden anderer Universitäten, Hochschulen und Akademien, auffallend gering hingegen die Anzahl der Naturwissenschaftler, bestehend aus zwei Geographen, zwei Psychologen und einer Biologin. Studienrichtungen wie Mathematik, Physik, Chemie, Zoologie, Botanik und Pharmazeutik fehlen völlig, ebenso wie – und das erscheint bei der Zahl der Studierenden besonders signifikant – Medizin, vor allem wenn man bedenkt, daß es in Graz keine zentrale medizinische Bibliothek gibt und die Leseplätze der Universitätsbibliothek gut zur Hälfte von Medizinstudenten und -studentinnen frequentiert werden. Auch hier wäre es notwendig zu ergründen, ob die Bedürfnisse dieser Gruppe durch Lehrbuchsammlung und Semesterhandapparate weitgehend abgedeckt oder andere Wege der Literaturversorgung bevorzugt werden, ob Buchliteratur in diesen Fachbereichen nicht gefragt ist, schlechte Erfahrungen gemacht wurden oder das Image der Bibliothek dafür ausschlaggebend ist.

5.2. Sprache

Keine Überraschungen erbrachte die Auswertung der sprachbezogenen Felder des Fragebogens. Der weitaus überwiegende Teil der Benützer gab Deutsch als Muttersprache an und verwendete bevorzugt deutsche Begriffe für die Recherche. Rund 30% gaben auch fremdsprachige Termini – fast ausschließlich englische – in das Titelfeld ein, 20% haben es auch mit englischen Schlagwörtern versucht und damit wahrscheinlich ein Nullergebnis erzielt.

Offensichtlich ohne ihre Vorgangsweise weiter zu hinterfragen, haben zahlreiche Benützer im Titel- und im Schlagwortfeld mit identischen Begriffen gesucht. Bedenklich erscheint, wenn 60% der Benützer glauben, daß Deutsch die in ihrem Fachgebiet am häufigsten verwendete Sprache ist, das gilt z. B. für folgende Fragestellungen: Wirtschaftsverhalten verschiedener Nationen, Lebensmittelkonservierung, Streß und Ernährung, Event-Marketing etc.

5.3. Treffererwartung / Sucherfahrung

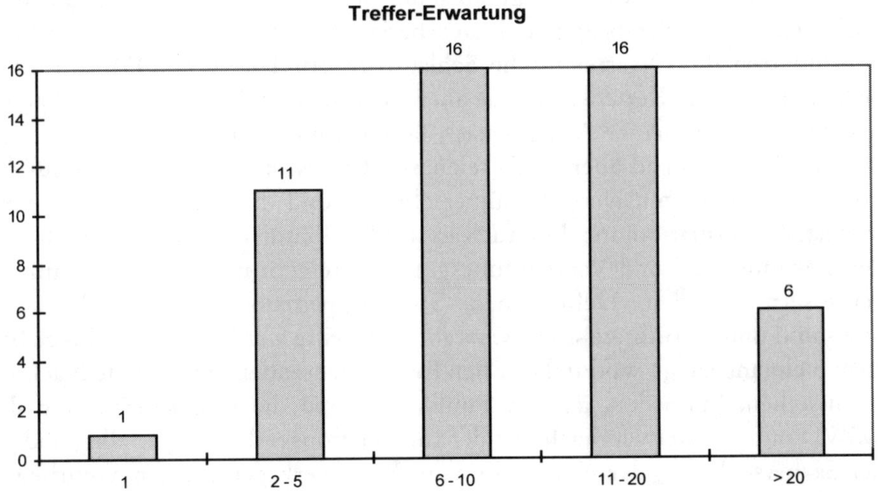

Die von Bibliothekaren oft geäußerte Vermutung, der durchschnittliche Bibliotheksbenützer erwarte sich von seiner Suche „sein“ Buch, das alle seine Informationswünsche abdeckt, wurde durch die Umfrage widerlegt. Wie aus dem Ergebnis der Frage „Zweck der Suche“ abzulesen war, benötigen Katalogbenützer zu 80% die Literatur für die Abfassung einer schriftlichen Arbeit, entweder im Rahmen einer Lehrveranstaltung oder in noch größerem Ausmaß für eine Diplomarbeit oder Dissertation. Darin liegt mit hoher Wahrscheinlichkeit der Grund dafür, daß sich 64% zwischen 6 und 20 Werke, 12% sogar noch mehr, von ihrer Recherche erhofften. Für die Frage Retrokonversion und / oder Weiterführung der Betreuung älterer Sachkataloge interessant scheint die Aussage von 31 der 50 befragten Benützer, daß für sie auch vor 1990 erschienene Literatur relevant sei. Es ist anzunehmen, daß diese hohe Akzeptanzrate auch älterer Publikationen mit dem großen Anteil von Geisteswissenschaftlern in Zusammenhang steht. Nur 42% haben allerdings den Zettel-Schlagwortkatalog auch tatsächlich zu Rate gezogen, woran ein Informationsdefizit der Benützer über die notwendigen Suchschritte abzulesen ist.

Die Zahl der BIBOS-OPAC-Erstbenützer lag bei 14% und entsprach damit ziemlich genau jenen 16%, die noch keine Erfahrungen mit anderen Bibliothekssystem, also auch nicht mit dem Grazer Bestell- und Entlehnsystem GRIBS und dem darin integrierten Kurztitelnachweis GRIBSINFO gemacht hatten. 19 Befragte führten an, bereits mit nicht an der Universitätsbibliothek Graz (Hauptbibliothek) eingesetzten System gearbeitet zu haben.

5.4. Vorgangsweise / Hilfsmittel

Dieser Teil des Fragebogens zeigt, 86% der Benützer dachten sich die Suchbegriffe selbst aus oder bezogen sie aus bereits bekannter Literatur, nur 14% konsultierten die Österreichische Schlagwortnotmdatei (ÖSWD), nur 12% bedienten sich der Kettensuche, die aber einen Bekanntheitsgrad von 22% erreichte. Es wäre meiner Ansicht nach falsch, daraus zu schließen, daß diese Hilsmittel weitgehend überflüssig seien, sondern es ist im Gegenteil daraus die Forderung nach intensiverer Benützerschulung und -betreuung, sowie ein erweitertes Informationsangebot auch in der Publikumsversion abzuleiten, um den Bekanntheits- und Verwendungsgrad zu steigern und die Akzeptanz zu verbessern. Quellen, Definitionen, Sachgruppenzuordnung, Ländercodes, über- und untergeordnete sowie verwandte Begriffe werden im derzeitigen System nicht angezeigt, wodurch für den Recherchierenden gravierende Nachteile entstehen. Für jeden, der die Publikums- und die Bearbeiterversion der ÖSWD miteinander vergleicht, ist der Informationsverlust augenfällig, und jeder Sacherschließer, der einmal die vom Regelwerk geforderten Vorarbeiten für die Neuansetzung eines Begriffes durchgeführt hat, kann ermessen, wie wenig von diesem Aufwand dem Leser zugute kommt. Auch die Möglichkeiten, Treffermengen mittels Trunkierung zu erhöhen oder durch Eingaben in andere Suchfelder zu spezifizieren, waren vielen Benützern unbekannt und wurden nur von einer Minderheit wahrgenommen, obwohl rund die Hälfte von ihnen anführte, die ursprünglich gewählte Strategie während der Suche geändert zu haben, z. B. aufgrund der bei der Primärsuche erhaltenen Titel und der dazu angezeigten Schlagwörter.

5.5 Treffermenge / Aufwand / Hilfsmittel

Für die Benützergewohnheiten signifikant erscheinen die Aussagen über die Anzahl der angezeigten Treffer: 32 Befragten mit mehr als 20 aufgelisteten Treffern, nur 6 hatten eine solche Treffermenge erwartet, stehen 18 mit einer darunter liegenden Anzahl gegenüber. Ein völlig verändertes Bild ergibt sich jedoch, wenn man die Anzahl der davon als relevant beurteilten Treffer betrachtet: Nur mehr 2 Benützer gaben an, mehr als 20 tatsächlich zutreffende Titel erhalten zu haben, während sich 31 mit 2 bis 10 Anzeigen zufrieden geben mußten.

Treffer-Verhältnis

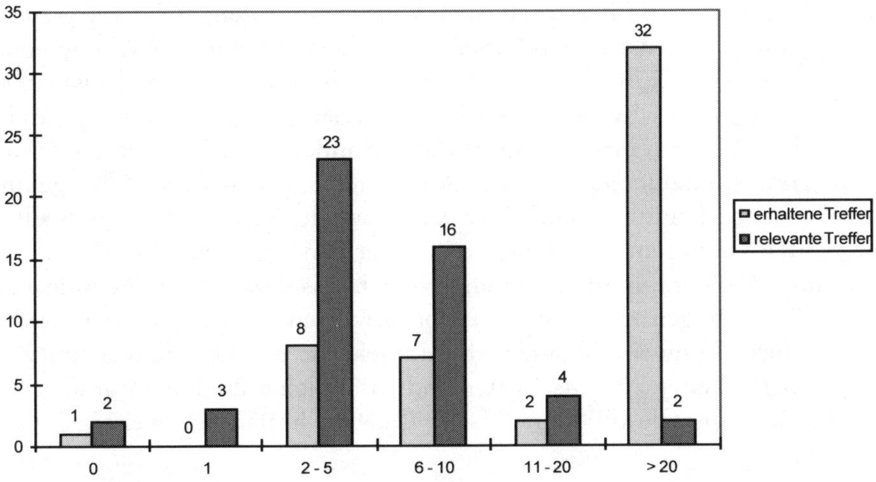

In Verbindung mit der langen Suchdauer – mehr als die Hälfte benötigte über 15 Minuten – wird klar, daß diese Zeit überwiegend für die Selektion aus langen Titellisten verwendet wurde. Diese These wird durch die Beobachtungen des Katalogpersonals bestätigt. Weiters scheint daran eine Vorliebe zumindest der befragten Benützer für weitere Schlagwörter und übergeordnete Begriffe erkennbar zu sein. Niemand erklärte, die Zahl der erhaltenen Titel sei zu groß gewesen, eine Hälfte war mit der Ausbeute zufrieden, für die andere war sie zu gering. In diesem Zusammenhang erstaunlich ist der mit 84% hohe Anteil jener, die den Aufwand für die Suche als lohnend

(64%) oder zum Teil lohnend (20%) ansahen. Von den Benützern, die den Suchaufwand nicht oder nur teilweise als gerechtfertigt beurteilten, sah mehr als die Hälfte die Ursache dafür in ihrer Suchstrategie und ihrem Wissen über die Beschlagwortungsregeln, also eher bei sich selbst. 35% machten für den mangelnden Erfolg den Buchbestand der Bibliothek und 10% das EDV-System verantwortlich.

5.6. Wiederholung des Suchvorgangs

35 von 50 befragten Personen haben das Angebot, die Suche nach Abschluß des Interviews unter Anleitung zu wiederholen, angenommen, der Rest hat mit unterschiedlichen Begründungen abgelehnt. Bei 6 von 35 derartigen Wiederholungssuchen wurden keine zusätzlichen Titel gefunden, die den Benützerbedürfnissen entsprochen hätten (auch Verbundtreffer wurden nicht gezählt, wenn eine Fernleihe unerwünscht war; Beispiel: Anfrage zum französischen Kommunikationssystem Minitel). Im Zuge der übrigen betreuten Suchwiederholungen, also in über 80% der Fälle, konnte den Benützern zu zusätzlichen Literaturangaben verholfen werden, wobei die erzielte Trefferzahl zwischen 1 und 140 (Sonderfall der versuchten Erstellung einer Bibliographie mit Eingabe eines Non-Deskriptors in das Schlagwortfeld beim Erstversuch) schwankte. Das bedeutet, daß pro Wiederholung durchschnittlich 11- wenn man den angeführten Sonderfall ausklammert – 7 relevante Treffer hinzukamen und der Anteil der mit dem Rechercheergebnis unzufriedenen Benützer deutlich reduziert werden konnte. Man muß allerdings auch zur Kenntnis nehmen, daß unter den gegebenen Voraussetzungen (nur Buchliteratur, unvollständiger Nachweis dezentraler Bestände etc.) nicht alle Anfragen erschöpfend zu beantworten sind. Diesen Benützern konnte durch Hinweise auf andere bibliothekarische Einrichtungen und Zugangsmöglichkeiten zu Zeitschriften und zusätzlicher Buchliteratur über gedruckte und digitale bibliographische Quellen hoffentlich weitergeholfen werden.

5.7. Schlußfolgerungen

Einige Forderungen, wie

- die Wichtigkeit der weiterführenden Betreuung älterer Sachkataloge oder deren retrospektive Erfassung für den Informationsbedarf der Benützer,
- die Sichtbarmachung aller in der ÖSWD enthaltenen Angaben zu den Deskriptoren auch für das Publikum
- und die kontinuierliche Fortsetzung der Benützerforschung, vor allem an den dezentralen Einrichtungen und innerhalb des wissenschaftlichen Personals, das in dieser Untersuchung unterrepräsentiert ist,

wurden bereits angeführt. Andere mögliche Konsequenzen, wie tiefgreifende Änderungen beim Bestandsaufbau im Hinblick auf die Nicht-Benützung der Bibliothek durch Studenten bestimmter Fachrichtungen, scheinen aufgrund der geringen Anzahl von Befragten und der fehlenden Ursachenerforschung voreilig. Dem Auftrag der Bibliothek entsprechender wäre das zielgerichtete Angebot einer auf die Bedürfnisse von Medizinern und Naturwissenschaftlern abgestimmten Benutzerschulung, denn es hat sich gezeigt, daß gerade jene Fakultäten und Institute das Hauptangebot an Katalogbenützern stellen, an denen Einführungen in die Bibliotheksbenützung für Erstsemestrige obligatorisch sind.

Die wichtigste, weil kurz- und mittelfristig wirkungsvollste Aufgabe stellt aber die Intensivierung der Benützerbetreuung während des Suchvorganges im Katalogbereich dar. Voraussetzung dafür ist ein geändertes Rollenverständnis der dort tätigen Kollegen/-innen: Auskunftsdienst sollte nicht vergleichbar sein mit der Raumverteidigung beim Fußball, wo der Verteidiger (= Bibliothekar/-in) eingreift, wenn ein gegnerischer Stürmer (= Benützer/-in) in die ihm/ihr zugewiesene Zone des Spielfeldes (= Auskunftsschalter) eindringt. Auskunftsbibliothekare/-innen sollten sich viel mehr in der Rolle des Liberos sehen, der sich auf den Gegner zu bewegt und überall dort eingreift wo Gefahr droht, nämlich die Gefahr erfolgloser Bibliotheksbenützung oder dort, um in der Sprache des Bildes zu bleiben, wo der Hut brennt.

AUTORENVERZEICHNIS

Dr. Günther Berthold, EDV-Zentrum der Karl-Franzens-Universität Graz, Universitätsstr. 15/G, A-8010 Graz, Tel.: +43(0)316 3802241, Fax: +43(0)316 380 9180, e-mail: guenther.berthold@ kfunigraz.ac.at

Mag. Dr. Elisabeth Böllmann, Universitätsbibliothek Graz, Universitätsplatz 3, A-8010 Graz, Tel.: +43(0)316 380 3144, Fax: +43(0)316 380 9287, email: elisabeth.boellmann@kfunigraz.ac.az

Aleš Bošnjak, M.Sc., IZUM, Prešernova 17, SL-2000 Maribor, Tel.: +386 (0)62 220 343, Fax: +386 (0)62 226 336, email: ales.bosnjak@izum.sl

Michele Casalini, Casalini Libri, Via Benedetto da Maiano, 3, I-50014 Fiesole (Firenze), Tel.: +39(0)55 5018 1, Fax: +39(0)55 5018 201, e-mail: michele@ casalini.it

Neil Clements, SilverPlatter Information Ltd., 10 Barley Mow Passage, Chiswick, London W4 4 PH, Tel.: +44(0)181 995 8242, Fax: +44(0)181 995 5159, e-mail: neilc@silverplatter.com

Ing. Look Costers, PICA, Schipholweg 99, NL-2316 XA Leiden, Tel.: +31 71 5246500, Fax: +31 71 5223119, email: look.costers@pica.nl

Christine Deschamps, Bibliothèque de l'Université Paris V René Descartes, Rue des Saints-Pères 49, F-75005 Paris, Tel.: +33 1 45 44 95 45, Fax: +33 1 45 49 96 71, email: deschamps@citi2.fr

Katri Deißroth, Primary Source Media, Hopfenstr. 4, D-69469 Weinheim, Tel.: +49 6201 999 399, Fax: +49 6201 999 398

Dr. Werner A. Deutsch, Österreichische Akademie der Wissenschaften, Liebiggasse 5, A-1010 Wien, Tel.: +43 1 40 10 32 730, Fax: +43 1 40 30 465, email: werner.deutsch@kfs.oeaw.ac.at

Prof. Architekt DI Günther Domenig, Architekturbüro, Jahngasse 9, A-8010 Graz, Tel.: +43 83 22 22

Dr. Ilse Dosoudil, Universitätsbibliothek Wien, Dr. Karl-Lueger-Ring 1, A-1010 Wien, Tel.: +43 1 40103 2371, Fax: +43 1 408 84 85, email: ilse.dosoudil@univie.ac.at

Reimer Eck, Nieders. Staats- u. Universitätsbibliothek, Platz der Göttinger Sieben 1, D-37073 Göttinger, Tel.: +49 551 39 5231, Fax: +49 551 39 5231 5222, email: eck@mail.sub.uni-goettingen.de

Arch. DI Hermann Eisenköck, Jahngasse 9, A-8020 Graz, Tel.: +43(0316)832222, Fax: +43(0316)832222 13

David Elek, OCLC, Hammer Dorfstr. 79, D-40221 Düsseldorf, Tel. Und Fax: +49(0)211 9179647, e-mail: david_elek@t-online.de

Christian Flicker, EDV-Zentrum der Karl-Franzens-Universität Graz, Universitätsstr. 15/G, A-8010 Graz, Tel.: +43(0)316 380 2572, Fax: +43(0)316 380 9180, e-mail: christian.flicker@kfunigraz.ac.at

Dr. Stefan Gradmann, Pica, Schiphoolweg 99, NL 2316 XA Leiden Tel.: +31 71 5246-642, +31 71 5246-500, Fax: + 31 71 5223 119, email: stefan.gradmann@pica.nl.

Ing. Helmut Gring, ASOG GMBH, Schüttelstr. 19a, A-1020 Wien, Tel.: +43(0)1 728 92 27, Fax: +43(0)1 728 52 84, e-mail: h-gring@asog.co.at

Dr.Heinz Hauffe, Universitätsbibliothek Innsbruck, Innrain 50, A-6010 Innsbruck, Tel: +43 (0) 512 507-2405, Fax: +43 (0) 512 507-2864, e-mail: heinz.hauffe@uibk.ac.at

Dr. Manfred Hirschegger, Universitätsbibliothek Graz, Universitätsplatz 3, A-8010 Graz, Tel.: +43(0)316 380 1592, Fax: +43(0)316 38 49 87, e-mail: manfred.hirschegger@kfunigraz.ac.at

DI Peter Holzer, BIG Bundesimmobilien GesmbH, Neulinggasse 29, A-1030 Wien, Tel.: +43 1 716 04 25, Fax: +43 1 716 04 50

Vilenka Jakac-Bizjak, Narodna in Univerzitetna Knjiznica, Turjaska 1, Sl-1000 Ljubljana, Tel.: +38 661 213 052, Fax: +38 661 213 052, email: vilenka.janac-bizjak@nuk.uni-lj.si

Sabine Kager, EDV-Zentrum der Karl-Franzens-Universität Graz, Universitätsstr. 15/G, A-8010 Graz, Tel.: +43(0)316 380 2235, Fax: +43(0)316 380 9180, e-mail: sabine.kager @kfunigraz.ac.at

Dr. Martin Köhler, Dynix/MDIS, Große Elbestr. 143a, D-22767 Hamburg, Tel.: +49(0)40 63 90 10 34, Fax: +49(0)40 38 13 51, e-mail: martink@de.dynix.com

Dr. Hermann Köstler, Zentralbibliothek Zürich, Zähringerplatz 6, CG-8025 Zürich, Tel.: +41(0)1 268 31 00, Fax.: +41(0)1 268 32 90

Karl Lenger, Universitätsbibliothek Graz, Universitätsplatz 3, A-8010 Graz, Tel.: +43(0)316 3803121, Fax: +43(0)316 38 49 87

Dr. Walter Neuhauser, Universitätsbibliothek Innsbruck, Innrain 50, A-6010 Innsbruck, Tel.: +43 512 507 2400, Fax: +43 512 507 2893

Nicholas Rawson, Director, Sales OCLC Europe, 7th Floor, Tricorn House, 51-53 Hagley Road, Birmingham B16, 8TP, UK, Tel.: +44(0)121 456 4656, Fax: +44(0)121 456 4680, e-mail: nicholas_rawson@oclc.org

Dr. Christa Reich, Fa. EDV-GesmbH, Hofmühlgasse 3-5, A-1060 Wien, Tel.: +43 1 593 070, Fax: +43 1 59907 1109

Dr. Sigrid Reinitzer, Universitätsbibliothek Graz, Universitätsplatz 3, A-8010 Graz, Tel.: +43(0)316 380 3101, Fax: +43(0)316 38 49 87, e-mail: sigrid.reinitzer@kfunigraz.ac.at

DI Gerold Ritter, R+R Messtechnik, Sandgasse 41, A-8010 Graz, Tel.: +43(0)316 46 48 28, Fax: +43(0)316 46 48 28 20, e-mail: rrmess@ping.at

Mag. Irena Sapač, Universitätsbibliothek Maribor, Gospejna 10, SL-2000 Maribor, Tel.: +386 62 25 851, Fax: +386 62 226 087, email: irena.sapac@uni.mb.sl

Prof. Dr. Peter Schäuble, Eurospider Information Technology, Nelkenstraße 7, CH-8006 Zürich, Tel.: +41 1 632 72 26, Fax: +41 1 634 02 30

Angela Schilling, Schaubstrasse 16, D-60596 Frankfurt am Main, Tel.: +49(0)69 63 39 88-0, Fax : +49(0)6963 14 21-6/17, e-mail: akeller@swets.nl

Dr Werner Schlacher, Universitätsbibliothek Graz, Universitätsplatz 3, A-8010 Graz, Tel.: +43(0)316 380 1419, Fax: +43(0)316 38 49 87, e-mail: werner.schlacher@kfunigraz.ac.at

Marta Seljak, IZUM, Prešernova 17, SLO-2000 Maribor, Tel.: +386 62 220 343, Fax: +386 62 226 336

Dr. Dubravka Skender, National and University Library, Ulica hrvatske bratske zajednice bb, CRO-10001 Zagrab, Tel.: +38 1 6164 001, Fax: +38 1 6164 186

Willi Treichler, CH-3003 Bern, Tel. ++41 31 322 89 44, Fax ++41 31 322 84 63, E-Mail: willi.treichler@slb.admin.ch

Marc Wheeler, Institute for Scientif Information, Brunel Science Park, Brunel University, Uxbridge, UB8 3PQ UK, Tel.: +44(0)1895 270016, Fax: +44(0)1895 256710, email: mwheeler@isi-net.com

Dr. Hans Zotter, Universitätsbibliothek Graz, Universitätsplatz 3, A-8010 Graz, Tel.: +43(0)316 380 1445, Fax: +43(0)316 38 49 87, e-mail: hans.zotter@kfunigraz.ac.at